Von der Wissenschaft in die Praxis?

Susanne Schwab, Georg Tafner, Silke Luttenberger,
Hannelore Knauder & Monika Reisinger (Hrsg.)

Von der Wissenschaft in die Praxis?

Zum Verhältnis von Forschung und Praxis
in der Bildungsforschung

Waxmann 2018
Münster · New York

Unterstützt mit Mitteln des Bundeszentrums für Professionalisierung in der Bildungsforschung (BZBF)

Bundeszentrum für
Professionalisierung in der
Bildungsforschung

Bibliografische Informationen der Deutschen Nationalbibliothek
Die Deutsche Nationalbibliothek verzeichnet diese Publikation in der Deutschen Nationalbibliografie; detaillierte bibliografische Daten sind im Internet über http://dnb.dnb.de abrufbar.

Print-ISBN 978-3-8309-3841-5
E-Book-ISBN 978-3-8309-8841-0

© Waxmann Verlag GmbH, 2018
Steinfurter Straße 555, 48159 Münster

www.waxmann.com
info@waxmann.com

Umschlaggestaltung: Pleßmann Design, Ascheberg
Umschlagbild: © flashmovie – www.fotolia.com
Satz: Horst Haus, Bielefeld
Gedruckt auf alterungsbeständigem Papier, säurefrei gemäß ISO 9706

Inhalt

Susanne Schwab, Georg Tafner, Silke Luttenberger, Hannelore Knauder und Monika Reisinger

Vorwort

Am 14. und 15. Oktober 2016 fand an der KPH Graz und der PH Steiermark in Graz die Tagung der Sektion Empirische Pädagogische Forschung (EPF) der Österreichischen Gesellschaft für Forschung und Entwicklung im Bildungswesen (ÖFEB) in Kooperation mit dem Bundeszentrum für Professionalisierung in der Bildungsforschung (BZBF) statt. Als Tagungsthema stand die Frage im Raum, wie sich das Verhältnis der Forschung zur Praxis bzw. umgekehrt der Praxis zur Forschung verstehen lässt. Einerseits wurden dabei die Möglichkeiten des Transfers von praxisbezogenen wissenschaftlichen Forschungsergebnissen zurück in die Praxis reflektiert, andererseits wurde analysiert, inwiefern sich Praxisforschung als Teil der empirischen Bildungsforschung für die Generierung und Umsetzung dieser Forschungsergebnisse und ihrer Implementierung in das Praxisfeld eignet. Im Fokus stand die Frage, welchen Beitrag beide Seiten (Forschung und Praxis) leisten können, damit Transfereffekte erreicht werden.

Der vorliegende Tagungsband knüpft an die Möglichkeiten dieses Transfers an, greift Diskurse aus unterschiedlichen Disziplinen und Perspektiven auf und umfasst sowohl theoretisches Grundlagenwissen über Praxisforschung als auch empirische und praktische Beispiele, die Herausforderungen und Grenzen im Bereich des Wissenschaft-Praxis-Transfers aufzeigen.

Insgesamt wurden 17 Beiträge im vorliegenden Tagungsband aufgenommen, die alle ein Begutachtungsverfahren durchlaufen haben. Für jeden Beitrag wurden zumindest zwei Gutachten eingeholt. Eine grobe – wenngleich nicht ganz trennscharfe – Gliederung des Bandes lässt sich wie folgt darstellen:

Einführend kommen die beiden Hauptvortragenden der Tagung zu Wort. Im ersten Beitrag nimmt *Tanja Sturm* eine begriffliche Klärung dreier zentraler Begriffe (Praxis, Forschung und Praxisforschung) vor. Im Anschluss knüpft *Susanne Thurn* mit konkreten Beispielen aus der Laborschule in Bielefeld an das Thema Praxisforschung an. *Stefan Hahn, Maria Hallitzky, Christopher Hempel, Christine Künzli David und Christine Streit* vervollständigen das erste Kapitel, indem sie anhand unterschiedlicher Forschungsprojekte die Herausforderungen und Restriktionen der Kooperation zwischen Forschung und Schulpraxis kritisch aufzeigen.

Der zweite Teil beinhaltet zwei Studien, welche Hinweise über das Potenzial von Bildungsevaluationen liefern. *Maria Neubacher, Daniel Paasch und Sylvia*

Opriessnig zeigen das Potenzial von kommunikativer Validierung bei Bildungs-standardüberprüfungen auf. *David Kemethofer, Christian Wiesner, Ann Cathrice George, Claudia Schreiner und Simone Breit* berichten über die Bedeutung der Ergebnisrückmeldung von Standardüberprüfungen für die Arbeit der Schulauf-sicht.

Der dritte Teil beinhaltet fünf Studien, welche sich mit der Verbesserung von Lehrerkompetenzen befassen. *Susanne Roßnagl* bespricht in ihrem Beitrag indi-viduelle Determinanten und Lerngelegenheiten für Kompetenzselbsteinschät-zungen im Berufseinstieg. *Boris Eckstein* analysiert im nächsten Beitrag Unter-richtsstörungen aus unterschiedlichen Perspektiven. Bei *Alfred Weinberger, Jean-Luc Patry und Sieglinde Weyringer* liegt der Fokus auf der Förderung mo-ralisch-ethischer Ziele im Rahmen der Lehramtsausbildung. *Hannelore Knauder und Corinna Koschmieder* untersuchen, wie zukünftige VolksschullehrerInnen der individuellen Förderung gegenüber eingestellt sind. Im vierten Beitrag be-richtet *Renate Weber* über die Interventionseffekte einer Leseförderung.

Der vierte Teil inkludiert drei Beiträge, welche allesamt Lehramtsstudierende im Blick haben. *Christina Haberfellner* setzt sich in ihrem Beitrag mit der Be-deutung von *Concept Maps* zur Erfassung des Wissenschaftsverständnisses von Lehramtsstudierenden auseinander. *Kathrin te Poel* reflektiert das Praxissemes-ter von Lehramtsstudierenden mithilfe des Dialog-Konsens-Verfahrens. *Svenja Lesemann und Nikolas Meyer* betrachten das Verständnis von Reflexion und reflexiver Haltung von Studierenden im Praxissemester.

Der fünfte und letzte Teil beinhaltet einzelne Studien, welche sich auf jeweils ganz unterschiedliche Forschungsbereiche beziehen. *Martin Auferbauer* berichtet Studienergebnisse über den Bedarf sowie Innovationspotenziale der Jugend-information in der Steiermark, wobei ganz unterschiedliche methodische Ansätze miteinander verknüpft wurden. Danach zeigt *Markus Schweighart* das Potenzial der Analyse der Nutzungsdaten für digitale Lernangebote auf. *Christoph Helm und Lisa Keusch* prüfen theoretische Wirkannahmen zu outputorientierten Steue-rungsmaßnahmen und fragen, ob durch Output- und Kompetenzorientierung im Rahmen der Leistungsbeurteilung eine höhere Vergleichbarkeit erreicht werden kann. Im letzten Beitrag fassen *Tomáš Janík, Karolína Pešková und Tomáš Janko* ihre Ergebnisse von zwei Akzeptanzstudien zur Curriculumreform in der Tschechischen Republik zusammen.

Der Tagungsband gibt einen Einblick in aktuelle Forschungsprojekte und Diskussionen innerhalb des Wissenschaft-Praxis-Transfers und zeichnet sich durch unterschiedliche theoretische und empirisch-methodische Perspektiven und Positionen aus. Dennoch verfolgen alle Beiträge das gemeinsame Ziel, einen (kritischen) Beitrag zum Transfer zwischen Forschung und Praxis zu leisten.

Abschließend möchten wir uns bei allen Personen bedanken, welche uns tatkräftig unterstützt haben. Unser besonderer Dank gilt allen BeitragsautorInnen. Die Publikation wurde mit Mitteln des BZBF und den Tagungsbeiträgen finanziert.

Wuppertal, Graz und Wien 2018   Die HerausgeberInnen

Tanja Sturm

Praxis, Forschung und Praxisforschung – begriffliche Klärungen

Der Titel der Jahrestagung 2016 der Sektion Empirische Pädagogische Forschung der ÖFEB (Österreichische Gesellschaft für Forschung und Entwicklung im Bildungswesen), »Forschung trifft Praxis. Was kann Methode leisten?«, greift nicht nur eine aktuelle Fragestellung auf, die uns in Forschung und Lehre im hochschulischen Alltag regelmäßig begegnet, sondern verweist auch auf den Wunsch, Forschung nicht als Selbstzweck zu betreiben, sondern durch sie einen Beitrag zur Verbesserung – vermutlich im Sinne einer Annäherung an mehr (Bildungs-)Gerechtigkeit – von Praxis zu leisten. Gleichzeitig lässt der Tagungstitel offen, wie das Verhältnis von Forschung und Praxis konzipiert ist. Handelt es sich bei ›Forschungswissen‹ um eine andere Art von Wissen als ›Praxiswissen‹ und ist erstgenanntes hierarchisch über letztgenanntem zu verorten? Oder handelt es sich bei forschungsbasiertem Wissen um eine andere Analysestellung auf das Wissen der Praxis? Erst vor dem Hintergrund einer solchen, im Kern metatheoretischen Verhältnisbestimmung von Forschung und Praxis, lässt sich die Frage des Tagungstitels – welche Bedeutung Methoden in diesem Verhältnis einnehmen – bearbeiten. Praxeologisch oder praxistheoretisch fundierte Ansätze, die in der deutschsprachigen Erziehungswissenschaft in den letzten Jahren verstärkt diskutiert und herangezogen werden, u. a. in der Schul- und Unterrichtsforschung (vgl. z. B. Herzmann et al., 2016; Martens, 2015; Pfaff, 2012; Rose & Gerkmann, 2015; Willems, 2007), bieten hierfür insofern Ansatzpunkte, als sie sich mit dem Begriff der Praxis – und damit zusammenhängend – mit dem der Forschung differenziert auseinandergesetzt haben. Diese, den Praxisbegriff zentral stellenden theoretischen Zugänge kultursoziologischer Theoriebildung verweisen vielfach auf Pierre Bourdieus (2009) Verständnis von Praxis, auf die sozialphilosophisch verankerten Praxisüberlegungen von Theodore Schatzki (1996) oder auf die praxeologisch-wissenssoziologisch fundierten von Ralf Bohnsack (2010c) und Karl Mannheim (1980). Ihnen ist gegenüber anderen soziologischen Theorien gemeinsam, dass sie das Soziale als in kollektiv geteilten Wissensordnungen hervorgebracht verstehen und dass diese Ordnungen nicht nur sprachliche, sondern auch performative, also ikonische und körperlich-räumliche Formen der sozialen und materialen Auseinandersetzung umfassen (vgl. Reckwitz, 2003; Wagner-Willi, 2004). Über diese fundamentale Gemeinsamkeit hinweg unterscheiden sich die praxistheoretischen Zugänge u. a. darin, wie sie das Verhältnis von sprachlichem und nicht sprachlichem respektive explizitem und implizitem Wissen konzeptualisieren und in der Folge darin, was sie genau unter Praxis verstehen.

Aufgrund der Komplexität der metatheoretischen Figuren, die den einzelnen Praxistheorien zugrundeliegen, ist es im Rahmen dieses Beitrags nicht möglich, einen Vergleich zwischen ihnen darzulegen (hierzu z. B. Schäfer, 2013); vielmehr ist eine Auswahl zu treffen. Exemplarisch wird das Verständnis von Praxis, Forschung und Methoden der Praxeologischen Wissenssoziologie ausgewählt und näher betrachtet. Die Ausführungen gehen wesentlich auf Karl Mannheim (1964, 1995) und Ralf Bohnsack (2010c, 2017) zurück. Nach einer Einführung in das Verständnis von Praxis innerhalb dieses theoretischen Rahmens sollen dessen Implikationen für die Forschung entlang methodologisch-methodischer Überlegungen dargelegt werden. Der Beitrag endet mit einem Resümee und Perspektiven für das Verhältnis von Praxis, Forschung und Methoden und damit zusammenhängenden Erkenntnismöglichkeiten.

1. Praxis: ein zentraler Begriff der Praxeologischen Wissenssoziologie

Ralf Bohnsack (2007a, S. 183) hat die wissenssoziologischen Überlegungen Karl Mannheims, der als einer der Begründer der deutschsprachigen Wissenssoziologie gilt (vgl. Knoblauch, 2010, S. 94ff.), weiterentwickelt und differenziert, indem er v. a. deren *praxeologische* Relevanz akzentuiert. Damit hebt Bohnsack die zentrale Bedeutung der »*handlungspraktischen Herstellung* der Realität«, d. h. der »habitualisierten Praktiken, die auf dem handlungsleitenden und zum Teil inkorporierten Erfahrungswissen der Akteure basieren« (Bohnsack, 2007a, S. 182f., Herv. i. O.) hervor und betont den *modus operandi*, also den Habitus der Herstellung sozialer Realität in Form impliziten Wissens (vgl. Bohnsack, 2010c, S. 194). Dieses praktische Wissen unterscheidet er von dem des *Common Sense*. Beide Wissensformen, das kommunikative des *Common Sense* und das konjunktive der Handlungspraxis unterscheiden sich strukturell, sind aber beide konstitutiver Bestandteil des Alltagswissens. Bohnsack (2007a, S. 183) spricht daher in Anlehnung an Mannheim von einer »Doppelstruktur alltäglichen Wissens«.

Die Vorstellungen und Begriffe des *Common Sense* basieren auf unhinterfragten Regeln bzw. einer *illusio* und damit verknüpften Unterstellungen (zweck-) rationaler Handlungsmuster (vgl. Bohnsack, 2014, S. 38). Dieses kommunikative Wissen umfasst »*Theorien* der Erforschten *über* ihr eigenes Handeln, *über* ihre eigene Praxis« (Bohnsack, 2012, S. 120, Herv. i. O.) und basiert auf unterstellten Entwürfen und Motiven nach Art des subjektiv gemeinten Sinns. Es kann auch von einer Theoriebildung auf der Ebene des *Common Sense* gesprochen werden (vgl. ebd., S. 120f.).

Das konjunktive oder handlungspraktische Wissen hingegen steht, obwohl es einen zentralen Teil unseres Wissens ausmacht, i. d. R. nicht sprachlich-reflexiv zu Verfügung. Nach Bohnsack (2010c, S. 198) verweist dies darauf, »dass die Erforschten selbst nicht wissen, was sie da eigentlich alles wissen«. Das habituelle Wissen wird in existenziellen sozialen und materialen Erfahrungen und Beziehungen erworben, die Mannheim (1980, S. 208) als »Erfahrungsräume« bezeichnet. Diese v. a. körperbasierten und sinnesphysiologischen Erfahrungen mit der Welt markieren eine Einheit zwischen erkennendem Subjekt und Erkenntnisinhalt und liegen den zukünftigen Handlungen zugrunde. Das handlungspraktische Wissen ist kollektiv, da es in gemeinsamen Erlebnissen und Geschichten sowie in geteilten Erfahrungen erworben und stetig differenziert wird. Gemeinsam kann sowohl auf tatsächliche, gemeinsame Erlebnisse und Situationen oder auf *vergleichbare*, also strukturidentische verweisen. Derartige homologe Erfahrungen werden auch als Milieus bezeichnet. Sie zeichnen sich durch eine überindividuelle Handlungspraxis in der Bewältigung vom Alltag aus. Milieuspezifische Handlungspraxen stehen für eine Art und Weise der Herstellung sozialer Realität im Sinne eines *modus operandi,* die sich vor dem Hintergrund spezifischer historischer und sozialer Erfahrungen entwickeln, z. B. dem Unterrichten in einer Schule. Sie verweisen dabei auf eine Verschränkung von sozialer Lage und subjektiver Erfahrung und sind entsprechend Ausdruck von Relationen (ungleicher) gesellschaftlicher Positionen (vgl. Bohnsack, 1998, S. 120).

Konjunktives Wissen determiniert die Praxis aber nicht derart, dass konkrete Handlungen vorgegeben sind, sondern eröffnet und begrenzt Handlungsmöglichkeiten und Perspektiven. Diese Spielräume erweitern sich dadurch, dass Menschen in pluralen Gesellschaften immer mehreren unterschiedlichen Erfahrungsräumen bzw. sozialen Milieus angehören, die einander überlagern, z. B. einem sozial-ökonomischen, einem generationsspezifischen und auch einem professionellen (vgl. Nohl, 2010, S. 149). Diese Überlappung milieuspezifischer Erfahrungen führt auch dazu, dass Milieus selbst mehr- und nicht eindimensional sind (vgl. Bohnsack & Nohl, 2001).

Trotz ihrer ungleichen Struktur und ihres Spannungsverhältnisses zueinander sind beide Wissensformen, das kommunikative und das konjunktive, konstitutiv und relevant für alltägliche Interaktionen und Handlungen. Bezogen auf Fragen von Behinderung im Kontext von Schule und Unterricht lässt sich die Unterscheidung der zwei Wissensformen wie folgt illustrieren: Behinderung kann als Zuschreibung auf der kommunikativ-expliziten Ebene, also der des *Common Sense*, erfolgen, z. B. in Form der Attestierung von ›sonderpädagogischem Förderbedarf‹ oder der Zuschreibung als ›Integrationskind‹. Dieses Verständnis unterscheidet sich von handlungspraktischem Erfahrungswissen, das sich durch (wiederholte) Behinderung der Teilhabe an Interaktionen auszeichnet. Solche Erfahrungen machen nicht notwendigerweise nur Schülerinnen und Schüler, denen ›sonderpädagogischer Förderbedarf‹ attestiert wird. Die wiederholte Erfahrung von Ausschluss kann sich handlungspraktisch niederschlagen und zukünftigen Handlungen im Sinne eines Milieus zugrunde liegen.

Entlang des in diesem Beitrag gesetzten Fokus auf das Verhältnis von Praxis und Forschung verweist die charakteristische Leitdifferenz zwischen *Common Sense* und handlungspraktischem Wissen respektive kommunikativem und konjunktivem Wissen darauf, dass danach zu fragen ist, wessen Praxis im Kontext von Forschung von Interesse ist, z. B. die der Lehrpersonen oder die der Schülerinnen und Schüler oder gar die Forschungspraxis der Wissenschaftlerinnen und Wissenschaftler.

2. Implikationen des Praxisverständnisses für die Forschung: die Dokumentarische Methode

Vor dem Hintergrund des skizzierten Praxisverständnisses der Praxeologischen Wissenssoziologie, die von Karl Mannheim (1995, S. 227, Herv. i. O.) als »Lehre von der ›Seinsverbundenheit‹ des Wissens« bezeichnet wurde, stellt sich die Frage nach dem *Wie* der Herstellung sozialer Realität durch die Akteurinnen und Akteure. Anders als naturwissenschaftliche, an Objektivität ausgerichtete Erkenntnistheorien wird das je spezifische Wissen und die besondere Sicht auf die Welt, über das Akteurinnen und Akteure verfügen, nicht ausgeblendet, sondern ins Zentrum des Interesses gestellt (Mannheim, 1980, S. 210). Das Vorgehen ist weiterhin von Perspektiven abzugrenzen, die das *Warum* der Hervorbringung von sozialer Realität fokussieren, wie sie in subjektivistischer Forschung vielfach zu finden sind.

Die Dokumentarische Methode stellt einen methodologischen Ansatz dar, der die Leitdifferenz der Praxeologischen Wissenssoziologie – die Unterscheidung von kommunikativem und konjunktivem Wissen – aufgreift und so die Rekonstruktion des handlungspraktischen Wissens, also jenes Wissens, das des den Handlungen und der Praxis zugrundeliegenden *modus operandi* ermöglicht. Namensgebend für die von Mannheim erstmals benannte und von Bohnsack (2009, 2010b) und seinen Schüler/-innen (vgl. z. B. Fritzsche & Wagner-Willi, 2015; Loos & Schäffer, 2001; Nohl, 2012) differenzierte Methodologie sind Dokumente, die der Handlungspraxis im Sinne von Mustern zugrunde liegen (vgl. Bohnsack, 2010a). In der Auswertung von Daten greifen die formulierende und die reflektierende Interpretation die Unterscheidung von kommunikativen und konjunktiven Wissen auf: Erstgenannte nimmt das *Was*, also die Inhalte und die Themen, die die Beforschten aufwerfen und verhandeln, in den Blick. In der reflektierenden Interpretation wird hingegen das *Wie* der Herstellung und Bearbeitung herausgearbeitet bzw. rekonstruiert (vgl. Bohnsack, 2010c, S. 134). Das leitende Ziel der reflektierenden Interpretation besteht im Explizieren jener Orientierungen und habituellen Muster, die der Praxis der Akteurinnen und Akteuren zugrunde liegen, also dem *Wie* der Herstellung sozialer Realität. Die Rekonstruktion dieses, als dokumentarischen Sinngehalt bezeichneten, Erfahrungswissens erfolgt sequenzanalytisch, indem die Regelhaftigkeit herausgearbeitet wird, die zwischen Äußerungen (in Gruppendiskussionen und Interviews) bzw. der Praxis (bei videografischem Datenmaterial) besteht. Diese für die Akteurinnen und Akteure zumeist *impliziten* Regeln, die *verbindenden Homologien,* gilt es zu *explizieren* (vgl. Bohnsack, 2010c, S. 135ff.).

Die dokumentarischen Sinngehalte werden, aufbauend auf die reflektierende Interpretation einzelner Sequenzen oder Passagen aus dem Datenmaterial, wesentlich durch Vergleiche, also durch »Relationierung der Relationen« (vgl. Bohnsack, 2010d, S. 287) rekonstruiert. Die Homologien und Strukturidentitäten, die sich dabei finden, sind Ausdruck des Habitus, des modus operandi. Dieser Arbeitsschritt, die komparative Analyse, eröffnet neben Abstraktion und Generalisierung auch die Kontrolle der eigenen Standortgebundenheit der Forschenden (vgl. Bohnsack, 2010c, S. 173ff.; Nohl, 2007). Durch die zunehmende Anzahl empirischer Vergleiche, die den aufgeworfenen Themen und rekonstruierten Orientierungen eines Falls entgegengehalten werden kann, wird es möglich, von den eigenen, meist impliziten Vorstellungen zu abstrahieren, die die Forschenden an das Material herantragen. Auch wenn das Problem der Perspektivität bzw. der Standortgebundenheit der Forschenden so nicht gänzlich zu überwinden ist, wird doch seine methodische Kontrolle möglich (vgl. Bohnsack, 2007b, S. 235).

Die Rekonstruktionen der jeweiligen habituellen oder überindividuellen Orientierungen, also die standortgebundenen Perspektiven der Beforschten, werden dabei nicht als grundsätzlich anderes oder höherwertiges Wissen der Forschenden verstanden (vgl. Bohnsack, 2010c, S. 58). Vielmehr wird der Anspruch »einer anderen Art der Rationalität, also im Sinne eines Wechsels der Analyseeinstellung« (Bohnsack, 2010d, S. 275) erhoben, und die Analyse des Datenmaterials ist daran ausgerichtet, das *implizite Wissen* der Akteure und Akteurinnen *zu explizieren.*

Die Rekonstruktion des handlungspraktischen Wissens bedarf Erhebungsmethoden, mit denen entweder die Praxis selbst in den Blick genommen wird – wie der (Unterrichts-)Videografie (vgl. Fritzsche & Wagner-Willi, 2015) – oder solche, die Erzählungen und Beschreibungen der Akteure und Akteurinnen über ihre Praxis hervorbringen (vgl. Mannheim, 1980, S. 213). Letztere ermöglichen Interviews (vgl. Nohl, 2012) und Gruppendiskussionen (vgl. z. B. Bohnsack, 2010b), die den Beforschten Gelegenheit geben, ihre jeweilige Perspektive auf einen Gegenstand, d. h. ihre Orientierungen auf den interessierenden Ausschnitt von Welt zu entfalten (vgl. Przyborski & Wohlrab-Sahr, 2009, S. 129).

3. Perspektiven einer wissenssoziologisch fundierten Praxisforschung

Im vorliegenden Beitrag konnte gezeigt werden, dass die Dokumentarische Methode mit ihrer Fundierung in der Praxeologischen Wissenssoziologie einen methodologisch-methodischen Rahmen bereitstellt, mit dem es möglich ist, die Komplexität von Praxis, die in sprachlicher und korporierter Form vorliegt, respektive den ihr zugrundeliegenden modus operandi methodisch kontrolliert zu rekonstruieren. Die sich hieraus ergebenden Erkenntnispotenziale liegen v. a. in der Rekonstruktion des *Wie*, also im Nachvollzug der Hervorbringung sozialer Realität. Damit wird eine Annäherung an die Praxis möglich, die jenseits normativer Implikationen und subjektiv gemeinten Sinns liegt. So ermöglicht es die Analysestellung der Forschung auf die Praxis, jenes Wissen, über das die Beforschten zwar verfügen, das sie aber nicht explizieren können, zu explizieren – und damit der Reflexion zugänglich zu machen.

Methoden stellen dabei jenes Werkzeug dar, das, fundiert in einem metatheoretischen und methodologischen Rahmen, die Forschenden in der Rekonstruktion des habituellen oder impliziten Wissens der Praxis der Beforschten unterstützt. Mithin erfüllen sie keinen Selbstzweck, sondern ihre Anwendung und ihre Möglichkeiten ergeben sich aus ihrer konkreten Verankerung in metatheoretischen Kategorien und dem jeweiligen methodologischen Verständnis. Die Forschenden sind in der Rückspiegelung ihrer Ergebnisse an die Beforschten aufgefordert, das von ihnen zugrunde gelegte Verständnis offenzulegen und zu erläutern. Dies stellt eine Voraussetzung dar, um Forschungsergebnisse einordnen und ihre Gültigkeit nachvollziehen zu können.

Forschungserbnisse, die auf dem skizzierten Praxisverständnis aufbauen, können u. a. genutzt werden, um sich kritisch und reflexiv mit der (eigenen) schulischen und unterrichtlichen Handlungspraxis auseinanderzusetzen. Insbesondere durch systematisch angelegte Vergleiche zu Milieus bzw. Kontexten, die sich voneinander unterscheiden, aber auch Gemeinsamkeiten aufweisen, lassen sich auch Handlungsalternativen der jeweiligen Praxis aufwerfen und diskutieren. So verfolgt das Projekt »Herstellung und Bearbeitung von Differenz im

Fachunterricht der Sekundarstufe I – eine Vergleichsstudie zu Unterrichtsmilieus in inklusiven und exklusiven Schulformen« (Sturm & Wagner-Willi, 2014) zwei zentrale Suchstrategien, die in gezielten Kontrastierungen ihren Ausdruck finden: Es wird der Unterricht in unterschiedlichen Schulformen – dem Anspruch nach inklusiven gegenüber exklusiven Sekundarschulen – und in den Unterrichtsfächern Deutsch und Mathematik betrachtet. Dabei gehen wir den Fragen nach, ob und inwiefern die Herstellung und Bearbeitung von Schulleistungsdifferenzen sich nach Schulfächern und/oder nach Schulformen unterscheidet.

Literatur

Bohnsack, R. (1998). Rekonstuktive Sozialforschung und der Grundbegriff des Orientierungsmusters. In: Siefkes, D., Eulenhöfer, P., Stach, H. & Städtler, K. (Hrsg.), *Sozialgeschichte in der Informatik. Kulturelle Praktiken und Orientierungen*, Wiesbaden: Deutscher Universitätsverlag, 105–121.

Bohnsack, R. (2007a). Dokumentarische Methode und praxeologische Wissenssoziologie. In: Schützeichel, R. (Hrsg.), *Handbuch Wissenssoziologie und Wissensforschung*. Konstanz: UVK, 180–190.

Bohnsack, R. (2007b). Typenbildung, Generalisierung und komparative Analyse: Grundprinzipien der dokumentarischen Methode. In: Bohnsack, R., Nentwig-Gesemann, I. & Nohl, A.-M. (Hrsg.), *Die dokumentarische Methode und ihre Forschungspraxis. Grundlagen qualitativer Sozialforschung*. 2., erweiterte und aktualisierte Auflage, Wiesbaden: VS, 225–254.

Bohnsack, R. (2009). *Qualitative Bild- und Videointerpretation. Die dokumentarische Methode*. Opladen & Farmington Hills: Barbara Budrich.

Bohnsack, R. (2010a). Dokumentarische Methode und Typenbildung – Bezüge zur Systemtheorie. In: John, R., Henkel, A. & Rückert-John, J. (Hrsg.), *Die Methodologien des Systems: Wie kommt man zum Fall und wie dahinter?* Wiesbaden: VS, 291–320.

Bohnsack, R. (2010b). Gruppendiskussionsverfahren und dokumentarische Methode. In: Friebertshauser, B., Langer, A. & Prengel, A. (Hrsg.), *Handbuch Qualitative Forschungsmethoden in der Erziehungswissenschaft*. 3., vollständig überarbeitete Aufl. Weinheim & München: Juventa, 205–218.

Bohnsack, R. (2010c). *Rekonstruktive Sozialforschung. Einführung in qualitative Methoden*. 8., durchgesehene Aufl. Opladen & Farmington Hills: Barbara Budrich.

Bohnsack, R. (2010d). Zugänge zur Eigenlogik des Visuellen und die dokumentarische Videointerpretation. In: Corsten, M., Krug, M. & Moritz, C. (Hrsg.), *Videographie praktizieren. Herangehensweisen, Möglichkeiten und Grenzen*. Wiesbaden: VS, 271–294.

Bohnsack, R. (2012). Orientierungsschemata, Orientierungsrahmen und Habitus. Elementare Kategorien der Dokumentarischen Methode mit Beispielen aus der Bildungsmilieuforschung. In: Schittenhelm, K. (Hrsg.), *Qualitative Bildungs- und Arbeitsmarktforschung. Grundlagen, Perspektiven, Methoden.* Wiesbaden: Springer VS, 119–153.

Bohnsack, R. (2014). Habitus, Norm und Identität. In: Helsper, W., Kramer, R.-T. & Thiersch, S. (Hrsg.), *Schülerhabitus: Theoretische und empirische Analysen zum Bourdieuschen Theorem der kulturellen Passung.* Wiesbaden: Springer VS, 33–55.

Bohnsack, R. (2017). *Praxeologische Wissenssoziologie.* Opladen & Toronto: Barbara Budrich.

Bohnsack, R./ Nohl, A.-M. (2001). Ethnisierung und Differenzerfahrung. *Zeitschrift für Qualitative Bildungs-, Beratungs- und Sozialforschung,* 2, 15–36.

Bourdieu, P. (2009). Entwurf einer Theorie der Praxis. 2. Aufl. Frankfurt a. M.: Suhrkamp.

Fritzsche, B./ Wagner-Willi, M. (2015). Dokumentarische Interpretation von Unterrichtsvideografien. In: Bohnsack, R., Fritzsche, B. & Wagner-Willi, M. (Hrsg.), Dokumentarische Video- und Filminterpretation. 2., durchgesehene Aufl. Opladen & Farmington Hills: Barbara Budrich, 131–152.

Herzmann, P./ Merl, T./ Panagiotopoulou, A./ Rosen, L./ Winter, J. (2016). *EFiS-NRW – Auf dem Weg zur Inklusion: Ethnographische Feldstudien in Schulen in NRW.* https://www.hf.uni-koeln.de/36314, 03.07.2016.

Knoblauch, H. (2010). *Wissenssoziologie.* 2. Aufl. Konstanz: UVK.

Loos, P./ Schäffer, B. (2001). *Das Gruppendiskussionsverfahren. Theoretische Grundlagen und empirische Anwendung.* Opladen: Leske + Budrich.

Mannheim, K. (1964). *Wissenssoziologie.* Berlin & Neuwied Luchterhand.

Mannheim, K. (1980). *Strukturen des Denkens.* Frankfurt a. M.: Suhrkamp.

Mannheim, K. (1995). *Ideologie und Utopie.* 8. Aufl., Frankfurt a. M.: Vittorio Klostermann.

Martens, M. (2015). Differenz und Passung: Differenzkonstruktionen im individualisierenden Unterricht der Sekundarstufe. *ZQF – Zeitschrift für Qualitative Forschung,* 16, 211–229.

Nohl, A.-M. (2007). Komparative Analyse: Forschungspraxis und Methodologie dokumentarischer Interpretation. In: Bohnsack, R., Nentwig-Gesemann, I. & Nohl, A.-M. (Hrsg.). *Die dokumentarische Methode und ihre Forschungspraxis. Grundlagen qualitativer Sozialforschung.* Wiesbaden: VS, 255–276.

Nohl, A.-M. (2010). *Konzepte interkultureller Pädagogik. Eine systematische Einführung.* 2., erweiterte Aufl. Bad Heilbrunn: Julius Klinkhardt.

Nohl, A.-M. (2012). *Interview und dokumentarische Methode.* 4., überarbeitete Aufl. Wiesbaden: Springer VS.

Pfaff, N. (2012). Schulische Bildung als Kontext sozialer Distinktion – Kultur- und milieuvergleichende Rekonstruktionen zu den Praktiken Lernender. *Tertium Comparationis,* 18, 57–81.

Przyborski, A. & Wohlrab-Sahr, M. (2009). *Qualitative Sozialforschung.* 2., korrigierte Aufl. München: Oldenbourg.

Reckwitz, A. (2003). Grundelemente einer Theorie sozialer Praktiken. Eine sozialtheoretische Perspektive. *Zeitschrift für Soziologie,* 32, 282–301.

Rose, N. & Gerkmann, A. (2015). Differenzierung unter Schüler_innen im reformorientierten Sekundarschulunterricht – oder: warum wir vorwiegend ›Leistung‹ beobachten, wenn wir nach ›Differenz‹ fragen. *ZQF. Zeitschrift für Qualitative Forschung,* 16, 191–210.

Schäfer, H. (Hrsg.). (2013). *Die Instabilität der Praxis. Reproduktion und Transformation des Sozialen in der Praxistheorie.* Weilerswist: Velbrück Wissenschaft.

Schatzki, T. R. (1996). *Social Practices. A Wittgenstein Approach to Human Acitvity and the Social.* New York: Cambridge University Press.

Sturm, T. & Wagner-Willi, M. (2014). *Herstellung und Bearbeitung von Differenz im Fachunterricht der Sekundarstufe I – eine Vergleichsstudie zu Unterrichtsmilieus in inklusiven und exklusiven Schulformen.* http://p3.snf.ch/project-152751, 26.08.2015.

Wagner-Willi, M. (2004). Videointerpretation als mehrdimensionale Mikroanalyse am Beispiel schulischer Alltagsszenen. *Zeitschrift für Qualitative Bildungs-, Beratungs- und Sozialforschung* 5, 49–66.

Willems, K. (2007). *Schulische Fachkulturen und Geschlecht. Physik und Deutsch – natürliche Gegenpole?* Bielefeld: transcript.

Susanne Thurn

»Erkennen durch Handeln« – Praxisforschung der Laborschule an der Universität Bielefeld

1. Einleitendes

Die Laborschule Bielefeld hat als Versuchsschule des Landes Nordrhein-Westfalen den staatlichen Auftrag, neue Formen des Lehrens, Lernens und miteinander Lebens in der Schule zu entwickeln, zu erproben, zu erforschen und zu evaluieren mit einem dreigeteilten Ziel: (1) der eigenen Weiterentwicklung nützlich zu sein, (2) den Schulentwicklungen anderer Schulen wichtige Einsichten und erprobte Handlungsmuster für die eigene Praxis anzubieten sowie (3) der Erziehungswissenschaft praxiserprobte bereichernde Erkenntnisse zu ermöglichen.

In seinem Buch »Erkennen durch Handeln« begründet Hartmut von Hentig sein Konzept des »Lehrer-Forschers«, das er den beiden von ihm gegründeten und 1974 eröffneten Schulprojekten Laborschule und Oberstufenkolleg zugrunde legte. Demnach sollen die Erkenntnisse für Pädagogik an und aus der Erfahrung gewonnen werden. Eine mögliche Trennung von »Blaukittelpädagogen«, die die ›schmuddelige Praxis‹ des Unterrichtens und Erziehens zu bewältigen hätten, und »Weißkittelpädagogen«, die diese von »außen« oder besser: »oben« beobachten, beschreiben, beforschen, sollte es nach seinen Vorstellungen nicht geben (vgl. hierzu auch den Beitrag von Hahn et al. in diesem Band, S. 30ff.). Wer an den Schulprojekten unterrichtet, müsse seine Erfahrungen reflektieren und aufarbeiten dürfen, wer hier forschen will, den Praxisalltag selbst erfahren (Hentig, 1982, S. 27–61, v. a. S. 46). Die Schulprojekte sollten der Ort sein, »wo man sehen kann, was in der Pädagogik möglich ist, wenn Erkennen und Handeln zusammenkommen und nicht nacheinander passieren« (Groeben, 2009, S. 199). Das ursprüngliche Konzept ist in der seit 1974 dauernden praktischen Arbeit weiterentwickelt (Hollenbach & Tillmann, 2009) und in Peer-Review-Verfahren evaluiert worden (zuletzt Terhardt & Tillmann, 2007 für die Laborschule; Hahn & Oelkers, 2012 für das Oberstufenkolleg).

2. Umsetzung des Lehrer-Forscher-Modells im Forschungsalltag der Laborschule

Forschungsaktivitäten an der Laborschule gehen von den Lehrkräften selbst aus und werden gemeinsam mit der Wissenschaftlichen Einrichtung der Laborschule an der Fakultät für Erziehungswissenschaft der Universität Bielefeld organisiert und verantwortet. Dafür stehen aus dem Schuletat neunzig Forschungsstunden für Lehrkräfte zur Verfügung, die Universität stellt drei Stellen für wissenschaftlich Mitarbeitende sowie eine halbe Professur für die Wissenschaftliche Leitung zur Verfügung.

Die beiden institutionellen Hierarchien (Laborschule-Kultusministerium und Wissenschaftliche Einrichtung-Wissenschaftsministerium) werden durch die Gemeinsame Leitung verbunden, die all jene Angelegenheiten verhandelt und beschließt, die beide Institutionen betreffen. Die *Gemeinsame Leitung* ist paritätisch besetzt (Schulleitung, Wissenschaftliche Leitung, Vertretungen aus Schule und Fakultät, Elternvertretung). In den Sitzungen werden unter anderem Veröffentlichungen gegengelesen, zukünftige Forschungsschwerpunkte festgelegt, die Forschungs- und Entwicklungspläne diskutiert, beraten und beschlossen. Letztlich entscheidet die Gemeinsame Leitung, ob ein Forschungsvorhaben genehmigt wird – immer unter der Maßgabe der drei Kriterien: relevant für die eigene Schulentwicklung, für die Bildungspolitik, für die Wissenschaft. Projekte, die nicht der praktischen pädagogischen Arbeit der Schule, ihrer Weiterentwicklung oder Evaluierung dienen, werden nicht zugelassen.

Zur Sicherung der Qualität der Forschung und Schulentwicklung gibt es einen eigenen Wissenschaftlichen Beirat, der sich jährlich trifft. Eine formelle Evaluierung findet nach Maßgabe universitärer Kapazitäten statt.

Wolfgang Klafki war von 1991 bis 1996 der erste Vorsitzende des neu gegründeten Wissenschaftlichen Beirates. Ihm zufolge wird »[d]iese Laborschulforschung in Bielefeld … nicht als Alternative und Kontrastprogramm zu ›klassischer‹ empirischer Forschung betrieben, vielmehr im Sinne eines Ergänzungsverhältnisses mit unterschiedlichen, einander wechselseitig erhellenden Fragestellungen und Verfahren« (Klafki, 2002, S. 216).

3. Konkrete Beispiele aus der Lehrer-Forscherarbeit

Lehrkräfte beobachten ihre Praxis und die der anderen. Sie entwickeln für ihre Kinder oder Jugendlichen an deren Bedürfnisse angepasste pädagogische, didaktische und methodische Arrangements für besseres Lernen, friedlicheres Leben, erweiterte Leistungen. Sie erproben ihre Vorhaben, tauschen sich mit anderen in der Schule aus, lesen … was engagierte Lehrkräfte halt so tun. Wenn sie dann begründet der Auffassung sind,

–   etwas Wichtigem auf der Spur zu sein, beispielsweise Naturerfahrung in der Naturwerkstatt (Quartier, Kampmeier & Bardi, 2013),
–   ihre gelungene Praxis weitergeben zu können, beispielsweise wie man zu einer pädagogischen Sprachdidaktik gelangt (Döpp, von der Groeben, Husemann, Schütte & Völker, 2009) oder wie Demokratie, Partizipation und Solidarität in der Schule erfahren und erlernt werden (Thurn, 2016) oder wie ästhetische Bildung durch Textilkunst angeboten werden kann (Thurn & Wieczorek, 2017),
–   ganz Neues entwickeln zu wollen, beispielsweise Jahrgangsmischung (siehe unten, S. 24ff.) oder den verpflichtenden Ganztag für die Eingangsstufe (Bosse et al., 2017),
–   Antworten auf die Feststellung zu finden, warum gleiche Inhalte und Unterrichtsverfahren nicht automatisch Gendergerechtigkeit herstellen und was es zu verändern gilt (zuletzt: Biermann & Schütte, 2014),
–   herausfinden zu wollen, wie die Ergebnisse ihrer Arbeit verglichen mit den eigenen Ansprüchen und den in Large-Scale-Studien festgestellten sind (Watermann, Thurn, Tillmann & Stanat, 2005),

schreiben sie einen Forschungsantrag für den Forschungs- und Entwicklungsplan der Schule und suchen sich gegebenenfalls Beratung oder Kooperationspartner in der Wissenschaftlichen Einrichtung bzw. bei Forscherinnen und Forschern außerhalb der Schule.

3.1 Ein Beispiel aus Projekten, die die eigene Praxis verändern, Ausstrahlung auf andere Schulen des Landes haben, die Bildungswissenschaft bereichern

Neue Formen der Leistungspräsentation und -bewertung zu erproben ist eines der selbst gesetzten, vor allem pädagogisch begründeten Ziele der Laborschule. Von Anfang an gab es bis Ende des Jahrgangs 9 keine Noten oder vergleichend rückgemeldete Leistungserhebungen, stattdessen Berichte zur individuellen Lern- und Leistungsentwicklung. Aber: Waren die Berichte so, dass sie den eigenen pädagogischen Ansprüchen genügten? Eine erste Forschungsarbeit unterzog in den 1990er-Jahren die Berichte einer empirisch-kritischen Evaluation (Lübke, 1996). Ihre Ergebnisse wurden forschungsbegleitend und nach Abschluss der Arbeit in der Schule diskutiert und hatten praktische Folgen für die pädagogische Arbeit. Beispielsweise wurden bis dahin verborgene Einstellungs-muster in der Wahrnehmung von Jungen und Mädchen reflektiert, sensibler bei der Abfassung der Berichte darauf geachtet, ob bei Mädchen Lob für Anpassung und Fleiß, bei Jungen für kreative Ideen im Vordergrund stehen.

Einige Jahre zuvor wurde die Absolventinnen- und Absolventenstudie der Laborschule konzipiert und mit dem ersten eigenen Jahrgang, der die Schule nach elf Jahren verlassen hat, erprobt. Dabei ging es unter anderem darum her-auszufinden, welche Erfahrungen Schülerinnen und Schüler mit dem Leistungs-konzept der Schule gemacht haben und wie sie damit in den nachfolgenden Bil-dungssystemen, die grundlegend anders Leistungen vergleichend bewerten, zu-rechtgekommen sind (Kleinespel, 1990). Eine weitere große Forschungsarbeit ging der Frage nach, ob die Berichte bei den Empfängergruppen – also Eltern und ihren Kindern – so rezipiert werden, wie von den Lehrkräften intendiert. Acht Berichte von jeweils einem Jungen und einem Mädchen aus den vier Stufen der Schule wurden von drei Lehrerinnen zunächst hermeneutisch interpretiert, im Anschluss daran mit den Verfasserinnen und Verfassern reflektiert: Was wollten sie vermitteln und bewirken? Danach wurden die Eltern befragt, was sie über die Entwicklung ihres Kindes erfahren haben. Schließlich diskutierten die Schüle-rinnen und Schüler als direkte Adressatinnen und Adressaten der Berichte, wie sie diese einschätzten, was sie ihnen gebracht haben, ob und wenn ja welche Folgerungen sie daraus für sich ableiteten. Die Ergebnisse waren in vielfacher Hinsicht aufschlussreich (Döpp, von der Groeben & Thurn, 2002). Der Schul-entwicklungsprozess, der sich an diese Ergebnisse anschloss, führte zu einem abgestimmten Kriterienpapier, wie die Schule sich Berichte wünscht, zu einer modifizierten Berichtepraxis und zur Einführung von protokollierten Pflichtge-sprächen mit anschließenden Vereinbarungen aller Beteiligten (Thurn, 2011a, 2012).

Immer mehr beschäftigte sich im Anschluss daran das Kollegium auch mit der Frage, wie Leistung sichtbar gemacht und öffentlich präsentiert werden kann, wie direkte Leistungsvorlagen in Portfolios individuelle Leistungen würdigen können. Die praktischen Erfahrungen wurden für die Aus- und Weiterbildung von Lehrkräften anderer Schulen aufgeschrieben (Biermann & Volkwein, 2010) und filmisch dokumentiert (Biermann, Thurn, Kopp & Kupsch, 2015).

»Schule ohne Noten« ist eher Zukunftsvision als Schulpraxis, aber im Sinne inklusiver Schulvorstellungen zunehmend ein diskutiertes Thema sowohl in der Schulpädagogik als auch – vorsichtig noch – in der Bildungspolitik, die inzwi-schen in einigen Bundesländern die teilweise Abschaffung von Noten ermög-licht. Hier sind die evaluierten Ergebnisse der Laborschulforschung wichtige Argumentations-, aber auch praktische Umsetzungshilfen.

3.2 Ein Beispiel aus einem mehrjährigen Forschungs- und Entwicklungsprozess, der zu strukturellen Veränderungen führte und Einsichten in Schulentwicklungsprozesse ermöglicht

Seit Gründung der Schule war ihre erste Stufe jahrgangsübergreifend organisiert (Jahrgänge 0, 1 und 2). Eine Gruppe der Schule beschäftigte sich mit der Frage, ob und ggf. wie auch die Stufe II der Schule jahrgangsübergreifend organisiert werden könnte. Einer sechsjährigen Erprobungszeit mit einem Zug der dreizügigen Schule wurde nach zum Teil erbittertem Widerstand aus dem Kollegium und schließlich gefundenen Konsensvereinbarungen zugestimmt. Vor allem die Fachbereiche Englisch und Mathematik konnten sich aus didaktischen und methodischen Überzeugungen heraus nicht vorstellen, wie ein gewinnbringender Unterricht über Jahrgangs- und sogar Schulstufengrenzen hinweg für die Jahrgänge 3, 4 und 5 aussehen könnte. Der Kompromiss machte zur Bedingung, dass nur Lehrkräfte mit ausgewiesener Fakultas und ausschließlich freiwillig während des Erprobungszeitraumes Englisch und Mathematik in den drei Gruppen unterrichten dürften. Außerdem sollten die Gruppen vergleichend getestet werden, ob jahrgangsgemischt unterrichtete Kinder genau so viel gelernt hatten wie jahrgangsgleich unterrichtete. Eine Forschungsgruppe beschäftigte sich zunächst mit den theoretischen Forschungsergebnissen zu Jahrgangsmischung überhaupt sowie deren praktischer Umsetzung in verschiedenen Reformschulen. Daraus entstand ein Konzept für die Laborschule, das praktisch erprobt wurde (Haschke et al., 2001; Althoff, Husemann & Thurn, 2011). Eine andere Forschungsgruppe arbeitete an einem Konzept für jahrgangsübergreifenden Fremdsprachenunterricht, sammelte praktische Unterrichtserfahrung damit, bereitete diese so auf, dass auch andere Schulen einen solchen Unterricht durchführen können (Thurn, 2011b). Zwei Forschungsgruppen erarbeiteten zusammen mit der Wissenschaftlichen Einrichtung Tests, die vergleichend Aufschluss über die Leistungen der unterschiedlich unterrichteten Gruppen erbringen, aber so durchgeführt werden sollten, dass die getesteten Kinder selbst nicht in eine laborschulfremde Konkurrenzsituation zueinander geraten würden. Die anonyme Auswertung der Tests erfolgte durch die Universität, die Interpretation der Ergebnisse gemeinsam (Freke, Husemann & Lübbert, 2009; Thurn, 2011b). Nach dieser evaluierten Erprobungszeit votierte das Kollegium mit überwältigender Mehrheit für die uneingeschränkte Jahrgangsmischung dieser Stufe.

Vor allem die konsequente Jahrgangsmischung auch in den widerständigsten Fächern Englisch und Mathematik hat zu verstärkten Nachfragen anderer Schulen geführt. Für Schulpolitik und Schulpädagogik waren und sind weiterhin neben den didaktischen Arrangements in den Fachbereichen und der Evaluation der Lernerfolge (die für Jahrgangsmischung sprachen) die Schulentwicklungs- und Implementationsprozesse wichtig, die zu den strukturellen Veränderungen führten (Demmer-Dieckmann, 2005; Thurn, 2010).

3.3 Ein Beispiel aus einem noch laufenden Forschungsprojekt

Seit 1974 ist die Laborschule ihrem Anspruch nach eine uneingeschränkt inklusive Schule (siehe z. B. Demmer-Dieckmann & Struck, 2001; Begalke, Clever, Demmer-Dieckmann & Siepmann, 2011; Biermann et al., 2015; Thurn, 2018 i.E.). Eine Forschungsfrage, die sich aus der seit 1985 jährlich durchgeführten Absolventinnen- und Absolventenstudie – die sicherlich umfangreichste Längsschnitterhebung einer Schule – ergeben hat, ist uns, aber auch der Schulpädagogik insgesamt wichtig: Wie fühlen sich Jugendliche mit sonderpädagogischem Förderbedarf in einer Regelschule, die wirklich inklusiv sein will? Qualitative Interviews zum Wohlbefinden in der Schule wurden und werden weiterhin durchgeführt, bisherige Ergebnisse zeigen ein insgesamt hohes, mit allen anderen Schülerinnen und Schülern vergleichbares Wohlbefinden. Gewisse Unterrichtsphasen mit längerem Input führen aber zu Leistungsängsten im Vergleich mit Mitschülerinnen und Mitschülern. Daraus folgt, dass die Schule diese Erhebung fortsetzt, vor allem aber Wohlbefinden und Partizipation von Schülerinnen und Schülern mit besonderen Förderbedarfen gezielt weiter in den Blick nimmt und Unterrichtsformen daraufhin hinterfragt (Kullmann, Geist & Lütje-Klose, 2015; Külker, Dorniak, Geist, Kullmann, Lütje-Klose & Siepmann, 2017; Dorniak, Geist, Kullmann, Lütje-Klose & Siepmann, 2018 i.E.).

4. Folgerungen für Forschung und Lehre

Die Beispiele, die aus der Vielzahl von Lehrer-Forscherprojekten ausgewählt wurden, zeigen, was gute Laborschulforschungsarbeit leisten kann: »die Versöhnung von Einzelfall und Verallgemeinerung, von hermeneutischem Verstehen und empirischen Verfahren« (Groeben, 2009, S. 198). Durch sie wurde die pädagogische Arbeit beobachtet und verbessert, wurden Probleme erkannt und bearbeitet, die Entwicklung der Schule befördert. Durch sie wurden erfahrungsgesättigte Einsichten in den Ablauf von Schulentwicklungsprozessen allgemein möglich. Durch sie haben sich die beteiligten Lehrkräfte weiter entwickelt: in ihrem pädagogischen Handeln, aber auch ihrem Berufsverständnis (Hollenbach, 2009). Durch sie wurde die Praxis anderer Schulen ermutigt, aufgeklärt und verändert, was sich in den kaum zu bewältigenden vielen Anfragen nach Fortbildungen anderer Schulen durch Laborschullehrende zeigt. Durch sie hat die Bildungswissenschaft wertvolle Einsichten für weitere Forschungshypothesen gewonnen.

Nach kontinuierlichen Erfahrungen seit 1974 mit der Theorie und vor allem der Praxis von Lehrer-Forschung stelle ich folgende Einsichten zur Diskussion:

– Lehrerinnen und Lehrer sind in der Lage, forschend ihre Praxis aufzuklären. Sie haben als Grundlage eigener Forschung ein wissenschaftliches Studium absolviert und sich dabei mit Forschungsmethoden auseinandergesetzt. Sie brauchen vielleicht Ermutigung, um sich an Forschungsarbeit neben ihrer Praxisbelastung zu wagen. Sie benötigen für konkrete Vorhaben eventuell gezielte Weiterbildung in Forschungsmethoden oder Unterstützung durch Schreibwerkstätten. Der Einstieg in Forschungsprojekte gelingt ihnen leichter, wenn sie sich in der Zusammenarbeit mit versierten Praxisforschenden aufgehoben und anerkannt fühlen. Sie brauchen für all das Zeit, also Entlastung von ihren Unterrichtsdeputaten.

– Die bessere Einsicht für die Pädagogik, für die praktische Verbesserung von Schule, für Innovationen im Bereich neuer Lernkulturen, neuer Leistungskulturen, partizipatorischer Gestaltung von Schule und Schulentwicklungsprozessen etc. folgt aus dem praktischen Tun, das reflektiert, aus dem engen Kontext der Einzelschule herausgehoben, also verallgemeinert und so aufgearbeitet wird, dass es andere Domänen bereichert, inspiriert und zu Handlungen führt, die auf Reform zielen, und zwar in Schulen, in der Bildungspolitik und in der Schulpädagogik als Bildungswissenschaft.

– Empirisch-quantitative Forschungsprojekte auf der Large-Scale-Ebene sind hilfreich, weil sie das System aufklären. Sie sind es vor allem dann, wenn sie die Verantwortung für die politische Interpretation nicht von sich weisen. Sie sind hilfreich, wenn ihre Ergebnisse für praxisverändernde Vorhaben oder politische Folgerungen wichtige Herausforderungen sind, etwa beim Zusammenhang von Bildung und Herkunft. Sie sind nicht hilfreich, wenn sie politisch missbraucht werden zur Unterdrückung fortschrittlicher Schulentwicklung oder zur Durchsetzung »schwarzer Pädagogik«, etwa durch ständige Leistungsüberprüfungen, die mehr entmutigen als zu besserer Leistung herausfordern, die ständig Verlierer produzieren und die wichtigsten pädagogischen Maßstäbe für Erfolg vergessen: Ichstärkung und Selbstwirksamkeit, Zugehörigkeit ohne Ausschluss, Partizipation statt Überwältigung.

– Forschungsprojekte, in denen empirisch-quantitativ Arbeitende mit qualitativ Arbeitenden zusammenarbeiten, Forschungsfragen gemeinsam entwickeln und das Forschungsdesign gleichberechtigt verantworten, die erhobenen Daten auf Augenhöhe auswerten und interpretieren, können die Praxis verbessern und die Wissenschaft bereichern. Für die Praxisforschung kann es gewinnbringend sein, wenn mit Mixed-Methods-Ansätzen gearbeitet wird, quantitative und qualitative Forschungsmethoden miteinander verknüpft werden.

– Praxisforschung braucht die Anerkennung als gleichberechtigte Wissenschaft mit allen dazu nötigen Ressourcen und Berechtigungen.

Literatur

Althoff, P. G., Husemann, G. & Thurn, S. (2011). Jahrgangsgemischtes Leben und Lernen an der Laborschule. In: S. Thurn & K.-J. Tillmann (Hrsg.), *Laborschule – Schule der Zukunft* (S. 134–148). Bad Heilbrunn: Klinkhardt.

Begalke, E., Clever, M., Demmer-Dieckmann, I. & Siepmann, C. (2011). Inklusion an der Laborschule: Weg und Ziel. In: S. Thurn & K.-J. Tillmann (Hrsg.), *Laborschule – Schule der Zukunft* (S. 64–77). Bad Heilbrunn: Klinkhardt.

Biermann, C. & Schütte, M. (Hrsg.) (2014). *Geschlechterbewusste Pädagogik an der Laborschule Bielefeld.* Bad Heilbrunn: Klinkhardt.

Biermann, C., Thurn, S., Kopp, J. & Kupsch, J. (2015). *Die Laborschule im Bild. Elf Filme* (Die Laborschule stellt sich vor; Demokratie; Entschulung; Inklusion: Konzepte; Inklusion: »Ich kann nur nicht gucken«; Kita-Praktikum im Jahrgang 7; Leistung; Musik in der Laborschule: Natur erfahren; Schule ohne Rassismus/ Sportspieltag) Bielefeld (DVD), über laborschule@uni-bielefeld.de.

Biermann, C. & Volkwein, K. (Hrsg.) (2010). Portfolio-Perspektiven. Schule und Unterricht mit Portfolios gestalten. Weinheim & Basel: Beltz.

Bosse, U., Banik, M., Freke, N., Kampmeier, D., Quartier, U., Sahlberg, K. & Walter, J. (2017). *Qualitätsdimensionen im verbundenen Ganztag. Schulentwicklung am Beispiel der Eingangsstufe der Laborschule Bielefeld.* Bad Heilbrunn: Klinkhardt.

Demmer-Diekmann, I. (2005). *Wie reformiert sich eine Reformschule? Eine Studie zur Schulentwicklung an der Laborschule Bielefeld.* Bad Heilbrunn: Klinkhardt.

Demmer-Dieckmann, I. & Struck, B. (Hrsg.) (2001). *Gemeinsamkeit und Vielfalt. Pädagogik und Didaktik einer Schule ohne Aussonderung.* Weinheim & München: Juventa.

Döpp, W., Groeben, A. v. d., Husemann, G., Schütte, M. & Völker, H. (Hrsg.) (2009). *Literalität und Leistung. Bausteine einer pädagogischen Sprachdidaktik.* Bad Heilbrunn: Klinkhardt.

Döpp, W., Groeben, A. v. d. & Thurn, S. (2002). *Lernberichte statt Zensuren. Erfahrungen von Schülern, Lehrern und Eltern.* Bad Heilbrunn: Klinkhardt.

Dorniak, M., Geist, S., Kullmann, H., Lütje-Klose, B. & Siepmann, C. (2018, i.E.). Wohlbefinden und Inklusion an der Laborschule. In: C. Biermann, S. Geist, H. Kullmann & A. Textor (Hrsg.), Praxisforschung zur Inklusion an der Laborschule. Bad Heilbrunn: Klinkhardt.

Freke, N., Husemann, G. & Lübbert, A. (2009). Jahrgangsgemischter Unterricht an der Laborschule Bielefeld: Beispiele aus einer Forschungswerkstatt. In: *Zeitschrift für Grundschulforschung* 2, H. 1, S. 48–60.

Groeben, A. v. d. (2009). Lehrerforschung: Das Konzept von Hartmut von Hentig. In: N. Hollenbach & K.-J. Tillmann (Hrsg.), *Die Schule forschend verändern. Praxisforschung aus nationaler und internationaler Perspektive.* (S. 187–202) Bad Heilbrunn: Klinkhardt.

Hahn, S. & Oelkers, J. (Hrsg.) (2012). *Forschung und Entwicklung am Oberstufen-Kolleg. Selbst- und Peerbericht über die Entwicklung der Versuchsschule und Wissenschaftlichen Einrichtung Oberstufen-Kolleg in den Jahren 2005 bis 2010.* Bad Heilbrunn: Klinkhardt.

Haschke, C., Lenzen, K.-D., Sandmeyer, M., Zimmer, B., Bosse, U. & Demmer-Dieckmann, I. (2001). Lernen in jahrgangsgemischten Gruppen (Jg. 3,4,5): Ein Schulversuch an der Laborschule. Konzeptentwicklung und erste Erfahrungen. Werkstattheft. Bielefeld: *Publikationsreihe der Laborschule* Nr. 23.

Hentig, H. v. (1982). *Erkennen durch Handeln. Versuche über das Verhältnis von Pädagogik und Erziehungswissenschaft.* Stuttgart: Klett-Cotta.

Hollenbach, N. (2009). Zwischen Professionalisierung und Überforderung: Das Lehrer-Forscher-Modell der Laborschule aus der Sicht der Akteure. In: N. Hollenbach & K.-J. Tillmann (Hrsg.), *Die Schule forschend verändern. Praxisforschung aus nationaler und internationaler Perspektive* (S. 221–245) Bad Heilbrunn: Klinkhardt.

Hollenbach, N. & Tillmann, K.-J. (2009). Das Lehrer-Forscher-Modell an der Laborschule: Ausgangskonzept und heutige Praxis. In: N. Hollenbach & K.-J. Tillmann, *Die Schule forschend verändern. Praxisforschung aus nationaler und internationaler Perspektive* (S. 213–219) Bad Heilbrunn: Klinkhardt.

Klafki, W. (2002). *Schultheorie, Schulforschung und Schulentwicklung im politisch-gesellschaftlichen Kontext.* Weinheim & Basel: Beltz.

Kleinespel, K. (1990). *Schule als biographische Erfahrung. Die Laborschule im Urteil ihrer Absolventen.* Weinheim & Basel: Beltz.

Külker, A., Dorniak, M., Geist, S., Kullmann, H., Lütje-Klose, B. & Siepmann, C. (2017). Schulisches Wohlbefinden als Qualitätsmerkmal inklusiver Schulen – Unterrichtsentwicklung im Rahmen eines Lehrer-Forscher-Projekts an der Laborschule Bielefeld. In: A. Textor, S. Grüter, I. Schiermeyer-Reichl & B. Streese (Hrsg.), *Inklusion in die Leistungsgesellschaft. Tagungsband zur 30. Jahrestagung der Inklusionsforscher_innen.* Teil 1. Bad Heilbrunn: Klinkhardt.

Kullmann, H., Geist, S. & Lütje-Klose, B. (2015). Erfassung schulischen Wohlbefindens in inklusiven Schulen – Befunde zur Erprobung eines mehrdimensionalen Konstrukts in fünf Jahrgängen der Sekundarstufe I an der Laborschule Bielefeld. In: P. Kuhl, P. Stanat, B. Lütje-Klose, C. Gresch, H. A. Pant & M. Prenzel (Hrsg.), *Inklusion von*

Schülerinnen und Schülern mit sonderpädagogischem Förderbedarf in Schulleistungserhebungen (301–333). Wiesbaden: Springer VS.

Lübke, S.-I. (1996). *Schule ohne Noten. Lernberichte in der Praxis der Laborschule.* Opladen: Leske + Budrich.

Quartier, U., Kampmeier, M. & Bardi, C. (2013). *Weltsprache Natur. Die Naturwerkstatt der Laborschule Bielefeld.* Bad Heilbrunn: Klinkhardt.

Terhart, E. & Tillmann, K.-J. (2007). *Schulentwicklung und Lehrerforschung. Das Lehrer-Forscher-Modell der Laborschule auf dem Prüfstand.* Bad Heilbrunn: Klinkhardt..

Thurn, S. (2010). Entwicklungsprozesse an der Laborschule. In: T. Bohl, W. Helsper, H.-G. Holtappels & C. Schelle, *Handbuch Schulentwicklung. Theorie – Forschungsbefunde – Entwicklungsprozesse – Methodenrepertoire* (S. 404–410) Bad Heilbrunn: Klinkhardt,.

Thurn, S. (2011a). Lernen, Leistung, Zeugnisse: eine Schule (fast) ohne Noten. In: S. Thurn & K.-J. Tillmann (Hrsg.), *Laborschule – Schule der Zukunft* (S. 50–63) Bad Heilbrunn: Klinkhardt.

Thurn, S. (Hrsg.) (2011b). *Individualisierung ernst genommen. Englisch lernen in Jahrgangsübergreifenden Gruppen (3/4/5).* Bad Heilbrunn: Klinkhardt.

Thurn, S. (2012). Lohnende Leistung. In: T. Fitzner, P. E. Kalb & E. Risse (Hrsg.), *Reformpädagogik in der Schulpraxis* (S. 124–133) Bad Heilbrunn: Klinkhardt.

Thurn, S. (2016). Demokratie erlernen – Partizipation erfahren – Solidarität erleben. In: A. Gürlevik, C. Palentien & K. Hurrelmann (Hrsg.), *Jugend und Politik – Eine Bilanz zur politischen Bildung und Beteiligung.* (S. 349–371) Wiesbaden: Springer VS.

Thurn, S. (i.E. 2018). Inklusives Schulsystem. In: M. Gläser-Zikuda, M. Harring & C. Rohlfs (Hrsg.), *Handbuch Schulpädagogik.* Münster u. a.: Waxmann.

Thurn, S. & Tillmann, K.-J. (Hrsg.) (2011). *Laborschule – Schule der Zukunft.* Bad Heilbrunn: Klinkhardt.

Thurn, S. & Wieczorek, M. (2017). *Textilkunst an der Laborschule. Wahrnehmen – Gestalten – Individualisieren.* Schwalbach/Ts: Wochenschau.

Watermann, R., Thurn, S., Tillmann, K.-J. & Stanat, P. (Hrsg.) (2005). *Die Laborschule im Spiegel ihrer PISA-Ergebnisse. Pädagogisch-didaktische Konzepte und empirische Evaluation reformpädagogischer Praxis.* Weinheim und München: Juventa.

Stefan Hahn, Maria Hallitzky, Christopher Hempel, Christine Künzli David und Christine Streit

Blaukittel und Weißkittel

(Methodologische) Reflexionen zum Verhältnis bildungswissenschaftlicher Forschung und Schulpraxis

1. Problemlage: zum Verhältnis unterschiedlicher Systemlogiken in der bildungswissenschaftlichen Forschung

Empirische Befunde stellen die Stabilität der Handlungspraxis von Lehrkräften gegenüber bildungspolitischen und -wissenschaftlichen Steuerungsimpulsen heraus. Dies führt zu der Frage, wie in Forschungsprojekten mit der Differenz zwischen bildungswissenschaftlicher und schulischer Praxis sowie innerhalb der wissenschaftlichen Praxis mit dem Anspruch umzugehen ist, deskriptiv zu forschen und präskriptiv zu innovieren (Meseth, 2016). Eine Forschung, die nicht in der Manier von »Weißkittel-Pädagogen« (Hentig, 1982) auf der Grundlage theoretischen Wissens und generalisierbarer Empirie sagen will, wie man es richtig macht, sondern das Erfahrungswissen und die praktischen Probleme der »Blaukittel-Pädagogen« wahrnimmt und bei der Aufbereitung wissenschaftlicher Erkenntnisse auch einer pragmatischen Logik der Nützlichkeit Rechnung trägt, hat die Bezugnahme auf die »umsetzungsorientierte Praxis« und die »Wahrheit suchende Wissenschaft« (Reinmann, 2007) zu repräsentieren und damit der kritischen Reflexion und Weiterentwicklung von beiden Seiten zugänglich zu machen.

Im vorliegenden Beitrag wird ein Instrument zur analytischen Bearbeitung der Kooperation zwischen Wissenschaft und Schulpraxis in der Forschung diskutiert, das als Vierfeldermodell zur Ordnung von Forschungsstrategien diese Fragen in den Blick zu nehmen erlaubt (Beywl, Künzli David, Messmer & Streit, 2015). Anhand der Dimensionen des Modells werden zwei ganz unterschiedlich ausgerichtete Forschungsprojekte reflektiert um aufzuzeigen, welche Herausforderungen sich durch eine Bezugnahme unterschiedlicher Handlungslogiken der Referenzsysteme aufeinander ergeben.

2. Das Vierfeldermodell zur Ordnung von Forschungsstrategien

Unter Bezugnahme auf und im Anschluss an bestehende Ordnungsversuche von Forschungsaktivitäten (z. B. Gibbons, Limoges, Nowotny, Schwartzman, Scot & Trow, 1994; Stokes, 1997) haben Beywl et al. (2015) ein eigenes Modell mit zwei Dimensionen vorgelegt (Abb. 1)

Abbildung 1: Das Vierfeldermodell nach Beywl et al.

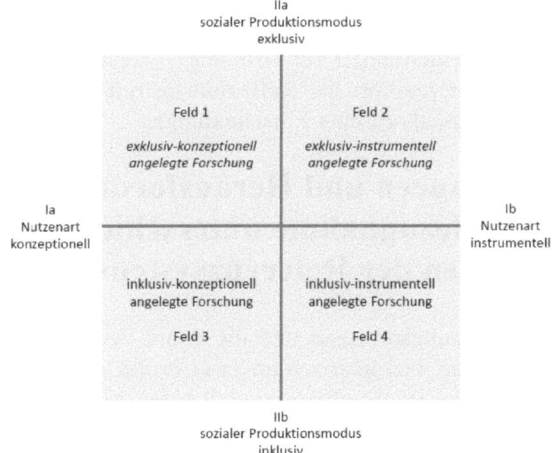

Quelle: Beywl et al., 2015.

Die erste Dimension fokussiert auf den angestrebten Nutzen der Erkenntnisse und umfasst die Pole konzeptioneller vs. instrumenteller Nutzen. Konzeptioneller Nutzen wird angestrebt, wenn die Forschungsergebnisse in erster Linie innerhalb der Scientific Community rezipiert werden (sollen) und eine damit verbundene Reputation versprechen. Instrumenteller Nutzen wird angestrebt, wenn das Handeln der Praxisakteure durch die Erkenntnisse der Forschung spezifisch ausgerichtet werden soll. Letzteres bedingt, dass solche Art von Forschung den konkreten Kontext der Praxis analysieren und einbeziehen muss. Mit der zweiten Dimension – den »sozialen Produktionsmodi« – ist die zu gestaltende soziale Beziehung der Forschenden und der Akteure des Praxisfeldes in allen Phasen des

Forschungsprozesses angesprochen. Die beiden Extrempositionen sind der exklusive vs. der inklusive Produktionsmodus. Während im exklusiven Modus alle
den Forschungsprozess betreffenden Entscheidungen ausschließlich von den
Forschenden getroffen werden, sind im inklusiven Modus die Akteure des Praxisfeldes in diesen Prozess eingebunden und können somit Entscheidungen zumindest beeinflussen. Zwischen den Extrempolen der Dimension des sozialen
Produktionsmodus beschreibt das Kontinuum Formen der Kooperation als gra-
duelle Abstufungen der Integration von Akteuren der Praxis in den Prozess wissenschaftlicher Forschung und Entwicklung, die als Set von Partizipationsgele-
genheiten beschrieben werden können.

In der Kombination dieser beiden Dimensionen ergeben sich vier prototypische Formen von Forschungsvorhaben, die exklusiv-konzeptionell, exklusiv-
instrumentell, inklusiv-konzeptionell oder inklusiv-instrumentell angelegt sein
können (Abb. 1). Das Vierfeldermodell zur Ordnung von Forschungsstrategien
wird in diesem Beitrag weitergeführt als Reflexionsinstrument zur systematischen Diskussion forschungsmethodischer Entscheidungen.

3. Umsetzung, Chancen und Herausforderungen der transparenten Bezugnahme unterschiedlicher Handlungslogiken der Referenzsysteme

Die beschriebenen Entscheidungsprozesse und die damit verbundenen Herausforderungen sollen im Beitrag exemplarisch an zwei Projekten aufgezeigt werden, die sich in ihrer Anlage im Vierfeldermodell zwar ganz unterschiedlich
verorten lassen, jedoch beide den Anspruch teilen, den Handlungslogiken beider
Referenzsysteme Rechnung zu tragen. Dadurch sollen insbesondere auch das
Analysepotenzial, aber auch die Grenzen des Vierfeldermodells ersichtlich werden (vgl. Ziffer 3.3).

3.1 Das Projekt »Guter Mathestart – frühe mathematische Lernprozesse begleiten«

Mit dem inklusiv-instrumentell angelegten Projekt »Guter Mathestart« wurde
das Ziel verfolgt, für das Professionsfeld relevante Ergebnisse zu generieren und
die am Projekt teilnehmenden Lehrpersonen im Sinne einer Professionalisierung
durch Elemente der Handlungsforschung (Peter-Koop & Prediger, 2005) in den
Forschungsprozess zu involvieren. Dazu veranstalteten 21 Kindergarten- und
Primarlehrpersonen aus der Nordwestschweiz über ein Schuljahr hinweg zwei-

bis viermal pro Monat mathematische Lernsettings (Royar & Streit, 2010), in denen Kinder mit ausgewählten Materialien frei tätig waren oder diese zur Exploration einer mathematischen Aufgabenstellung nutzten. Die Lehrpersonen fokussierten dabei auf die fachliche Lernbegleitung, sie dokumentierten und reflektierten die ablaufenden Prozesse in schriftlicher Form wie auch in gemeinsamen Gruppensitzungen. Dabei wurden sie von einem Mitglied des Forschungsteams begleitet. So konnten die sich generierenden Forschungsfragen sowie die Ausgestaltung der Datenerhebung auf »Augenhöhe« ausgehandelt werden: Die Analysen der schriftlichen Reflexionen der Lehrpersonen zu Beginn und am Ende der Umsetzungsphase sowie mehrerer videografierter Praxissequenzen sollten dazu dienen, die Veränderung in den Haltungen der Teilnehmenden im Projektverlauf sichtbar zu machen sowie Erkenntnisse über die praktizierten Formen der Lernbegleitung zu gewinnen (Streit, 2016). Alle Lehrpersonen waren bereit, die Reflexionsbögen zu bearbeiten, 15 der 21 Lehrpersonen stellten sich für die Videografien zur Verfügung. Die Datenauswertung erfolgte im exklusiven Modus. Die videografierten Praxisphasen wurden einer dreischrittigen Videoanalyse unterzogen (Seidel & Prenzel, 2010). Dieses Vorgehen ermöglichte, die Videosequenzen zunächst auf einer sichtbaren Ebene zu analysieren und zunehmend auch »tiefer liegende« Strukturen zu identifizieren und einzuordnen. So konnten beispielsweise inhaltliche Unterstützungsmaßnahmen daraufhin untersucht werden, ob die einzelne Maßnahme auf den Aufbau von mathematischen Fertigkeiten bzw. die bloße Kenntnis von Begriffen oder auf den Aufbau von Verständnis bzw. mathematischen Konzepten zielt (Streit, 2016).

Die Ergebnisse aus der Videoanalyse machen deutlich, dass der Anteil der fachlichen Lernbegleitung an der gesamten Lernzeit eher gering war und verhältnismäßig wenige Sequenzen identifiziert werden konnten, die auf Verständnis bzw. den Aufbau von Konzepten zielten. Die Lehrpersonen wurden mit den Ergebnissen konfrontiert und gebeten, ihre Sichtweise darzulegen. Diese Gruppendiskussion wurde gefilmt und inhaltsanalytisch ausgewertet. Die Ergebnisse veranlassten die Forschenden, die Videodaten nochmals zu analysieren und Personenprofile zu erstellen, die zeigen, dass es individuelle Unterschiede im Unterstützungsverhalten gibt, die auf unterschiedliche Typen der Lernbegleitung hinweisen. Durch die Beteiligung der Lehrpersonen bei der Interpretation der Daten konnten zusätzliche Erkenntnisse gewonnen werden, die in eine Hypothesenbildung sowie die Generierung weiterer Forschungsfragen mündete. Dies sowie mehrere aus dem Projekt hervorgegangene wissenschaftliche Publikationen entsprechen der Forderung, dass auch ein instrumentell angelegtes Forschungsprojekt nach anschlussfähigen wissenschaftlichen Erkenntnissen streben soll und muss (vgl. Beywl et al., 2015). Der instrumentelle Nutzen des Projekts manifestiert sich u. a. in Vignetten, die aus Teilen der in der Studie entstandenen Videos entstanden sind und in Kombination mit einem ebenfalls im Projekt entwickelten Prozessmodell zur Lernbegleitung in der Lehreraus- und -fortbildung eingesetzt werden.

So kann das Projekt als weitgehend gelungener Versuch betrachtet werden, das Spannungsfeld zwischen den Ansprüchen von Forschung und Praxis in eine Balance zu bringen.

Gleichwohl erwies es sich als anspruchsvoll, die für den Projekterfolg entscheidende Kooperationsbereitschaft der Praxisakteure über einen langen Zeitraum aufrechtzuerhalten. Zudem war die Realisierung des integrativ angelegten Studiendesigns sehr ressourcenintensiv, obwohl sein »Ertrag« i. S. wissenschaftlicher Reputation geringer war als bspw. im Fall einer Studie mit Kontrollgruppendesign.

3.2 Das Projekt »Planungsprozesse in Lehrerkollegien zum fächerübergreifenden Unterricht«

Im didaktischen Diskurs werden, bildungstheoretisch fundiert, Ansprüche an die Gestaltung fächerübergreifender Unterrichtssettings beschrieben (z. B. Valsangiacomo, Widorski & Künzli David, 2014). Im exklusiv-konzeptionell angelegten Forschungsprojekt zur kooperativen Planung fächerübergreifenden Unterrichts geht es nicht darum, die schulische Praxis an diesen Ansprüchen zu messen. Stattdessen besteht das vorrangige Ziel darin, die Eigenlogik und Funktionalität der kooperativen Planungspraxis zu erfassen, d. h. den alltäglichen Umgang mit den didaktischen Ansprüchen erst einmal zu verstehen. Dazu werden drei Teams von Lehrenden begleitet, die an ihren Schulen den fächerübergreifenden Unterricht weiterentwickeln, und deren Gespräche in den Planungssitzungen audiografisch aufgezeichnet. Um nachzuvollziehen, wie sich die Lehrenden in diesen Teams als Gruppe konstituieren, ein gemeinsames Thema entwickeln, didaktische Entscheidungen treffen und die Bedingungen ihrer eigenen Arbeit auf der Ebene der Organisation herstellen, werden ausgewählte Sequenzen der transkribierten Gespräche in Anlehnung an die dokumentarische Methode sequenzanalytisch ausgewertet (Bohnsack, 2014).

Die Verhältnisbestimmung von Forschung und Entwicklung in diesem Projekt orientiert sich an den Ansätzen der interpretativen Schulbegleitforschung (Combe, 2002) und der Dokumentarischen Evaluationsforschung (Bohnsack & Nentwig-Gesemann, 2010). Hier wie dort werden die Gestaltungsprozesse der schulischen Praxis überlassen, während die wissenschaftlichen Akteure diese Prozesse analytisch begleiten und ihre Ergebnisse als Reflexionsangebot in den weiteren Entwicklungsprozess einspeisen. Hinsichtlich des angestrebten Nutzens liegt der Fokus auf der Produktion wissenschaftlich anschlussfähigen Wissens und erst in einem zeitlich deutlich nachgelagerten Schritt in der Bereitstellung von Reflexionsimpulsen für die Praxis.

Damit gehen Herausforderungen einher, die sich sowohl auf den angestrebten Nutzen als auch auf den sozialen Produktionsmodus beziehen. Didaktisches Wissen seitens der wissenschaftlichen Akteure wird im Planungsprozess zugunsten einer Erforschung des unverfälschten Geschehens zurückgehalten. Der Prozess soll nicht beeinflusst werden, womit der schulischen Praxis eine – eventuell erwartete – Unterstützung verwehrt wird. Ein Interesse an der Entwicklung der Schule sowie Expertise zum Gegenstand der Entwicklung werden beim Forschenden vorausgesetzt und legitimieren erst den Zugang zum Feld. Es ist dann schwer zu vermitteln, dass man als Forscherin oder Forscher zwar an den Gruppenprozessen teilnimmt, aber doch kaum aktiv partizipiert. Wenn dann am Ende des Forschungsprozesses für die schulische Praxis relevante Ergebnisse vorliegen, hat diese möglicherweise kein Interesse (mehr) an den Rückmeldungen oder fühlt sich durch diese gar unter Rechtfertigungsdruck gesetzt.

Zum Umgang mit diesen Herausforderungen wird im Forschungsprozess zwischen einer Phase des (undistanzierten) ›Mitmachens‹ und des (distanzierten, weil nachträglichen) ›Beobachtens‹ unterschieden. Diese Entscheidung setzt gleichwohl voraus, dass der eigene Einfluss im Interaktionsprozess, die eigenen Redebeiträge bei der Rekonstruktion behandelt werden wie diejenigen der Lehrenden auch, wofür die Analyse der Gespräche in Interpretationsgruppen gute Bedingungen schafft. Außerdem werden die Lehrenden durchgängig als Professionelle adressiert und – sowohl bei Impulsen während der Planung als auch bei der Rückmeldung der Ergebnisse – die Begrenztheit der eigenen bildungswissenschaftlichen und eben nicht schulpraktischen Perspektive hervorgehoben.

3.3 Diskussion des reflexiven Potenzials des Analysemodells am Beispiel der beiden Forschungsprojekte und seiner Grenzen

Für beide Projekte gilt, dass auch wenn die Lehrenden »Objekte« der Forschung von Wissenschaftlerinnen und Wissenschaftlern waren, sie immer auch Subjekte der wissenschaftlichen Entwicklung von Praxis blieben. »Guter Mathestart« orientiert sich explizit an einem entwicklungsorientierten Zugang der Handlungsforschung und bindet die Lehrenden in ihrer Rolle als aktive Gestalterinnen und Gestalter professioneller Praxis in den Forschungsprozess ein. Das Projekt zu Planungsprozessen fächerübergreifenden Unterrichts ist ebenfalls auf schulpraktisches Handeln hin ausgerichtet, besitzt aber primär einen deskriptiven Fokus. Dennoch zeigen sich in beiden Projekten ähnliche Herausforderungen, die anhand des Vierfeldermodells einer analytischen Klärung unterzogen wurden.

In beiden Projekten wurde deutlich, dass unterschiedliche Teilfragestellungen und Teilschritte eines Projekts tendenziell unterschiedlichen Quadranten zugeordnet werden können. Im inklusiv-instrumentell angelegten Projekt »Guter Mathestart« wird dabei der exklusive Modus in der Phase der Datenauswertung sichtbar. Außerdem scheint ein konzeptionelles Interesse durch, wenn hypothesengenerierende Vorgehensweisen beschrieben werden und – in problematisierender Weise – wenn in der Reflexion auf die geringe wissenschaftliche Reputation tendenziell instrumentell ausgerichteter und inklusiv durchgeführter Forschung verwiesen wird. Dies wirft kritische Fragen danach auf, welche Gütekriterien der Forschung jenseits der gängigen Kriterien (quantitativer Forschung) auch für eine instrumentell-inklusiv ausgerichtete, didaktische Forschung gelten können (vgl. dazu Reinmann, 2005 in Bezug auf den Forschungsansatz der Design-based Research).

Im Gegensatz dazu geht das Projekt zur Unterrichtsplanung im fächerübergreifenden Unterricht von einer klaren Trennung der schulpraktischen und der forschungsbezogenen Interessen aus, die allerdings in der räumlich-sozialen Nähe der Erhebungssituation überformt wird von zunächst implizit aufscheinenden gegenseitigen Erwartungen. Während im Forschungsdesign ein exklusiver Modus angelegt ist und Impulse in die Praxis hinein erst durch die Bereitstellung der Forschungsergebnisse intendiert sind, erhoffen sich die Lehrkräfte zwar keine eigene Einbindung in den Forschungsprozess, aber doch einen instrumentellen Nutzen durch den Einbezug des als Experte geltenden Forschers in die praktische Arbeit. Ein Einbringen von Entwicklungsimpulsen in die untersuchte Praxis lässt sich dadurch kaum vermeiden, da der Feldzugang mit einem gewissen Service als Gegenleistung erschlossen werden muss. Die Frage ist hier, wie der exklusive Forschungsmodus beibehalten werden kann, wenn eine räumlich-situative Nähe eine (scheinbar) inklusive und instrumentelle Praxis nahelegt.

Die Einordnung der je spezifischen Handlungslogiken der Akteure und die damit verbundenen unterschiedlichen Interessen, Erwartungen, Herausforderungen in Bezug auf die verschiedenen Phasen des Forschungsprozesses sind anhand des Vierfeldermodells – auch im Hinblick auf forschungsmethodologisch unterschiedlich ausgerichtete Projekte – reflexiv bearbeitbar. Gerade im Hinblick auf die für den Projekterfolg entscheidende Aufgabe, die Kooperationsbereitschaft der Schulpraktikerinnen und Schulpraktiker aufrecht zu erhalten, kann dies die kontextuelle Einbindung der Akteure in verschiedene Systemlogiken transparent machen und helfen, Erwartungen an Kooperation und (wechselseitige) Einflussnahme zu klären.

4. Fazit

Eine metareflexive Betrachtung möglicher Hürden und Potenziale gemeinsamer Forschungspraxis antizipiert Herausforderungen einer Kooperation und ermöglicht die Klärung der unterschiedlichen Perspektiven: In jedem Forschungsprozess geht es um die Bearbeitung einer wissenschaftlichen Fragestellung. Gewisse Standards und Normen, die dem wissenschaftlichen Referenzsystem entstammen, sind daher unhintergehbar, auch wenn die Brauchbarkeit in der Praxis ebenfalls unbedingtes Ziel eines Forschungsprojekts ist. Die Diskussion der beiden Beispiele deutet den Variantenreichtum im Umgang mit den Herausforderungen der gegenseitigen Bezugnahme von Forschung und Praxis an.

Doch bleiben praktische Restriktionen der Kooperation zwischen Forschung und Schulpraxis bestehen und sind auch durch die transparente Einordnung der Schwierigkeiten nicht auflösbar. Insofern bleibt die auf die Schule bezogene Forschungspraxis grundsätzlich ein Balanceakt, der weitere methodologische und methodische Reflexion erfordert, wie sie beispielsweise in Design-based-Research-Projekten auch vorgelegt wird. Das Vierfeldermodell bietet hierfür eine gute theoretische Grundlage. Darüber hinaus wäre aber auch eine empirische (Meta-)Forschung wünschenswert, die die bildungswissenschaftliche Forschungspraxis selbst zum Gegenstand hat und untersucht, »wie sie sich verrenkt, wenn sie sich darum bemüht, der ›Diener zweier Herren‹ zu sein« (Meseth, 2016, S. 488).

Literatur

Beywl, W., Künzli David, C., Messmer, R. & Streit, C. (2015). Forschungsverständnis Pädagogischer Hochschulen – ein Klärungsversuch. *Beiträge zur Lehrerbildung*, 1, 134–159.

Bohnsack, R. (2014). *Rekonstruktive Sozialforschung. Einführung in qualitative Methoden* (9. Aufl.). Opladen & Farmington Hills: Barbara Budrich.

Bohnsack, R. & Nentwig-Gesemann, I. (2010). Einleitung: Dokumentarische Evaluationsforschung. In: R. Bohnsack & I. Nentwig-Gesemann (Hrsg.), *Dokumentarische Evaluationsforschung. Theoretische Grundlagen und Beispiele aus der Praxis* (S. 9–22). Opladen & Farmington Hills: Barbara Budrich.

Combe, A. (2002). Interpretative Schulbegleitforschung – konzeptionelle Überlegungen. In: G. Breidenstein, A. Combe, W. Helsper & B. Stelmaszyk (Hrsg.), *Forum qualitative Schulforschung 2. Interpretative Unterrichts- und Schulbegleitforschung* (S. 29–39). Wiesbaden: VS.

Gibbons, M., Limoges, C., Nowotny, H., Schwartzman, S., Scot, P. & Trow, M. (1994). *The new production of knowledge: the dynamics of science and research in contemporary societies*. London: Sage.

Hentig, H. von (1982). Erkennen durch Handeln. In: E. König & P. Zedler (Hrsg.), *Erziehungswissenschaftliche Forschung: Positionen, Perspektiven, Probleme* (S. 166–195). Paderborn: Schöningh.

Meseth, W. (2016). Zwischen Selbst- und Fremdreferenz. Systemtheoretische Perspektiven auf die Erzeugung erziehungswissenschaftlichen Wissens. *Zeitschrift für Pädagogik, 62* (4), 474–493.

Peter-Koop, A. & Prediger, S. (2005). Dimensionen, Perspektiven und Projekte mathematikdidaktischer Handlungsforschung. In: E. Eckert & W. Fichten (Hrsg.), *Schulbegleitforschung: Erwartungen – Ergebnisse – Wirkungen* (S. 185–201). Münster: Waxmann.

Reinmann, G. (2005). Innovation ohne Forschung? Ein Plädoyer für den Design-Based-Research-Ansatz in der Lehr-Lernforschung. *Unterrichtswissenschaft*, 33 (1) 52–69.

Reinmann, G. (2007). Innovationskrise in der Bildungsforschung: Von Interessenkämpfen und ungenutzten Chancen einer Hard-to-do-Science. In: G. Reinmann und J. Kahlert (Hrsg.), *Der Nutzen wird vertagt ... Bildungswissenschaften im Spannungsfeld zwischen wissenschaftlicher Profilbildung und praktischem Mehrwert* (S. 198–220). Lengerich: Pabst.

Royar, T. & Streit, C. (2010). *MATHElino. Kinder begleiten auf mathematischen Entdeckungsreisen*. Seelze: Kallmeyer.

Seidel, T. & Prenzel, M. (2010). Beobachtungsverfahren: Vom Datenmaterial zur Datenanalyse. In: H. Holling & B. Schmitz (Hrsg.), *Handbuch Statistik, Methoden und Evaluation* (S. 139–152). Göttingen: Hogrefe.

Stokes, E. (1997). *Pasteur's quadrant. Basic science and technological innovation*. Washington: The Brookings Institution.

Streit, C. (2016). Wie Lehrpersonen Kinder in materialbasierten Settings begleiten und mathematische Lernprozesse anregen. In: S. Schuler, C. Streit & G. Wittmann (Hrsg.). *Perspektiven mathematischer Bildung im Übergang vom Kindergarten zur Grundschule* (S. 161–174). Berlin: Springer.

Valsangiacomo, F., Widorski, D. & Künzli David, C. (2014). Bildungstheoretische Überlegungen zu fächerübergreifendem Unterricht – Systematik transversalen Unterrichtens. *Zeitschrift für Didaktik der Gesellschaftswissenschaften,* 5 (1), 21–39.

Maria Neubacher, Daniel Paasch und Sylvia Opriessnig

Qualitätsverbesserung der Lehrerrückmeldung durch kommunikative Validierung

Bildungsstandardüberprüfung, Deutsch 8. Schulstufe

1. Einleitung

Im Jahr 2009 wurden in Österreich verbindliche Bildungsstandards eingeführt und gesetzlich in § 17 des Schulunterrichtsgesetzes (SchUG) und in der Verordnung zu den Bildungsstandards (BGBl. II, Nr. 1/2009 und Novellen) verankert. Fachspezifische Bildungsstandards im österreichischen Schulsystem legen Ergebnisorientierung, nachhaltigen Kompetenzaufbau und gezielte individuelle Förderung als verpflichtende Unterrichtsprinzipien fest. Darüber hinaus dienen sie als Instrument der Qualitätssicherung für die Einzelschule, die Schulaufsicht sowie für das Systemmonitoring auf Landes- und Bundesebene. Die Einführung der Bildungsstandards soll dazu beitragen, grundlegende Kompetenzen bei allen Schülerinnen und Schülern sicherzustellen. Mit Bildungsstandards werden konkrete Lernergebnisse formuliert, die sich aus den Lehrplänen ableiten lassen. Sie legen jene Kompetenzen fest, die Schülerinnen und Schüler bis zum Ende der 4. Schulstufe in Deutsch und Mathematik sowie bis zum Ende der 8. Schulstufe in Deutsch, Mathematik und Englisch in der Regel erworben haben sollen. Dabei handelt es sich um Fähigkeiten und Fertigkeiten, die für die weitere schulische und berufliche Bildung als zentral und wichtig angesehen werden. Hierzu gibt es drei in der *Verordnung zu den Bildungsstandards* gesetzlich festgelegte Funktionen für die nachhaltige Schul- und Unterrichtsentwicklung:

– Orientierungsfunktion: Benannte wichtige Kompetenzen in Form von Bildungsstandards bieten im Unterricht eine Orientierung. Dadurch kann hier auf den nachhaltigen Kompetenzaufbau fokussiert werden.
– Förderfunktion: Als Basis für die individuelle Förderung von Schülerinnen und Schülern können Bildungsstandards bei der Planung und Gestaltung der Unterrichtsarbeit helfen. Durch den systematischen Aufbau der in den Bildungsstandards benannten Kompetenzen ist es möglich, den Kompetenzerwerb über die Schulstufen hinweg im Auge zu behalten.

– Evaluationsfunktion: Durch regelmäßige externe Überprüfungen können die erworbenen Kompetenzen der Schülerinnen und Schüler festgestellt und mit den angestrebten Lernergebnissen verglichen werden. Die Rückmeldung der Ergebnisse soll Qualitätsentwicklungs- und Qualitätssicherungsprozesse anregen bzw. unterstützen.

Seit 2012 werden im Rahmen der Evaluationsfunktion an Österreichs Schulen regelmäßig Bildungsstandardüberprüfungen (BIST-Ü) am Ende der 4. und der 8. Schulstufe durchgeführt. Im 5-Jahres-Zyklus finden die Überprüfungen auf der 4. Schulstufe für Deutsch/Lesen/Schreiben und Mathematik statt, auf der 8. Schulstufe für Deutsch, Mathematik und Englisch (BIFIE 2017). Die Ergebnisse der Überprüfungen werden an unterschiedliche Akteure im Bildungssystem rückgemeldet. Neben Rückmeldungen für Schulleitungen, Lehrpersonen sowie Schülerinnen und Schüler werden auch für die Schulaufsicht und auf Bundes- sowie Landesebene Ergebnisberichte erstellt. Die Rückmeldungen an Schulleitungen und Lehrpersonen dienen vor allem der standortbezogenen Schul- und Unterrichtsentwicklung.

Damit externes Feedback in Form von Ergebnisrückmeldungen durch die betroffenen Akteure aufgegriffen wird, bedarf es neben der Akzeptanz auch einer klaren und verständlichen Darstellung der Rückmeldungen (z. B. Helmke, 2004; Altrichter, Moosbrugger & Zuber, 2016). Die Aufbereitung dieser Ergebnisse stellt eine Herausforderung dar, da sowohl methodische als auch praktische Aspekte berücksichtigt werden müssen (Ditton & Müller, 2014). Neben statistischen Auswertungsmethoden, die den aktuellen wissenschaftlichen Standards entsprechen, ist die verständliche Gestaltung der Ergebnisrückmeldungen essenziell, denn selbst eine methodisch optimale Rückmeldung verfehlt ihr Ziel, wenn die Ergebnisdarstellung von den jeweiligen Rezipientinnen und Rezipienten im Schulsystem nicht verstanden oder nicht zur Kenntnis genommen wird.

2. Die Ergebnisrückmeldungen der Bildungsstandardüberprüfungen

Die Ergebnisse der Bildungsstandards wurden flächendeckend erstmals 2012 auf der 8. Schulstufe im Fach Mathematik rückgemeldet. In den Ergebnisrückmeldungen werden grundsätzlich drei Arten von Vergleichen dargestellt (Schreiner & Breit, 2016; Breit, Paasch & Pinwinkler, 2012):

– Kriterialer Vergleich: Die Schülerergebnisse werden auf ein vorab definiertes Kriterium, in der Regel die Bildungsstandards, bezogen. Der Grad der Kompetenzerreichung wird mittels vier Kompetenzstufen berichtet. Diese geben an, ob Schülerinnen und Schüler die Bildungsstandards »nicht erreicht« (unter Stufe 1), »teilweise erreicht« (Stufe 1), »erreicht« (Stufe 2) oder »übertroffen« (Stufe 3) haben. Dabei wird ausgewiesen, wie groß der Anteil auf den verschiedenen Kompetenzstufen ist.

–   Sozialer Vergleich: Als Vergleichswert dient das durchschnittliche Ergebnis aller Schülerinnen und Schüler auf der Punktskala (österreichweiter Vergleich).

–   Fairer Vergleich: Als Referenzwert wird für Klassen ein Erwartungsbereich ausgewiesen, der die lernrelevanten Rahmenbedingungen berücksichtigt, die von der Lehrperson selbst aber nicht direkt beeinflussbar sind (Standortfaktoren der Schule sowie demografische und sozioökonomische Merkmale der Schülerpopulation). Im fairen Vergleich werden also Klassen miteinander verglichen, in denen das Lernen und Lehren unter ähnlichen Rahmenbedingungen stattfindet (Pham, Robitzsch, George & Freunberger, 2016).

Die sozialen und kriterialen Vergleichsinformationen in den Rückmeldungen sind eher dazu geeignet, Lernprozesse und Entwicklungsprozesse bei den Lehrpersonen zu initiieren als nur Rückmeldungen darüber, ob die Ergebnisse richtig oder falsch sind (Butler, Godbole & Marsh, 2013). Vor allem die kriteriale Rückmeldung in Form von Kompetenzstufen hat das höchste Potenzial, positive Lern- und Entwicklungsprozesse anzustoßen. Mit der kriterialen Rückmeldung ist es zudem möglich, den Output unabhängig von Vergleichsgruppen anhand extern festgelegter Bildungsziele zu messen (Oberwimmer & Toferer, 2016).

Im Gegensatz zu Feedback, wie es im Schulalltag erfolgt, sind die Ergebnisrückmeldungen der Bildungsstandardüberprüfung eher verhaltens- und zeitfern (Müller & Ditton, 2014). Auch aus diesen Gründen ist es besonders wichtig, dass die Rückmeldungen verständlich sind, damit sie gewinnbringend für die Unterrichtsentwicklung genutzt werden können.[1]

Bei der Konzeption von Ergebnisrückmeldungen sind sowohl Erkenntnisse aus bisherigen Rückmeldungen als auch fachspezifische Anforderungen zu beachten. Zudem werden Feedback und Wünsche von Expertinnen und Experten aus der jeweiligen Fachdidaktik, der Psychometrie und Erkenntnisse der Bildungsforschung berücksichtigt.

---

1   Forschungsarbeiten, die Rezeption und Nutzung der Ergebnisse der Bildungsüberprüfungen im Anschluss an die bisherigen Standardüberprüfungen untersuchten, wurden u. a. von Rieß und Zuber (2014) sowie Grillitsch und Amtmann (2012) durchgeführt.

3. Merkmale benutzerfreundlicher Ergebnisrückmeldungen

Was macht eine qualitativ hochwertige Rückmeldung aus, die zur Schul- und Unterrichtsentwicklung beitragen soll? Hattie (2009) beleuchtet Rückmeldungen im schulischen Kontext näher und beschreibt 15 Prinzipien für eine gelungene Rückmeldung, die auf seinen bisherigen Erfahrungen beruhen. Zur besseren Übersichtlichkeit werden jene Prinzipien, die sich inhaltlich ähnlich sind, zu den folgenden Qualitätsmerkmalen (Kategorien) für die Ergebnisrückmeldungen der BIST-Ü an Lehrpersonen auf *Gruppenebene* zusammengefasst: *Klarheit, Übersichtlichkeit/Kompaktheit, Verständlichkeit, praktische Relevanz, Bedeutung und Grenzen eines Berichts. Klarheit* bezieht sich auf klar strukturierte Berichte (z. B. durch eine sinnvolle Gliederung, ein übersichtliches Inhaltsverzeichnis, Überschriften). Die *Übersichtlichkeit/Kompaktheit* von Berichten ist u. a. durch Minimalismus und ein zentrales Berichtsthema gekennzeichnet. Selbsterklärende Grafiken oder eine zielgruppengerechte Sprache sind Merkmale von verständlichen Berichten *(Verständlichkeit). Praktische Relevanz* zeigt sich, wenn in den Berichten ein Ziel bzw. ein Nutzen erkannt werden kann. So können bspw. Fragestellungen angeregt/aufgezeigt werden, die Impulse für die weitere Unterrichtsentwicklung geben. *Bedeutung und Grenzen des Berichts* ergeben sich durch den Zeitpunkt der Rückmeldung und anhand der Frage, welche konkreten Maßnahmen und Handlungsableitungen möglich sind. In ähnlichen Kategorien fasst auch Koch (2011) die Kriterien von verständlichen Rückmeldungen im schulischen Kontext zusammen.

Während Hattie (2009) vor allem den Einsatz von grafischen Darstellungen und das Vermeiden von Tabellen und langen Textpassagen empfiehlt, betont Koch (2011), dass neben übergeordneten Kategorien hinsichtlich des Inhalts darauf zu achten sei, möglichst unterschiedliche Formen der Datenaufbereitung anzubieten. So kann die inhaltliche Interpretation der Ergebnisse erleichtert werden, wenn neben dem Vergleich mit Referenzgruppen (z. B. alle Schülerinnen und Schüler Österreichs, an der Schule oder in der Unterrichtsgruppe) auch Vergleiche nach definierten Kriterien im Sinne des Grads der Erreichung von Bildungsstandards (Kompetenzstufen) zur Verfügung gestellt werden. Für weitere Vergleichsanalysen bieten sich auch faire Vergleiche, die die Bedingungen des schulischen Lernens berücksichtigen, Gruppenvergleiche (z. B. nach Geschlecht) oder Stärken-Schwächen-Analysen an (Koch, 2011; Merkens, 2007).

Ausgehend von den angeführten Befunden und theoretischen Postulaten zu optimalen Ergebnisrückmeldungen sowie den bereits erstellten Konzeptentwürfen der Ergebnisrückmeldung leiten wir für die vorliegende Studie die folgenden Fragestellungen ab:

— Inwiefern stimmen die Einschätzungen von Lehrpersonen zur Lehrerrückmeldung der Bildungsstandardüberprüfung in Deutsch auf der 8. Schulstufe mit den theoretisch postulierten Anforderungen an eine optimale Rückmeldung überein?

— Welche praktischen Implikationen ergeben sich konkret für unsere Ergebnisrückmeldung?

4. Methode

An den Schulstandorten sind die Ergebnisrückmeldungen zwar durch die BIST-Ü der Vorjahre bekannt. Allerdings wurde die Überprüfung in Deutsch auf der 8. Schulstufe zum ersten Mal durchgeführt, weshalb es für die meisten Lehrpersonen die erste Ergebnisrückmeldung dieser Art ist. Darüber hinaus sind, selbst bei Berücksichtigung verschiedener Qualitätsaspekte, immer noch Verbesserungen möglich. Deshalb ist Feedback von Lehrpersonen zu den vom BIFIE konzipierten Ergebnisrückmeldungen als Qualitätskontrolle und zur Weiterentwicklung wichtig.

Um die Verständlichkeit in den ersten Konzeptversionen der Rückmeldungen zu überprüfen, eignen sich Verfahren, die im weitesten Sinne dem Prinzip der kommunikativen Validierung folgen (Mayring, 2016). Hierunter ist ein »methodisches Verfahren« zu verstehen, »sich der Gültigkeit einer Interpretation dadurch zu vergewissern, daß eine Einigung resp. Übereinstimmung über die Interpretation zwischen Interviewten und Interpreten hergestellt wird« (Klüver, 1979 zit. nach Flick, 1987, S. 253).[2] Während dabei üblicherweise den Probandinnen und Probanden Forschungsergebnisse vorgelegt werden und mit ihnen über die Gültigkeit diskutiert wird, wird in der vorliegenden Studie die Verständlichkeit der Rückmeldungen mit ihren Rezipienten (Lehrpersonen, die eine Ergebnisrückmeldung erhalten werden) diskutiert. Der Begriff *kommunikative Validierung* wird also pragmatisch adaptiert verwendet. Zur Datenerhebung werden *Gruppendiskussionen* mit Lehrkräften genutzt.

Als Zielgruppe wurden Lehrkräfte aus der Sekundarstufe gewählt, die Erfahrungen mit Ergebnisrückmeldungen aus der BIST-Ü haben bzw. solche, die zukünftig mit diesen Rückmeldungen arbeiten werden. Um Personen aus allen

---

2 Hier wurde exemplarisch auf die Definition von Klüver (1979) verwiesen, siehe auch Gläser-Zikuda (2011).

Bundesländern zu erreichen, wurden drei Diskussionsrunden an verschiedenen Standorten durchgeführt.[3] Insgesamt nahmen an den Expertenworkshops mit *Gruppendiskussionen* zum Entwurf der Lehrerrückmeldung der BIST-Ü 2016 im Fach Deutsch auf der 8. Schulstufe 27 Lehrpersonen teil.

Lamnek (2005, S. 35) beschreibt die Gruppendiskussion als »Gespräch einer Gruppe zu einem bestimmten Thema unter der Anleitung eines Moderators unter ›Labor‹-Bedingungen«. Mit Gruppendiskussionen wird primär das Ziel verfolgt, Aushandlungs- oder Problemlösungsprozesse zu erforschen (Flick, 2007). Darüber hinaus werden sie zum Ermitteln von Meinungen, Einstellungen oder Verhaltensweisen eingesetzt. Betont wird dabei die Notwendigkeit der theoretischen Verankerung von Diskussionsergebnissen sowie die Berücksichtigung der Interaktions-, Diskurs- und Gruppenprozesse (Bohnsack, 2014; Lamnek, 2005). Als Sonderform der Befragung wird sie als nichtstandardisierte, mündliche Befragungsmethode charakterisiert, wenngleich auf eine gewisse Struktur zurückgegriffen wird. Die Gruppendiskussion ermöglicht, im Vergleich zu Einzelinterviews, mit geringeren Ressourcen ein breiteres Meinungsspektrum einzuholen. Die Stimulierung der Diskussion und die ungezwungene Atmosphäre (niemand wird zur Meinungsäußerung gezwungen) werden als Vorteile benannt (Lamnek, 2005). Als Nachteil wird die unterschiedliche Beteiligung der Teilnehmerinnen und Teilnehmer an der Diskussion genannt. Die Bildung von Meinungen im Diskussionsprozess durch soziale Interaktion kann als Stärke von Gruppendiskussionen angesehen werden, auch wenn sich dieser Aspekt nachteilig auf die Reproduzierbarkeit auswirken kann (Bohnsack, 2014).

Die Gruppendiskussionen wurden jeweils von zwei Forscherinnen und Forschern durchgeführt. Nach einer Vorstellrunde folgte eine etwa 30-minütige Präsentation über den Entstehungsprozess der Rückmeldedokumente sowie eine ca. zehn Minuten dauernde Orientierungsphase, in der sich die Teilnehmerinnen und Teilnehmer die Diskussionsgrundlagen durchsahen.[4] Anschließend wurden in mehreren Kleingruppen von jeweils vier bis fünf Personen die Berichtsentwürfe mithilfe von Leitfragen diskutiert. Die zentralen Leitfragen waren »Welche Informationen sollen sich im Bericht befinden?«, »Welche Ergebnisse sind Ihnen wichtig?« und »Welche sonstigen Wünsche und Anregungen haben Sie?«. Die Gruppenleitung fungierte still beobachtend und war ausschließlich für die Protokollierung zuständig. Die Informationsaufzeichnung erfolgte in Form von

---

3   Die Planung der Gruppendiskussionen erfolgte in Abstimmung mit den BIST-Bundeslandkoordinatorinnen und -koordinatoren.
4   Es wurden Musterrückmeldungen der BIST-Ü Deutsch 4 inkl. einer Auswahl an Grafikentwürfen der BIST-Ü Deutsch 8 als Stimuli für die Gruppendiskussion verteilt.

Notizen,[5] in denen über den Gesprächsinhalt hinaus gruppendynamische Effekte, das Festhalten des gemeinten Sinns zentraler Aussagen (durch Nachfragen) oder bereits die erste Kategorisierung der Themen protokolliert wurden. Nach den Kleingruppendiskussionen wurden die wesentlichen Aussagen auf Plakaten zusammengefasst und abschließend im Plenum vorgestellt bzw. diskutiert.

Die Auswertung erfolgte im Hinblick auf die Fragestellungen inhaltsanalytisch-reduktiv. Dabei stand ein praktisches, inhaltlich-thematisches Erkenntnisinteresse (Lamnek, 2005) im Vordergrund. Die Forschergruppe orientierte sich an der Methode der Globalauswertung, angelehnt an Legewie (1994), die ressourcenschonend eingesetzt werden kann und sich für die Auswertung von kürzeren Texten eignet. In einem ersten Schritt wurden die Notizen aller Gruppendiskussionen in einem Gesamtdokument gesammelt, um einen Überblick zu bekommen. Informationen zum Entstehungskontext der gesammelten Informationen (gruppendynamische Aspekte) wurden ebenfalls notiert. Die so herausgearbeiteten Ergebnisse wurden kategorisiert und im Hinblick auf den Entstehungskontext interpretiert. Anschließend wurden die Ergebnisse den theoretischen Kategorien *Klarheit, Übersichtlichkeit/Kompaktheit, Verständlichkeit, praktische Relevanz, Bedeutung und Grenzen eines Berichts* zugeordnet.

5. Ergebnisse

Im Folgenden werden die Ergebnisse der Gruppendiskussionen, die jeweils im Plenum zusammen getragen wurden, zunächst zusammengefasst vorgestellt.

Die Struktur des Berichts wurde als schlüssig und gut bewertet. Inhaltlich untermauerten die Lehrpersonen die fachdidaktische Entscheidung, keinen Deutsch-Gesamtwert zu berechnen. Ebenso wurde der Aufbau des Berichts als sehr positiv bewertet.

Übersichtstabellen wurden als zentral angeführt und werden in den Berichten vermisst bzw. als zu wenig ausführlich empfunden. Das Einführen zusätzlicher tabellarischer Ergebniszusammenfassungen, auch in Bezug auf zusätzliche Vergleichswerte, wäre aus Sicht der beteiligten Lehrpersonen zu begrüßen. Hinsichtlich zusätzlicher Vergleichswerte wurde der Wunsch nach schulartspezifischen Kennwerten vorgebracht.

Die ausführlichen Erläuterungen rund um das Thema Standardüberprüfung und Rückmeldung, welche sich bislang in unseren Rückmeldeberichten fanden,

---

5 Von Tonband- bzw. Videoaufnahmen (Lamnek, 2005) wurde Abstand genommen, weil die Erkenntniszusammenfassung im Vordergrund stand und diese auch mit Notizen bewerkstelligt werden konnte. Die wortgetreue Wiedergabe ist für die vorliegende Analyse nicht von Bedeutung.

wurde in allen Gruppen als viel zu überbordend und überflüssig wahrgenommen. Eine Text- und Informationsreduktion und eine »Konzentration auf das Wesentliche«, also auf die Ergebnisse in den Rückmeldungen war der ausdrückliche Wunsch. Aussagen, wie »so viel Text – das liest doch keiner; uns interessieren nur die Ergebnisse« wurden mehrfach genannt.

Die Erläuterungen rund um die Grafiken inkl. Leitfragen wurden wohlwollend zur Kenntnis genommen. Einzelne Gruppenmitglieder wünschten sich mehr Informationen zur Unterrichtsentwicklung und verwiesen auf die zusätzlichen Kontextfragebögen, die bei Schülerinnen und Schülern sowie der Schulleitung auch eingesetzt werden. Solche Informationen würden als praktisch relevant angesehen, ebenso wie mehr Informationen zu den Lösungshäufigkeiten von Items.

Von einzelnen Teilnehmerinnen und Teilnehmern wurden Begriffsverwendungen, wie der »faire Vergleich«, das »Selbstkonzept« oder die »sozioökonomischen Merkmale« in den Berichten hinterfragt. Auch solchen Diskussionen wurde Raum gegeben, wobei hier meist das kritische Hinterfragen in der Gruppe selbst stattfand. Vereinzelt wurde der Wunsch nach zusätzlichen Interpretationshilfen, wie »Stärken-/Schwächen-Profile«, geäußert, wobei in dieser Hinsicht auch viel über die Grenzen eines Berichts diskutiert wurde. Bei einem Termin wurden auch konkretere Handlungsanleitungen diskutiert, wobei in diesem Fall auch innerhalb der Diskussionsrunde keine Einigkeit herrschte.

In Tabelle 1 werden die zentralen Erkenntnisse aus den Gruppendiskussionen den abgeleiteten Qualitätsmerkmalen zugeordnet.

Tabelle 1: Zusammengefasste Evaluationsergebnisse zu Qualitätsmerkmalen von Lehrpersonen für die Rückmeldung der Bildungsstandardüberprüfung Deutsch 8. Schulstufe

Klarheit	Positives Feedback für die
	– Erläuterungen rund um die Grafiken
	– Berichtsstruktur
Übersichtlichkeit/ Kompaktheit	Wunsch nach
	– kompakteren, übersichtlicheren Darstellungen (tabellarische Zusammenfassungen)
	– zusätzlichen Vergleichskennwerten
	– Konzentration auf die Ergebnisdarstellung
Verständlichkeit	Hinterfragen von Begriffsverwendungen
Praktische Relevanz	Wunsch nach mehr Informationen
	– zu Unterrichtsentwicklung
	– aus den Kontextfragebögen
	– zu Lösungshäufigkeiten
	Positives Feedback für fachlich differenzierte Ergebnisdarstellung
Bedeutung und Grenzen des Berichts	Diskussion über Grenzen von möglichen
	– Interpretationshilfen oder
	– Handlungsempfehlungen

6. Diskussion und praktische Implikationen

In den Gruppendiskussionen zur Lehrerrückmeldung wurden kompakte Darstellungen für einen Überblick gewünscht und Einzeldarstellungen von Ergebnissen in separaten Grafiken abgelehnt. Einerseits werden also die Prinzipien von Hattie (2009) bestätigt, der konstatiert, dass ausführliche Texte nicht gelesen werden und zusammenfassende Grafiken zweckdienlicher sind. Andererseits ergibt sich hinsichtlich der Darstellung von Ergebnissen ein Widerspruch zu Hattie: Während er Abbildungen favorisiert, in denen nur wenige Zahlen vorkommen, deuten die Befunde darauf hin, dass Lehrpersonen in Österreich unterschiedliche Formen der Aufbereitung wünschen – neben grafischen Darstellungen durchaus auch Ergebnisse in Tabellen, wie dies auch von Koch (2011) vorgeschlagen wird. Der zum Teil geäußerte Wunsch nach zusätzlichen Interpretationshilfen über die Leitfragen in den Fokusboxen hinaus – auch im Rahmen der praktischen Relevanz – geht darauf zurück, dass das bisherige Berichtswesen den Bedürfnissen der Lehrpersonen nicht immer gerecht wurde. Standardisierte Interpretationshilfen, evtl. auch schon mit Vorschlägen für konkrete Maßnahmen, stellen ohne Kenntnisse über den konkreten Schulstandort und die Gegebenheiten vor Ort eine Herausforderung dar. Im besten Fall werden nützliche Hinweise für die Unterrichtsentwicklung gegeben, im schlechtesten Fall könnten Interpretationshilfen als überflüssig, anmaßend oder falsch für die eigene Klasse angesehen werden. Inwiefern das Erstellen eines »Kochrezepts« also möglich und sinnvoll ist, wenn neben den »Zutaten« (umfassendes Hintergrundwissen über die Schule) die Instrumente zum »Zubereiten« (standortspezifische Maßnahmen zur Unterrichtsentwicklung) fehlen, ist zu diskutieren.

Das Feedback sowie die Anmerkungen zu den Lehrerrückmeldungen waren hinsichtlich der Ausführlichkeit durchaus unterschiedlich. Während manche vordergründig auf den allgemeinen Aufbau und Inhalt achteten, beschäftigten sich andere detailliert mit textlichen Formulierungen und Darstellungen. Soweit möglich wurden alle Anregungen umgesetzt. Die zentrale Erkenntnis aus den Gruppendiskussionen war der Wunsch zur Reduzierung des Textumfangs. Dies führte dazu, dass ein Großteil der textlichen Information rund um die BIST-Ü aus den Berichten entfernt und gemeinsam mit dem Glossar in einem eigenständigen Dokument zusammengeführt wurde. Dadurch wird in den Rückmeldungen ein Fokus auf die Ergebnisse erreicht. Zusätzlich wurden vermehrt zusammenfassende Tabellen mit wichtigen Kennzahlen aus den Bundes- und Landesergebnisberichten eingefügt. Grafische Darstellungen wurden vereinfacht, indem überflüssige Informationen entfernt wurden.

In den durchgeführten Gruppendiskussionen überwiegt vor allem das praktische Erkenntnisinteresse, durch Feedback Verbesserungsvorschläge für Ergebnisrückmeldungen zu erhalten. Dadurch ist die Reichweite der Befunde eingeschränkt. Für die konkreten Rückmeldedokumente der Bildungsstandardüberprüfung Deutsch auf der 8. Schulstufe haben sich viele praktisch relevante Erkenntnisgewinne ergeben, die zum Teil auch auf andere Schulstufen und Fächer übertragbar sind. Für die Weiterentwicklung der Rückmeldedokumente trägt das Einholen von Feedback im *kommunikativen Prozess* durch Gruppendiskussionen zur Verbesserung der Ergebnisrückmeldung bei und sollte deshalb als notwendig erachtet werden. Im Vergleich zu anderen Formen der Evaluation führt der alltagsnähere Prozesscharakter der Gruppendiskussion zudem zu einem tieferen Verständnis im Umgang mit der Ergebnisrückmeldung, als dies mit anderen Verfahren, z. B. einer Fragebogenerhebung, möglich ist.

Der theoretische Erkenntnisgewinn ist limitiert und bezieht sich auf die Forschung und theoretischen Postulate zu Ergebnisrückmeldungen (z. B. Hattie, 2009). Unter Berücksichtigung der Limitationen der Studie (z. B. inhaltlich-thematisch fokussierte Auswertung, Ergebnisrückmeldung für nur *ein* Überprüfungsfach) zeigen die Befunde, dass die Empfehlungen, die Hattie (2009) und Koch (2011) für optimale Ergebnisrückmeldung geben, grundsätzlich zutreffen und eine hilfreiche Richtschnur bei der Konzeption von Rückmeldungen sein können. In einzelnen Punkten, wie bei Hatties (2009) Ablehnung von Tabellen, zeigt sich aber, dass Lehrkräfte hierzu andere Meinungen vertreten können. Daraus lässt sich folgern, dass postulierte Prinzipien für Ergebnisrückmeldungen nicht immer mit den Bedürfnissen und Wünschen der Lehrpersonen übereinstimmen müssen.

Im Hinblick auf das Thema des Sammelbands zur Tagung »Forschung trifft Praxis: Was kann Methode leisten?« ist festzuhalten, dass sich die gewählte Erhebungsmethode (Gruppendiskussion mit Lehrpersonen) als adäquat erwiesen und dass sie zu Weiterentwicklungen in den Ergebnisrückmeldungen im Fach Deutsch geführt hat, die wiederum einer Validierung bedürfen.

Literatur

Altrichter, H., Moosbrugger, R. & Zuber, J. (2016). Schul- und Unterrichtsentwicklung durch Datenrückmeldung. In: H. Altrichter & K. Maag Merki (Hrsg.), *Handbuch Neue Steuerung im Schulsystem.* 2., überarb. u. akt. Aufl. (S. 235–278). Wiesbaden: Springer VS.

Bohnsack, R. (2014). *Rekonstruktive Sozialforschung.* Opladen: Barbara Budrich.

Breit, S., Paasch, D. & Pinwinkler, M. (2012). Die Ergebnisrückmeldung als Impuls für Qualitätsentwicklung. In: BIFIE (Hrsg.), *Bildungsstandards und Qualitätsentwicklung an Schulen – Impulse für Schulleiter/innen* (S. 121–131). Graz: Leykam.

Bundesinstitut für Bildungsforschung, Innovation & Entwicklung des österreichischen Schulwesens (2017). Überpfrüfungszyklus. https://www.bifie.at/ueberpruefungs zyklus, abgerufen am 15.12.17.

Butler, A. C., Godbole, N. & Marsh, E. J. (2013). Explanation feedback is better than correct answer feedback for promoting transfer of learning. *Journal of Educational Psychology, 105*(2), 290–298.

Ditton, H. & Müller, A. (2014). *Feedback und Rückmeldungen: Theoretische Grundlagen, empirische Befunde, praktische Anwendungsfelder.* Münster: Waxmann.

Flick, U. (1987). Methodenangemessene Gütekriterien in der qualitativ-interpretativen Forschung. In: J. Bergold & U. Flick (Hrsg.), *Ein-Sichten: Zugänge zur Sicht des Subjekts mittels qualitativer Forschung.* dgvt. http://www.ssoar.info/ssoar/handle/document/2586, abgerufen am 15.12.2017.

Flick, U. (2007*). Qualitative Sozialforschung.* Reinbek: Rowohlt.

Gläser-Zikuda, M. (2011). Qualitative Auswertungsverfahren. In: H. Reinders, H. Ditton, C. Gräsel & B. Gniewosz (Hrsg.), *Empirische Bildungsforschung* (S. 109–119). Wiesbaden: Springer VS.

Grillitsch, M. & Amtmann, E. (2012). *Rezeption der Bildungsstandards und Erfahrungen mit der Ergebnisrückmeldung. Befunde der Begleitforschung zur Baseline-Testung auf der 4. Schulstufe.* Graz: BIFIE.

Hattie, J. (2009). Visibly Learning from Reports: The Validity of Score Reports. *Visibly Learning from Reports: The Validity of Score Report*s. http://www.oerj.org/View?action = viewPDF&paper = 6, abgerufen am 17.02.2017.

Helmke, A. (2004). Von der Evaluation zu Innovation: Pädagigische Nutzbarmachung von Vergleichsarbeiten in der Grundschule. *SEMINAR – Lehrerbildung und Schule, 2* (2), (S. 90–112).

Klüver, J. (1979). Kommunikative Validierung – einige vorbereitende Bemerkungen zum Projekt Lebensweltanalyse von Fernstudenten. In: H. Thomas (Hrsg.), *Lebensweltanalyse von Fernstudenten: Theoretische und methodologische Überlegungen zum Typus hermeneutisch-lebensgeschichtlicher Forschung.* Hagen: Fernuniversität, 68–84.

Koch, U. (2011). *Verstehen Lehrkräfte Rückmeldungen aus Vergleichsarbeiten? Datenkompetenz von Lehrkräften und die Nutzung von Ergebnisrückmeldungen aus Vergleichsarbeiten.* Münster: Waxmann.

Lamnek, S. (2005). *Gruppendiskussion* (2. Aufl.). Weinheim [u. a.]: Beltz.

Legewie, H. (1994). Globalauswertung von Dokumenten. In: A. Boehm, A. Mengel & T. Muhr (Hrsg.), *Texte verstehen: Konzepte, Methoden, Werkzeuge* (Schriften zur Informationswissenschaft 14. Ausg., S. 177–182). Konstanz: UVK.

Mayring, P. (2016). *Einführung in die qualitative Sozialforschung* (6. Auflage). Weinheim: Beltz.

Merkens, H. (2007). Rückmeldungen von Schülerleistungen als Instrument der Schulentwicklung und der Unterrichtsverbesserung. In: D. Benner (Hrsg.), *Bildungsstandards.*

Chancen und Grenzen Beispiele und Perspektiven (S. 83–101). Paderborn: Ferdinand Schöningh.

Müller, A. & Ditton, H. (2014). Feedback: Begriff, Formen und Funktionen. In: H. Ditton & A. Müller (Hrsg.), *Feedback und Rückmeldungen. Theoretische Grundlagen, empirische Befunde, praktische Anwendungsfelder* (S. 11–28). Münster: Waxmann.

Oberwimmer, K. & Toferer, B. (2016). D4 Kompetenzen am Ende der Volksschule. In: M. Bruneforth (Hrsg.), *Nationaler Bildungsbericht Österreich 2015, Band 1 – Das Schulsystem im Spiegel von Daten und Indikatoren* (S. 146–155). Graz: Leykam.

Pham, G., Robitzsch, A., George, A. C. & Freunberger, R. (2016). Fairer Vergleich in der Rückmeldung. In: S. Breit & C. Schreiner (Hrsg.), *Large-Scale Assessment mit R. Methodische Grundlagen der österreichischen Bildungsstandard-Überprüfung* (S. 295–332). Wien: Facultas.

Reinders, H., Ditton, H., Gräsel, C. & Gniewosz, B. (Hrsg.) (2011). *Empirische Bildungsforschung*. Wiesbaden: Springer VS.

Rieß, C. & Zuber, J. (2014). BIST-Begleitforschung 2/2014: Rezeption und Nutzung von Ergebnissen der Bildungsstandardüberprüfung in Mathematik auf der 8. Schulstufe unter Berücksichtigung der Rückmeldemoderation. Salzburg: BIFIE.

Schreiner, C. & Breit, S. (2016). Konzeption der Überprüfung der Bildungsstandards in Österreich. In: S. Breit & C. Schreiner (Hrsg.), *Large-Scale Assessment mit R. Methodische Grundlagen der österreichischen Bildungsstandard-Überprüfung* (S. 1–19). Wien: Facultas.

David Kemethofer, Christian Wiesner, Ann Cathrice George, Claudia Schreiner und Simone Breit

Die Schulaufsicht als zentraler Akteur einer evidenzbasierten Feedbackkultur

Die Bewertung der Ergebnisrückmeldungen aus Bildungsstandardüberprüfungen durch die Schulaufsicht

1. Einleitung

Die Einführung von Bildungsstandards und deren regelmäßige Überprüfung ist in Österreich vom Kerngedanken nachhaltiger Schul- und Unterrichtsentwicklung durch datenorientierte Selbststeuerungsprozesse geprägt. Nach der Leitidee der Entwicklungs- und Kompetenzorientierung soll eine professionelle, evidenzorientierte Reflexionskultur und faktenbasiertes Handeln in der Qualitätsentwicklung von Schule und Unterricht als »next practice« verankert werden. Die Ergebnisse von Bildungsprozessen sollen die Basis von Entscheidungen darstellen und als Grundlage pädagogischer Entwicklungsarbeit dienen (Posch, Rauch & Seidl, 2012, S. 41). Im Fokus steht der Unterricht als zentraler Ort des Kompetenzerwerbs (Specht, 2007, S. 197) sowie die Einzelschule als koordiniertes Zusammenwirken von Lehrerinnen und Lehrern, Schulleitung, Schulaufsicht und Bildungspolitik (Wiesner, Schreiner, Breit, Kemethofer, George & Angerer, 2016, S. 19).

In diesem Ansatz des Konzepts »Bildungsstandards« ergehen aus den Standardüberprüfungen Rückmeldungen zu den erhobenen Schülerkompetenzen und Kontextdaten an unterschiedliche Ebenen im Bildungssystem. Ein bisher in der Forschung wenig beachteter, wenngleich bedeutsamer Akteur ist die Schulaufsicht. Diese erhält die Ergebnisrückmeldung in auf Schulebene aggregierter Form und soll sie in ihren Tätigkeiten unterstützen (Kemethofer & Wiesner, 2016; Wiesner, Schreiner, Breit & Kemethofer, 2017).[1]

Im vorliegenden Beitrag wird die Bedeutung untersucht, die die Schulaufsicht den ihnen zur Verfügung stehenden Informationen aus Standardüberprü-

---

[1] Eine Musterrückmeldung an die Schulaufsicht zur Überprüfung der Bildungsstandards 2015 in Deutsch für Volksschulen kann unter https://www.bifie.at/wp-content/uploads/2017/05/Schulaufsichtsbericht_D4_Muster.pdf abgerufen werden. Zusätzlich erhält die Schulaufsicht eine Übersichtstabelle aller Schulen im Zuständigkeitsbereich.

fungen für ihre Aufgabenbereiche beimisst. Zusätzlich wurde nach Optimierungspotenzialen im Schulaufsichtsbericht gefragt. Auf Basis der vorliegenden Befunde soll in der Folge die Brücke zur Praxis geschlagen werden, indem ein Instrument zur systematischeren und effizienteren Analyse von Ergebnisrückmeldungen vorgestellt wird.

2. Bildungsstandards in Österreich

In Österreich zielen Bildungsstandards auf eine Veränderung der Unterrichtspraxis ab, indem sie jene grundlegenden Kompetenzen beschreiben, die im Lehr-Lern-Prozess angestrebt werden. Der Fokus des Unterrichts verlagert sich so vom durchzunehmenden Stoff und einem Angebotsparadigma auf die zu vermittelnden Kompetenzen (Altrichter & Posch, 2007; Specht & Lucyshyn, 2008). Darüber hinaus formen Bildungsstandards das konzeptionelle Gerüst für ein kontinuierliches Systemmonitoring. Bildungsstandards sind somit in mehreren Hinsichten funktional: Sie bieten unterrichtliche Orientierungen, liefern Informationen zur Arbeit im Unterricht und in den Schulen, sorgen für systemische Verbindlichkeit, spiegeln die Leistungsfähigkeit des Schulwesens wider und offerieren Entwicklungsanstöße für sämtliche Ebenen (Schreiner & Breit, 2016).

Im Sinne der österreichischen Verordnung legen Bildungsstandards konkret formulierte und aus dem Lehrplan abgeleitete Lernergebnisse in den Pflichtgegenständen Deutsch und Mathematik (vierte und achte Schulstufe) sowie Englisch (achte Schulstufe) fest. Die regelmäßigen Überprüfungen zeigen, in welchem Ausmaß die Schülerinnen und Schüler tatsächlich über die beschriebenen Kompetenzen verfügen, und liefern neben den Ergebnissen wichtige Kontextinformationen (z. B. Schul- und Klassenklima, Selbstkonzept, Freude am Fach etc.) für professionelle Reflexionsprozesse. In Österreich werden flächendeckend alle Schulen mit Schülerinnen und Schülern einbezogen, die die jeweils überprüfte Schulstufe besuchen (Schreiner & Breit, 2016).

Um »einen Beitrag zu einer systemischen, insgesamt für die Schüler und Schülerinnen förderlichen Schul- und Unterrichtsentwicklung« zu leisten (Rundschreiben Nr. 6/2012: Richtlinien des BMBF für den Umgang mit den Rückmeldungen der Bildungsstandardüberprüfung), werden die Ergebnisse aus den Bildungsstandardüberprüfungen in Österreich nicht nur auf systemischer Ebene (Bildungsmonitoring: Bund und Länder), sondern vor allem schulbezogen (Einzelschulen und überprüfte Klassen; auf übergeordneter Ebene: Schulaufsicht) rückgemeldet. Die schulbezogene Rückmeldung fokussiert nicht auf individuelle Leistungen der überprüften Schülerinnen und Schüler, sondern soll Schulen und Lehrpersonen helfen, die Prozesse ihrer (eigenen) Arbeit einzuschätzen, um daraus Unterrichts- und Schulentwicklungsprozesse zu reflektieren und weiter zu entwickeln (Wiesner et al., 2016).

Helmke (2004) weist eindringlich darauf hin, dass flächendeckende Vergleichsstudien ihren Nutzen verfehlen, wenn sie keine Anregung zu Schul- und Unterrichtsentwicklungsprozessen bewirken. Auch aus dieser Sicht steht in Österreich der praktische Ertrag und Gewinn, der sich aus datenbasierten Rückmeldungen als Feedback für die Schul- und Unterrichtsentwicklung ergibt, im Vordergrund der Überprüfungen. Die Ergebnisse der Standardüberprüfungen fokussieren somit nicht vorwiegend auf Auswertungsstrategien, sondern gehen über die reine Darstellung von Leistungen hinaus. Sie geben zusätzlich Auskünfte zu Rahmenbedingungen, unter denen Lehren und Lernen stattfindet. Diese Informationen zu Hintergründen erlauben statistisch gestützte Analysen von Zusammenhängen und geben dadurch als Feedback »Anhaltspunkte für mögliche Interventionen und notwendige Veränderungen« (Specht, 2002, S. 193). Aufgrund dieses Verständnisses von Bildungsstandards und Standardüberprüfungen ist der österreichische Weg nur eingeschränkt mit jenem von Deutschland oder der Schweiz vergleichbar (Fend, 2011, S. 7).

Für Wiesner et al. (2016, 2017) sind insbesondere eine professionelle Reflexionsarbeit, die dafür notwendige Haltung (Schul- und Klassenführung) und Feedbackkultur verantwortlich dafür, dass eine evidenzorientierte Schulentwicklung durch die Überprüfung der Bildungsstandards gelingt. Nach einer sachlich korrekten Aufnahme der Informationen kann durch alle Beteiligten (z. B. Politik, Schulaufsicht, Schulleitungen, Lehrpersonen) nach Erklärungen für die Befunde gesucht werden. Diese sollen in konsensbegründete Konzepte und Aktionen zur Qualitätssicherung sowie Schul- und Unterrichtsentwicklung münden (vgl. Helmke & Hosenfeld, 2005; Wiesner et al., 2016). Im österreichischen System können Schulen an verschiedenen Stellen für diesen Prozess Unterstützung (z. B. Rückmeldemoderation) anfordern.

3. Die Schulaufsicht als zentraler Akteur

Zur systematischen Qualitätssicherung und Prozessentwicklung, die über den einzelnen Standort hinausgeht, ist die Schulaufsicht von zentraler Bedeutung (Dubs, 2008). Sie hat eine intermediäre Position zwischen Schulen und Bildungsadministration inne und verfügt so zugleich über reflektiertes Erfahrungswissen auf der operativen Ebene und die übergeordnete Metaperspektive der normativen Ebene. Der Schulaufsicht obliegt es, Schulentwicklung aktiv anzuregen und zu unterstützen sowie einen kontrollierenden Blick auf die Aktivitäten in den Schulen zu werfen (Radnitzky, 2015). Dadurch ist das Aufgabenspektrum als komplementär aufzufassen, da es sowohl Beratung und Unterstützung als auch Kontrolle und Bewertung beinhaltet. Für die Schulaufsicht kann sich dadurch eine »paradoxe Doppelfunktion« (Heinrich, 2007, S. 254) ergeben, wonach sie einerseits mit einer Kultur der Evaluation, andererseits einer Kultur der (lokalen) Schulentwicklung konfrontiert ist (Brüsemeister & Newiadomsky, 2008). Hierfür bedarf es gleichsam vertrauter Nähe und Distanz, vergleichbar etwa mit dem Lehrer-Schüler-Verhältnis (vgl. z. B. Paasch, 2016). Die Schulaufsicht selbst betrachtet Havlicek (2009) zufolge die Aufgabenbereiche »Beratung« und »Kontrolle« als vereinbar und geht sogar davon aus, dass Beratung ohne Kontrolle bzw. Kontrolle ohne Beratung nicht zielführend sei.

Informationen und Befunde, die die Schulaufsicht zur Ausübung ihrer Tätigkeiten benötigt, können u. a. den Ergebnissen der Standardüberprüfungen entnommen werden. Indem diese sowohl Auskünfte zu den einzelnen Standorten als auch schulübergreifende Hinweise umfassen, ermöglicht die Ergebnisrückmeldung eine koordinierte Planung regionaler Initiativen (Kemethofer & Wiesner, 2016). Auch Specht (2002, S. 196) weist bereits darauf hin, dass die regionale Aufbereitung von Daten und Informationen zu den logischen Aufgaben der Schulaufsicht gehört. Die Schulaufsicht soll außerdem eine kritische Auseinandersetzung mit der Ergebnisrückmeldung im Sinne einer professionellen Reflexionsarbeit an den Schulen gewährleisten und gegebenenfalls Unterstützung zur konstruktiven Weiterarbeit anbieten bzw. vermitteln (Pojer, 2012, S. 16; Wiesner et al., 2017). Letzteres scheint insbesondere vor dem Hintergrund von Fehlentwicklungen aufgrund zu rascher Handlungen ohne vorherige Reflexionsprozesse bedeutsam. Im schlimmsten Fall entsteht Aktionismus unter dem Deckmantel von Schul- und Unterrichtsentwicklung, welcher kontraproduktiv ist und genau das Gegenteil der ursprünglichen Intention zur Folge hat (vgl. Schratz, Wiesner, Kemethofer, George, Rauscher, Krenn & Huber, 2016).

In der Regel sollte der Austauschprozess zwischen Schulaufsicht und Schulen (der Schulleitung) im Rahmen des SQA-Prozesses stattfinden. Die Initiative Schulqualität Allgemeinbildung (SQA) stellt ein bundesweites Qualitätsmanagement dar, das periodische Zielvereinbarungen zwischen den Führungsebenen, bspw. Schulaufsicht und Schulleitung vorsieht (Radnitzky, 2015, S. 10) und zunächst als umsichtige Begleit- und Unterstützungsstruktur zu den Bildungsstandards konzipiert wurde (Rechnungshof, 2012, S. 139). Im Zuge solcher Bilanz- und Zielvereinbarungsgespräche sollten die Ergebnisrückmeldungen aus Bildungsstandardüberprüfungen thematisiert und die Überprüfungen in einen fortlaufenden Prozess im Bereich des Qualitätsmanagements eingebettet werden.

Die bisherige Forschung zur Schulaufsicht in Verbindung mit Bildungsstandards, Standardüberprüfungen und Ergebnisrückmeldungen aus Österreich ist eher überschaubar. Aus einer Arbeit von Amtmann, Grillitsch und Petrovic

(2011) geht hervor, dass die Schulaufsicht die Einführung von Bildungsstandards überwiegend positiv aufgenommen hat und als Möglichkeit betrachtet, systematische und evidenzorientierte Schulentwicklung nachhaltig zu etablieren. Zu ähnlichen Befunden kommen auch Kemethofer und Wiesner (2016): Sie halten fest, dass die Einführung der Bildungsstandards von der Schulaufsicht begrüßt wird und sie ein bedeutender Schritt hin zu einer evidenzbasierten Feedbackkultur ist. Für die Schulaufsicht selbst stellt die Ergebnisrückmeldung einen wichtigen Impuls für eine neue Kultur der Schulentwicklung dar. Die Rückmeldungen werden genutzt, um gezielt nach Entwicklungsansätzen an Einzelschulen und im Zuständigkeitsbereich zu suchen.

Aufgrund der eingeschränkten Vergleichbarkeit unterschiedlicher Bildungssysteme und ihrer Kontexte in diesem eng gefassten Themenbereich wird an dieser Stelle auf eine ausführliche Darstellung internationaler Forschungsbefunde verzichtet. Anregungen lassen sich u. a. in den Studien von Ramsteck und Maier (2015), Muslic, Ramsteck und Kuper (2013) sowie bei Knoke und Durdel (2011) finden.

Basierend auf den vorangegangenen Ausführungen sollen die folgenden Fragestellungen beantwortet werden:

1. Welche Bedeutung schreibt die Schulaufsicht den Ergebnisrückmeldungen der Bildungsstandardüberprüfung für ihre Aufgaben zu?
2. Wie kann der Schulaufsichtsbericht für die praktische Anwendung und die professionelle Reflexionsarbeit optimiert werden?

4. Methodischer Zugang

Die Datenbasis zur Überprüfung der aufgeworfenen Forschungsfragen bildet eine Befragung der Schulaufsicht. In einem ersten Schritt wurden elf leitfadengestützte Interviews durchgeführt (vgl. Kemethofer & Wiesner, 2016), die den Ausgangspunkt für die Entwicklung von standardisierten Fragen darstellten. Basierend auf den Erkenntnissen aus den Interviews fand im September und Oktober 2014 eine quantitative Erhebung statt. Die Befragung war als Vollerhebung konzipiert und umfasste österreichweit alle Vertreterinnen und Vertreter der Schulaufsicht Allgemeinbildender Pflichtschulen (Primarstufe und Sekundarstufe 1) und Allgemeinbildender höherer Schulen (Sekundarstufe 1), die bereits Rückmeldungen zu den bisherigen Bildungsstandardüberprüfungen erhalten hatten. Von den insgesamt 118 kontaktierten Personen nahmen 87 an der Erhebung teil. Dies entspricht einem Rücklauf von 74 %.

Für die Beantwortung der ersten Forschungsfrage werden in erster Linie deskriptive Analysen eingesetzt. Die verwendeten Items fragen danach, welche Bedeutung die Schulaufsicht der Ergebnisrückmeldung für unterschiedliche Tätigkeiten beimisst. Erhoben werden die Antworten auf einer vierstufigen Skala von »große Bedeutung« bis »(fast) keine Bedeutung«. Zu vertiefenden Analysen nutzen wir Faktorenanalysen (Extraktion: Hauptachsen, Rotation: varimax, Extraktionskriterium der Faktoren: Kaiser, Scree-Test) für das Aufdecken latenter Strukturen (Backhaus, Erichson, Plinke & Weiber, 2010). Die Schätzung der inneren Konsistenz der Faktoren basiert auf dem Koeffizienten Cronbachs Alpha. Alle Berechnungen wurden mit SPSS 22 erstellt.

Für die zweite Forschungsfrage werteten wir die Statements aus einer offenen Fragestellung aus, wobei die Antworten tendenziell knapp ausfielen. Die Auswertung der insgesamt 22 Nennungen erfolgte mittels inhaltlicher Strukturierung in Anlehnung an Mayring (2010).

5. Ergebnisse

5.1 Bedeutung der BIST-Ergebnisse als Basis der Arbeit der Schulaufsicht

Die Schulaufsicht wurde gefragt, welche Bedeutung die Ergebnisrückmeldung, die sie aus der Standardüberprüfung erhält, für ihre Aufgabenbereiche hat (vgl. Tab. 1). Große bzw. eher große Bedeutung wird der Rückmeldung als Basis für die Empfehlung von Schul- und Unterrichtsentwicklungsmaßnahmen (an Schulen im Aufsichtsbereich) zugeschrieben (90 % Zustimmung). Eine ebenfalls hohe Bedeutung attestiert die Schulaufsicht der Rückmeldung für Bilanz- und Zielvereinbarungsgespräche mit den Schulen (89 % »große« oder »eher große Bedeutung«) und für den Abgleich der eigenen Wahrnehmung über den Ist-Stand der Schulstandorte (86 % »große« oder »eher große Bedeutung«). Als am wenigsten relevant sind die Ergebnisse der Bildungsstandardüberprüfung für die Kontrolle der Arbeit an den Schulstandorten (61 % »(fast) keine« oder »(eher) weniger Bedeutung«) und als Basis für Landes- bzw. regionale Entwicklungspläne (41 % »(fast) keine« oder »(eher) weniger Bedeutung«).

Tabelle 1: Bedeutung der BIST-Ergebnisse für verschiedene Aufgabenbereiche der Schulaufsicht

	große Bedeu-tung	eher große Bedeu-tung	(eher) weniger Bedeu-tung	(fast) keine Bedeu-tung	M	SD
Abgleich der eigenen Wahr-nehmung über den Ist-Stand der Schulstandorte	46 %	40 %	14 %	0 %	1,69	0,72
Kontrolle der Arbeit der Schul-standorte	15 %	24 %	47 %	14 %	2,59	0,91
Basis für Empfehlung von Schul- und Unterrichtsentwick-lungsmaßnahmen	39 %	51 %	10 %	0 %	1,71	0,64
Basis für Entwicklungspläne der Schulen	40 %	43 %	16 %	1 %	1,79	0,75
Bilanz- und Zielvereinbarungs-gespräche (BZG) mit Schulen (SQA)	41 %	48 %	10 %	1 %	1,71	0,69
Basis für Landes- bzw. regiona-le Entwicklungspläne (SQA)	15 %	44 %	38 %	3 %	2,30	0,75
Planung des Fortbildungsbe-darfs für den Bezirk	31 %	47 %	17 %	5 %	2,00	1,10

Anmerkungen: Die absolute Anzahl der Antworten zu diesem Fragenblock schwankt zwischen 75 und 81. Mittelwert M und Standardabweichung SD der Items wurden unter der Annahme »große Bedeutung« = 1 bis »(fast) keine Bedeutung« = 4 berechnet.
Quelle: Eigene Darstellung.

5.2 Bedeutung der BIST-Ergebnisse für Handlungen der Schulaufsicht

Im Hinblick auf die Bedeutung der Ergebnisrückmeldung für verschiedene Tätigkeiten der Schulaufsicht zeigt sich folgendes Bild (vgl. Tab. 2): Die Vertreterinnen und Vertreter der Schulaufsicht messen der Rückmeldung die größte Bedeutung für die Steuerung der inhaltlichen Auseinandersetzung (also z. B. das Setzen von inhaltlichen Schwerpunkten bei den Gesprächen mit den Schulen) bei (88 % »große« oder »eher große Bedeutung«). Fast genauso hoch schätzen die Schulaufsichtsmitglieder die Bedeutung der Rückmeldung für die Empfehlung von Fortbildungen ein (85 % »große« oder »eher große Bedeutung«). Etwas geringer wird hingegen die Bedeutung der Rückmeldung für die Vorgabe von Strukturen an Schulen (z. B. verpflichtende Gesprächstermine, Zeitpläne, Richtlinien zur

Ergebnisaufarbeitung) eingeschätzt (44 % »(fast) keine« oder »(eher) weniger Bedeutung«). Die geringste Relevanz fällt der Rückmeldung aus Sicht der Schulaufsicht bei Tätigkeiten der Planung und Steuerung von Ressourcen (z. B. zeitliche, finanzielle usw.) zu (52 % »(fast) keine« oder »(eher) weniger Bedeutung«).

Tabelle 2: Bedeutung der BIST-Ergebnisse für verschiedene Handlungen der Schulaufsicht

	große Bedeutung	eher große Bedeutung	(eher) weniger Bedeutung	(fast) keine Bedeutung	M	SD
Vorgabe von Strukturen für Schulen	17 %	39 %	42 %	2 %	2,30	0,77
Steuerung der inhaltlichen Auseinandersetzung	26 %	62 %	12 %	0 %	1,86	0,60
Begleitung des Prozesses zur Ableitung/Umsetzung von Maßnahmen	17 %	57 %	23 %	3 %	2,14	0,73
Einflussnahme auf Bereiche für Qualitätsentwicklung/-sicherung	20 %	44 %	32 %	4 %	2,20	0,79
Hinweise auf Schulentwicklungsangebote geben	20 %	55 %	24 %	1 %	2,06	0,70
Empfehlungen für Fortbildungen geben	27 %	58 %	15 %	0 %	1,88	0,64
Planung und Steuerung von Ressourcen	8 %	40 %	39 %	13 %	2,57	0,83

Anmerkungen: Die absolute Anzahl der Antworten zu diesem Fragenblock schwankt zwischen 83 und 85. Mittelwert M und Standardabweichung SD der Items wurden unter der Annahme »große Bedeutung« = 1 bis »(fast) keine Bedeutung« = 4 berechnet.
Quelle: Eigene Darstellung.

5.3 Vertiefende Analysen zum Einsatz der Ergebnisrückmeldung

Basierend auf den deskriptiven Auswertungen soll mittels Faktorenanalyse eruiert werden, ob den Handlungen der Schulaufsicht (vgl. Tab. 2) latente Strukturen zugrunde liegen. Die Analyse ergab eine zweifaktorielle Lösung: Die Items »Vorgabe von Strukturen für Schulen«, »Steuerung der inhaltlichen Auseinandersetzung«, »Begleitung des Prozesses zur Ableitung/Umsetzung von Maßnahmen«, »Einflussnahme auf Bereiche für Qualitätsentwicklung/-sicherung« sowie »Planung und Steuerung von Ressourcen« wurden dem Faktor *»Aktive Steuerungshandlungen«* zugeordnet (Alpha = 0,78). Die Items »Hinweise auf Schulentwicklungsangebote« und »Empfehlungen für Fortbildungen« bilden den Faktor *»Hilfestellung«* (Alpha = 0,81).

Ihren eigenen Aussagen zufolge schreiben die Akteure der Schulaufsicht *aktiven Steuerungshandlungen* ($M = 1,98$, $SD = 0,61$) eine signifikant höhere Bedeutung ($p < 0,001$) für ihre eigene Tätigkeit zu als *Hilfestellungen für die Schulen* ($M = 2,21$, $SD = 0,55$).

Im Hinblick auf unsere zweite Forschungsfrage wurde die Schulaufsicht nach Optimierungspotenzialen im Schulaufsichtsbericht gefragt. Ziel dieser Fragestellung war es, Hinweise für eine künftig gezieltere und effizientere Arbeit mit den Rückmeldeberichten zu erhalten und diese – wenn möglich – den Wünschen der Schulaufsicht entsprechend zu adaptieren. Die Auswertung der insgesamt 22 (oft sporadischen) Antworten ergab eine wesentliche Kategorie, die als *Wunsch nach Übersichten, um potenzielle Zusammenhänge und Entwicklungen deutlich und sichtbar zu machen* (z. B. »Übersichtstabelle mit namentlicher Bezeichnung der Schulstandorte«) zusammengefasst werden kann.

In Einzelfällen wurden außerdem die Punkte *»einfachere Darstellung«*, *»Abweichungen deutlicher hervorheben«* oder *»genauere Detailergebnisse«* genannt. Von der Mehrheit der Befragungsteilnehmerinnen und -teilnehmer liegen keine Antworten vor.

6. Diskussion und Ausblick

Der vorliegende Beitrag untersucht die zugeschriebene Bedeutung der Ergebnisrückmeldung von Standardüberprüfungen für die Arbeit der Schulaufsicht in Österreich. Die Ergebnisse einer Fragebogenerhebung zeigen, dass der Ergebnisbericht besonders für schulentwicklungsorientierte Aufgabenbereiche, etwa bei Bilanz- und Zielvereinbarungsgesprächen im Rahmen von SQA, bedeutsam ist. Diese Verbindung stellt eine wichtige strukturelle Voraussetzung für Veränderungen durch Daten dar (vgl. Posch & Krainer, 2014). Der Kontrolle der schulischen Arbeit in Form einer »datengetriebenen Fremdsteuerung« wird eine tendenziell untergeordnete Rolle zugeschrieben. Ebenfalls weniger relevant erscheint die Ergebnisrückmeldung für die Vorgabe von Strukturen sowie zur Planung und Steuerung von Ressourcen. Damit scheint die Ergebnisrückmeldung für die Schulaufsicht für insgesamt viele Kerntätigkeiten wertvoll zu sein. Inwiefern auf die zugeschriebene Bedeutung der Ergebnisrückmeldung und auch im Hinblick auf das Spannungsfeld »Beratung« vs. »Kontrolle« sozial erwünscht geantwortet worden ist, kann anhand der vorliegenden Daten nicht geklärt werden.

Verbesserungspotenzial zum gezielteren und effizienteren Einsatz des Schulaufsichtsberichts in der täglichen Arbeit mit den Schulen ist in erster Linie mit Blick auf die Ergebnisaufbereitung gegeben. So wurde von den Befragten der Wunsch nach Übersichten geäußert, um mögliche Zusammenhänge sichtbar zu machen. Ein ähnliches Bild ergab bereits eine interviewbasierte Studie von Kemethofer und Wiesner (2016), die ebenfalls auf die Bedeutung überblicksmäßiger Darstellungen für schulaufsichtliche Tätigkeiten in der Praxis hinweisen.

Bei der Interpretation der Ergebnisse ist ebenfalls anzumerken, dass aktuell noch keine Informationen vorliegen, wie die Schulaufsicht die Ergebnisrückmeldung bei ihrer Arbeit mit den Schulen tatsächlich einsetzt und in weiterer Folge, inwiefern die Handlungen der Schulaufsicht zu Veränderungen an den Schulen führen. Specht (2006, S. 33) zufolge ist die Achillesferse evidenzorientierter Schul- und Unterrichtsentwicklung dort, »wo Ziele und Rückmeldungen in Entwicklungsarbeit und verändertes Unterrichtshandeln übersetzt werden sollen«. Diesbezüglich sollten künftige Forschungsvorhaben auf die praktische Nutzung fokussieren.

Ferner gilt es im Zusammenspiel zwischen den (hierarchisch unterschiedlichen) Ebenen Schulaufsicht und Schule, beide Perspektiven zu berücksichtigen. So können Daten sowohl zum Aufbau von Druck, Kontrolle und Rechenschaftslegung mit Konsequenzen, aber auch zur Generierung von aktiven professionellen Einsichtsprozessen für die Notwendigkeit schulischer Entwicklungsarbeit verwendet werden. Rosenbusch (1994) konnte in einer – allerdings schon etwas älteren – Studie zeigen, dass Lehrpersonen der Schulaufsicht gegenüber zwar reserviert, den innovativen Reformversuchen der Schulaufsicht gegenüber hingegen aufgeschlossen sind, insbesondere dann, wenn der Schulerfolg im Mittelpunkt steht. Unklar ist, den Ausführungen von Brüsemeister und Newiadomsky (2008) folgend ebenfalls, inwiefern die personalen Beziehungen zwischen Schulaufsicht und einzelnen Schulen in Konflikt geraten, wenn externe Daten für Entwicklungsaktivitäten herangezogen werden. Zu diesen Punkten gilt es, in der Zukunft weitere Forschung durchzuführen.

Das BIFIE griff den in den Studien geäußerten Wunsch nach überblicksmäßigen, jedoch möglichst ganzheitlichen Darstellungen auf und unterstützt mit dem eigens entwickelten Tool »Schulaufsicht analysiert und nutzt Daten (SanD[BIST])« den Prozess der datengestützten Innovation und der evidenzinformierten Schul- und Unterrichtsentwicklung.[2] SanD[BIST] soll die Schulaufsicht

---

2   Ein besonderer Dank gilt Herrn Karl Mayr vom Landesschulrat Kärnten für seine
    Impulse und Anregungen im Rahmen der Entwicklung von SanD[BIST].

dabei unterstützen, die ihr bereits aus Rückmeldungen zur Verfügung stehenden Daten systematischer und effizienter zu analysieren. Das Tool ermöglicht sowohl studien- als auch schulübergreifende Darstellungen und Auswertungen. Daten zu den Kompetenzen und zum Kontext können dabei variabel dargestellt werden. Ziel ist es, Komplexität zu reduzieren, Beziehungen zu ordnen, Verbindungen herzustellen, Zusammenhänge zu verstehen und Ergebnisse zu dokumentieren. Exemplarisch illustriert Abbildung 1 eine mögliche Option zur überblicksmäßigen Darstellung von Informationen aus den Standardüberprüfungen.

Abbildung 1: Aufbereitung von Informationen mit SanD^{BIST}

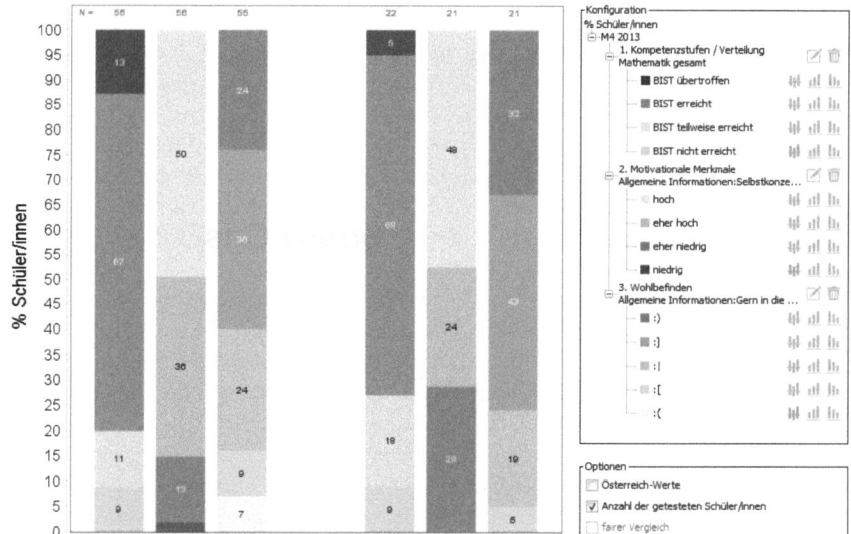

Anmerkungen: Dargestellt sind (von links nach rechts, jeweils für zwei Schulen) die Verteilung der Kompetenzstufen, das Selbstkonzept im Fach und ob die Schüler/innen gern in die Schule gehen.

Quelle: Eigene Darstellung.

Durch die genannten Features ist SanD^{BIST} ein Novum für die Analyse und Nutzung von Daten und kann so die praktische Verwertbarkeit der rückgemeldeten Daten als Feedback für Schul- und Unterrichtsentwicklung maßgeblich erhöhen (vgl. Wiesner et al., 2017). Ein Einführungsworkshop in SanD^{BIST}, allerdings noch im Stadium eines Prototyps, wurde mit einer ersten Gruppe von Mitgliedern der Schulaufsicht bereits durchgeführt. Es gilt nun abzuwarten, wie die praktische Handhabung des Tools im schulaufsichtlichen Alltag gelingt und in welchem Ausmaß die erste explorative Phase positive Resultate liefert. Insofern gilt es, den Nutzen des Tools in naher Zukunft zu evaluieren, um daraus abgeleitet weitere Schritte in der angedachten und angestrebten flächendeckenden formativen Integration zu setzen.

Literatur

Altrichter, H. & Posch, P. (2007). Analyse erster Erfahrungen mit der Implementation von Bildungsstandards. *Erziehung und Unterricht, 157* (7-8), 654–671.

Amtmann, E., Grillitsch, M. & Petrovic, A. (2011). *Bildungsstandards in Österreich – Die Ergebnisrückmeldung im ersten Praxistest. Das Rückmeldedesign zur Baseline-Testung (8. Schulstufe) aus Sicht der Adressaten.* Graz: Leykam.

Backhaus, K., Erichson, B., Plinke, W. & Weiber, R. (2010). *Multivariate Analysemethoden: Eine anwendungsorientierte Einführung.* Heidelberg: Springer.

Brüsemeister, T. & Newiadomsky, M. (2008). Schulverwaltung – Ein unbekannter Akteur? In: R. Langer (Hrsg.), ›*Warum tun die das?‹ Governanceanalysen zum Steuerungshandeln in der Schulentwicklung* (S. 73–93). Wiesbaden: VS.

Dubs, R. (2008). Zur Rolle der Schulleitung in komplexen Schulentwicklungsprozessen. In: Bildung und Erziehung, 61, 257–270.

Fend, H. (2011). Die Wirksamkeit der Neuen Steuerung – theoretische und methodische Probleme ihrer Evaluation. *Zeitschrift für Bildungsforschung, 1*(1), 5–24.

Havlicek, K. (2009). Zu Rolle, Selbstverständnis und Professionalisierung der regionalen Schulaufsicht in Österreich von 1993 bis 2008 (Diplomarbeit). http:// othes.univie.ac. at/3836/1/2009-02-25_7504510.pdf, abgerufen am 03.05.2017.

Heinrich, M. (2007). *Governance in der Schulentwicklung. Von der Autonomie zur evaluationsbasierten Steuerung.* Wiesbaden: VS.

Helmke, A. (2004). Von der Evaluation zur Innovation: Pädagogische Nutzbarmachung von Vergleichsarbeiten in der Grundschule. *Seminar, 10*(2), 90–112.

Helmke, A. & Hosenfeld, I. (2005). Standardbezogene Unterrichtsevaluation. In: G. Brägger, B. Bucher & N. Landwehr (Hrsg.), *Schlüsselfragen zur externen Schulevaluation* (S. 127–151). Bern: hep.

Kemethofer, D. & Wiesner, C. (2016). Die Nutzung der Bildungsstandards aus Perspektive der Schulaufsicht. In: C. Fridrich, R. Klingler, R. Potzmann, W. Greller & R. Petz (Hrsg.), *Forschungsperspektiven 8* (S. 109–123). Wien: LIT.

Knoke, A. & Durdel, A. (Hrsg.). (2011). *Steuerung im Bildungswesen. Zur Zusammenarbeit von Ministerien, Schulaufsicht und Schulleitungen.* Wiesbaden: VS.

Mayring, P. (2010). *Qualitative Inhaltsanalyse. Grundlagen und Techniken.* Weinheim: Beltz.

Muslic, B., Ramsteck, C. & Kuper, H. (2013). Das Verhältnis von Schulleitung und Schulaufsicht im Kontext testbasierter Schulreform. Kontrastive Fallstudien zur Rezeption von Lernstandsergebnissen im Mehrebenensystem der Schule. *Die Deutsche Schule, 12. Beiheft*, 97–120.

Paasch, D. (2016). Das Anwalt-Richter-Dilemma bei der Notenvergabe in Mathematik auf der 4. Schulstufe der österreichischen Volksschule. *Zeitschrift für Grundschulforschung, 9*(2), 155–170.

Pojer, W. (2012). Der Schulbericht – Euphorie oder Enttäuschung mit Handlungsauftrag? Erfahrungsbericht eines Schulleiters. In: BIFIE (Hrsg.), *Bildungsstandards und Qualitätsentwicklung an Schulen. Impulse für Schulleiter/innen* (S. 13–24). Graz: Leykam.

Posch, P. & Krainer, K. (2014). Wie verändern sich Unterricht und Lehrerbildung durch datengestützte Rückmeldungen? In: D. Fickermann & N. Maritzen (Hrsg.), *Grundlagen für eine daten- und theoriegestützte Schulentwicklung* (S. 235–251). Münster: Waxmann.

Posch, P., Rauch, F. & Seidl, A. (2012). Qualitätsentwicklung als Aufgabe der Schulleitung und Schulaufsicht. In: BIFIE (Hrsg.), *Bildungsstandards und Qualitätsentwicklung an Schulen. Impulse für Schulleiter/innen* (S. 39–63). Graz: Leykam.

Radnitzky, E. (2015). Vereinbarung und Verbindlichkeit. Die Rolle der österreichischen Schulaufsicht in SQA – Schulqualität Allgemeinbildung. *Journal für Schulentwicklung, 19*(3), 9–15.

Ramsteck, C. & Maier, U. (2015). Testdatenbasierte Schul- und Unterrichtsentwicklung. Analyse von Handlungsmustern bei der Rezeption und Nutzung von Vergleichsarbeitsdaten. In: J. Schrader, J. Schmid, K. Amos & A. Thiel (Hrsg.), *Governance von Bildung im Wandel: Interdisziplinäre Zugänge* (S. 119–144). Wiesbaden: Springer VS.

Rechnungshof (2012). *Bericht des Rechnungshofes. Reihe Bund 2012/11.* http://www.rechnungshof.gv.at/fileadmin/downloads/2012/berichte/berichte_bund/Bund_2012_11.pdf, abgerufen am 22.02.2017.

Rosenbusch, H. S. (1994). *Lehrer und Schulräte – ein strukturell gestörtes Verhältnis.* Bad Heilbrunn: Klinkardt.

Schratz, M., Wiesner, C., Kemethofer, D., George, A. C., Rauscher, E., Krenn, S. & Huber, S. G. (2016). Schulleitung im Wandel: Anforderungen an eine ergebnisorientierte Führungskultur. In: M. Bruneforth, F. Eder, K. Krainer, C. Schreiner, A. Seel & C. Spiel (Hrsg.), *Nationaler Bildungsbericht Österreich 2015, Band 2: Fokussierte Analysen bildungspolitischer Schwerpunktthemen* (S. 221–262). Graz: Leykam.

Schreiner, C. & Breit, S. (2016). Konzeption der Überprüfung der Bildungsstandards in Österreich. In: S. Breit & C. Schreiner (Hrsg.), *Large-Scale Assessment mit R. Methodische Grundlagen der österreichischen Bildungsstandardüberprüfung* (S. 1–19). Wien: Facultas.

Specht, W. (2002). Einführung: Funktionen und Strukturen nationaler Systemsteuerung. In: F. Eder, P. Posch, M. Schratz, W. Specht & J. Thonhauser (Hrsg.), *Qualitätsentwicklung und Qualitätssicherung im österreichischen Schulwesen* (S. 187–201). Innsbruck: StudienVerlag.

Specht, W. (2006). Von den Mühen der Ebene. Entwicklung und Implementation von Bildungsstandards in Österreich. In: F. Eder, A. Gastager & F. Hofmann (Hrsg.), *Qualität durch Standards?* (S. 13–37). Münster: Waxmann.

Specht, W. (2007). Qualität des Bildungssystems, Standards und Monitoring. Wandlungen der Steuerungsreformen im Schulwesen. In: H. Rhyn (Hrsg.), *Heterogenität, Gerechtigkeit und Exzellenz in der Wissensgesellschaft* (S. 195–226). Innsbruck: StudienVerlag.

Specht, W. & Lucyshyn, J. (2008). Einführung von Bildungsstandards in Österreich – Meilenstein für die Unterrichtsqualität? *Beiträge zur Lehrerbildung, 26*(3), 318–325.

Wiesner, C., Schreiner, C., Breit, S. & Kemethofer, D. (2017). *Ein integratives Modell für eine evidenzorientierte Schul- und Unterrichtsentwicklung.* Salzburg. Unveröffentlichtes Manuskript (16 Seiten).

Wiesner, C., Schreiner, C., Breit, S., Kemethofer, D., George, A. C. & Angerer, S. (2016). Die Bedeutsamkeit der professionellen Reflexion und Rückmeldekultur für eine evidenzorientierte Schulentwicklung durch Bildungsstandardüberprüfungen. *Journal für Schulentwicklung, 20*(4), 18–26.

Susanne Roßnagl

Bedeutung von individuellen Determinanten und Lerngelegenheiten für Kompetenzselbsteinschätzungen im Berufseinstieg

Eine empirisch-quantitative Forschungsarbeit im Allgemeinen Pflichtschulbereich in Niederösterreich

1. Einführung

Berufseinsteigende Lehrkräfte im Allgemeinen Pflichtschulbereich in Niederösterreich müssen aufgrund einer Verpflichtung durch den Landesschulrat bestimmte Seminare und Treffen in den ersten beiden Dienstjahren besuchen, um die Praxis und den Alltag besser bewältigen zu können. Dieses Unterstützungssystem allein wird allerdings nicht ausreichen, um diese besonders herausfordernde und prägende Phase (Hericks, 2009; Kraler, 2008) bewältigen zu können. Vielmehr ist anzunehmen, dass die Berufseinsteigerinnen/Berufseinsteiger auch weitere Lerngelegenheiten nutzen, die von individuellen Determinanten beeinflusst werden, um ihre Kompetenzen weiter zu entwickeln. Ziel der vorliegenden empirisch quantitativen Forschungsarbeit war herauszufinden, wie die Selbstkonzepte für die Bereiche Kompetenzselbsteinschätzungen, Nutzung von Lerngelegenheiten und individuellen Determinanten zusammenhängen. Hieraus sollen Erkenntnisse abgeleitet werden, die für die künftige methodische Gestaltung der Induktionsphase im Rahmen der »PädagogInnenbildung NEU« von Bedeutung sein können, denn es besteht noch Forschungsbedarf, wie sich personenbezogene Merkmale auf das Weiter-, Um- oder Neulernen auswirken (Lipowsky, 2014). Im Folgenden werden das Berufseinstiegsmodell von Niederösterreich sowie relevante Theorien dargestellt, um die Bedeutung dieser Forschungsarbeit vor dem Hintergrund dieser Informationen einzuordnen.

1.1 Das Berufseinstiegsmodell von Niederösterreich

Im Unterschied zu anderen österreichischen Bundesländern, in denen solche Angebote freiwillig besucht werden können, gibt es in Niederösterreich seit dem

Studienjahr 2011/12 ein verpflichtend zu besuchendes Berufseinstiegsangebot für Lehrkräfte im Allgemeinen Pflichtschulbereich. Ziel der Unterstützung ist von Anfang an, die Entwicklung von Professionalität – wie es die EPIK-Domänen[1] vorsehen – durch Reflexionen und Diskurse zu begleiten.

Ab dem Studienjahr 2014/15 bestand die Möglichkeit, zwischen zwei Varianten der Unterstützung zu wählen. Die eine war die verpflichtend zu besuchende Berufseinstiegsphase und die zweite war ein Lehrgang, der viel mehr an Unterstützung bot und in den die obligatorisch zu besuchenden Elemente integriert waren. Zusätzlich gibt es dort schulartenspezifische und/oder fächerspezifische *Professional Learning Communities,* Webinare, schriftliche Entwicklungsportfolios und Wahlseminare. Hier zeigten erste Ergebnisse aus einer qualitativ angelegten Forschungsstudie, dass Teilnehmerinnen/Teilnehmer am Lehrgang praktische Unterstützung von Kolleginnen/Kollegen an der Schule erhalten, und professionelle von Mentorinnen/Mentoren, die *Professional Learning Communities* leiten. Es zeigte sich auch, dass sowohl Mentees (Berufseinsteigerinnen/Berufeinsteiger) als auch Mentorinnen/Mentoren von der Arbeit in diesen Lerngemeinschaften profitierten (Pind-Roßnagl, 2015).

1.2 Der Berufseinstieg in der Literatur

Um die Besonderheiten verstehen zu können, die es rund um den Berufseinstieg gibt, sollen diese im Folgenden anhand von Theorien und Forschungsergebnissen dargestellt werden. Blömeke und Paine (2009, S. 18) fanden folgende Definition für den Berufseinstieg:

> Der Berufseinstieg ist eine notwendige und so gut wie universelle Phase in der Karriere von Lehrkräften aller Länder, markiert durch den formellen Abschluss der Lehrerausbildung und die Übernahme der vollen Verantwortung für den Unterricht als hauptamtliche Lehrkraft.

Im Rahmen dieser Forschungsarbeit wird der Berufseinstieg in diesem Sinne verstanden und konkret auf die ersten beiden Dienstjahre bezogen.

In dieser Phase spielen Theorien zur Bewältigung von Entwicklungsaufgaben eine Rolle, die im Rahmen von beruflichen Sozialisationstheorien einzuordnen sind. Ziel der beruflichen Sozialisation zu Beginn der Karriere ist die Integration einer Berufseinsteigerin/eines Berufseinsteigers in ein Kollegium (Kraler, 2008).

---

[1] Das EPIK-Modell (Entwicklung von Professionalität im Internationalen Kontext) beinhaltet die Domänen: Reflexions- und Diskursfähigkeit, Professionsbewusstsein, Kooperation und Kollegialität, Differenzfähigkeit und Personal Mastery, die durch die integrative Kompetenz, die sechste Disziplin, miteinander verbunden sind (Paseka, Schratz & Schrittesser, 2011).

In der Phase des Berufseinstiegs sind folgende Entwicklungsaufgaben zu bewältigen: Partnerschaftsbeziehungen eingehen, den Berufseinstieg bewältigen, eine eigene Familie und einen eigenen Haushalt gründen und sich staatsbürgerlich verantwortlich fühlen (Quenzel, 2015).

Forschungsarbeiten zum Berufseinstieg beschäftigen sich meist mit der Wirksamkeit von Begleitangeboten (z. B. Schubarth, Speck & Seidel, 2007), mit der Entwicklung von Kompetenzen (z. B. Müller, 2010) und der Persönlichkeit (z. B. Hahnzog, 2011), mit der Bewältigung von Anforderungen (z. B. Keller-Schneider, 2008) und mit Professionalisierung (z. B. Kosinar, 2014).

Ausgehend von der Situation in Niederösterreich und den gewonnenen Forschungserkenntnissen werden im Folgenden die relevanten Theorien für diese Untersuchung dargestellt.

2. Theorien

Im Rahmen dieser Studie ist der Begriff Selbstkonzept von Bedeutung, da es darum geht, dass die berufseinsteigenden Lehrkräfte durch mentale Repräsentationen beschrieben werden sollen. Es geht um Vorstellungen, Einschätzungen und Bewertungen, die sie für sich vornehmen sollen (Möller & Trautwein, 2009). Es werden die Theorien beschrieben, zu denen in einer Fragebogenstudie die Selbstkonzepte dazu abgefragt wurden.

2.1 Individuelle Determinanten

Als individuelle Determinanten werden Lehrerselbstwirksamkeitserwartungen sowie die Fortbildungsmotivation in den Fokus genommen und im Fragebogen erhoben. Ryan und Deci (2000, S. 54) definieren »*To be motivated means to be moved to do something.*« Wird die Lernmotivation näher betrachtet, so kommen Deci und Ryan (2000) zu der Erkenntnis, dass diese positive Auswirkungen auf die Lernqualität hat, wenn sie auf Selbstbestimmung fußt. Die Theorie der Selbstbestimmung erklärt, dass Menschen dann motiviert sind, wenn sie ein Ziel erreichen wollen. Es steckt eine Intention dahinter, die durch das Ausmaß der Selbstbestimmung und der Kontrolliertheit geprägt ist. Eine Handlung, die motiviert ausgeführt wird, weil sie frei gewählt wurde, wird selbstbestimmt vollzogen im Gegensatz zu einer Handlung, die erzwungen wird und somit von außerhalb kontrolliert erfolgt (Deci & Ryan, 1993). Da die Berufseinstiegsphase in Niederösterreich verpflichtend ist, spielt die Motivation eine Rolle. Aufgrund von Beobachtungen der Autorin wurde festgestellt, dass die jungen Lehrkräfte mit dieser Verpflichtung unterschiedlich motiviert umgehen.

Wenn es darum geht, selbstregulative Ziele zu erreichen, dann spielen auch Selbstwirksamkeitserwartungen eine Rolle. »Selbstwirksamkeitserwartung wird definiert als die subjektive Gewissheit, neue oder schwierige Anforderungssituationen auf Grund eigener Kompetenz bewältigen zu können« (Schwarzer & Jerusalem, 2002, S. 35). Im Berufseinstieg werden sehr viele neue Anforderungen an die jungen Lehrkräfte gestellt. Erleben sie sich selbstwirksam, werden in der Motivationsphase höhere Ziele gesetzt, die auch weiterverfolgt werden, wenn Schwierigkeiten aufkommen (Schwarzer & Jerusalem, 2002). Im Rahmen dieser Forschungsarbeit sind die Lehrerselbstwirksamkeitserwartungen von Interesse.

Da vermutlich die Berufseinsteigenden nicht nur die verpflichtenden Fort- und Weiterbildungsangebote nutzen, soll im Rahmen dieser Untersuchung auch näher auf andere Lerngelegenheiten eingegangen werden.

2.2 Nutzung von Lerngelegenheiten

In der Literatur werden drei verschiedene Arten von Lerngelegenheiten unterschieden:

– Formal organisiertes Lernen findet in Ausbildungsinstitutionen statt, ist beabsichtigt und führt zu Zertifizierungen.
– Non-formal organisiertes Lernen findet außerhalb von Ausbildungsinstitutionen statt, meist am Arbeitsplatz selbst, ist ebenfalls beabsichtigt, führt aber zu keinen Abschlüssen und hat meist hohen individuellen Wert.
– Informelles Lernen passiert unbeabsichtigt, wird meist nicht als Lernen wahrgenommen und findet in nicht pädagogisch gestalteten Umgebungen statt. (Tynjälä & Heikkinen, 2011; Straka, 2002)

Man findet in der Literatur auch oft »formell« statt »formal«. Laut Straka (2002) dürfte es sich um Synonyme handeln, es wird daher im Rahmen dieser Forschungsstudie der Begriff formal verwendet.

Tynjälä und Heikkinen (2011) kommen zu der Ansicht, dass berufseinsteigende Lehrkräfte auf allen drei Ebenen unterstützt werden müssen, wenn diese effektiv sein soll. In der »Theory of Practice Architectures« (Kemmis & Heikkinen, 2011), die Lehrkräfte in der Induktionsphase unterstützen soll, wird die Praxis als ein Bündel von Sprache, Tätigkeiten und Beziehungen gesehen, die in sozial etablierten kooperativen Aktivitäten eingebettet und organisiert ist. Laut Kemmis (2013) müssen junge Lehrkräfte viele Herausforderungen meistern, die von drei verschiedenen Ebenen der Allgemeingültigkeit gerahmt sind: der persönlichen Ebene mit den individuellen Erfahrungen, der schulischen Ebene, in der junge und erfahrene Lehrkräfte miteinander agieren, und der hohen Ebene, in der Verantwortliche im Schulsystem bestimmen, wie die Lehrerarbeit passieren soll und wie Neulehrerinnen/Neulehrer unterstützt werden (a.a.O.).

Kunter, Kleickmann, Klusmann und Richter (2014) stellten fest, dass es in Bezug auf die Nutzung von Lerngelegenheiten noch zu wenige Forschungsergebnisse gibt, die individuelle Unterschiede berücksichtigen. Non-formale und informelle Lerngelegenheiten sind in der deutschen Literatur zum beruflichen Lernen noch kaum zu finden (Richter, 2011). Da es das Ziel der Begleitangebote im Berufseinstieg ist, professionelle Kompetenzentwicklung zu unterstützen, wird im folgenden Kapitel darauf näher eingegangen.

2.3 Entwicklung von professionellen Kompetenzen

Hericks (2009, S. 33) definiert: »*Mit Professionalität wird allgemein ein bestimmter erreichter Zustand von Könnerschaft bezeichnet.*« Auch Kraler (2008) sieht Professionalität als berufsbiografische Entwicklungsaufgabe, deren professionsspezifische Einstellungen im Berufseinstieg geprägt werden.

Ein Modell, das für die empirische Untersuchung von großer Bedeutung war, weil es unter anderem die Nutzung von Lerngelegenheiten, persönliche Voraussetzungen, professionelle Kompetenzen und professionelles Verhalten im Rahmen eines Wirkmodells berücksichtigt, ist das »Modell der Determinanten und Konsequenzen der professionellen Kompetenz von Lehrkräften« von Kunter et al. (2011, S. 59). Professionelle Kompetenz wird als

ein Bündel unterschiedlicher berufsbezogener Voraussetzungen, nämlich das Wissen, die Überzeugungen sowie motivationale und selbstregulative Merkmale, die im Wechselspiel miteinander stehen und bestimmen, wie gut eine Lehrkraft die Anforderungen ihres Berufes bewältigen kann (Kunter et al. 2011, S. 55) verstanden.

Dieses Modell diente als Vorlage für die Ableitung eines Zusammenhangsmodells für die empirisch quantitative Untersuchung in dieser Forschungsstudie, das im Folgenden beschrieben wird.

2.4 Hypothesenformulierung und Untersuchungsmodell

Die vorliegende Studie untersuchte das Selbstkonzept in Form von Kompetenzüberzeugungen bei Berufseinsteigerinnen/Berufseinsteigern in den Lehrberuf im Allgemeinen Pflichtschulbereich in Niederösterreich am Ende des zweiten Dienstjahres in Bezug auf Zusammenhänge zwischen der Nutzung von Lerngelegenheiten, individuellen Determinanten und Kompetenzselbsteinschätzungen. Es wurde folgende Grundhypothese formuliert:

Es wird angenommen, dass Zusammenhänge bestehen zwischen

- Kompetenzselbsteinschätzungen und der Nutzung von Lerngelegenheiten, den Lehrerselbstwirksamkeitserwartungen und ihrer Fortbildungsmotivation,
- der Nutzung von Lerngelegenheiten und Lehrerselbstwirksamkeitserwartungen und Fortbildungsmotivation sowie
- Lehrerselbstwirksamkeitserwartungen und Fortbildungsmotivation

und dass Unterschiede bestehen

- zwischen Kompetenzselbsteinschätzungen, Fortbildungsmotivation und Lehrerselbstwirksamkeitserwartungen hinsichtlich der formalen/non-formalen/informellen Nutzung von Lerngelegenheiten.

Ausgehend von diesen Überlegungen wird im Folgenden das Forschungsdesign dargestellt.

3. Forschungsdesign

Es handelt sich um eine Querschnittsuntersuchung mittels Fragebögen, die als Paper-Pencil-Erhebung am Ende des zweiten Dienstjahres im Mai 2016 im Rahmen von Seminaren unter standardisierten Bedingungen durchgeführt wurde. Es konnten 223 Personen, davon waren 175 weiblich und 45 männlich, befragt werden. Dies entspricht einer Rücklaufquote von 72 %. Das Lehramt für Volksschulen haben 48,65 %, das Lehramt für Neue Mittelschule/Hauptschulen 36,94 %, das Lehramt für Sonderschulen 13,51 % erworben und zwei Berufseinsteiger/innen haben ein anderes Lehramt absolviert.

Als Skalen wurde auf bereits verwendete zurückgegriffen, die kurz beschrieben werden:

Kompetenzselbsteinschätzungen:
Diese Items wurden aus der Potsdamer Studie zum Referendariat von Schubarth, Speck und Seidel (2007) zu den Bereichen: Unterrichten, Erziehen, Beraten, Beurteilen, Innovieren und Organisieren genommen.

Nutzung von Lerngelegenheiten:
In Anlehnung an Kaufmann (2011) und Mayr (2007) wurde gefragt, inwiefern bestimmte formale, non-formale und informelle Lerngelegenheiten hilfreich

waren für kompetentes Handeln in den Bereichen Unterrichten/Erziehen, Beraten/Beurteilen und Innovieren/Organisieren.

Lehrerselbstwirksamkeitserwartungen:
Diese Items wurden von Schwarzer und Schmitz (1999) übernommen.

Fortbildungsmotivation:
Die Formulierung der Items erfolgte über Skalen von Müller, Andreitz und Mayr (2010) sowie über eigens formulierte Items.

Daran anschließend wurden die Daten mithilfe von Strukturgleichungsmodellen mit dem Programm AMOS analysiert. Um die Skalen für Strukturgleichungsmodelle verwenden zu können, wurden die einzelnen Items auf ihre Schwierigkeit untersucht sowie die Trennschärfe- und die Reliabilitätskoeffizienten geschätzt.
In Tabelle 1 (S. 72) sind die verwendeten Skalen beschrieben. Angegeben sind die Anzahl der Items, der Mittelwert (M), die Standardabweichung (SD), die interne Konsistenz (Cronbachs α) sowie jeweils ein Beispielitem.
Am Ende wurden für einige Skalen Parcels gebildet, indem Summenwerte über einzelne homogene Items gebildet wurden (Bühner, 2011). Diese setzen sich wie folgt zusammen:

– Fortbildungsmotivation (2): selbstbestimmt, kontrolliert
– Lehrerselbstwirksamkeitserwartungen (2): schwierige Einflüsse, schwierige Unterrichtskonstellationen
– Nutzung von Lerngelegenheiten (3): formale (BEST-Angebote), non-formale (schulinterne Kooperationsformen), informelle Lerngelegenheiten (Recherchen, Reflexionen)

Aufgrund dieser Modifikationen konnten die Daten anschließend in einem Gesamtmodell verwendet werden, das in AMOS (Version 23) erstellt wurde.

Tabelle 1: Skalen und Beispielitems

Skalen	Items	M	SD	α	Beispielitems
SKSUNT Kompetenzselbsteinschätzung Unterrichten	15	3,79	0,495	0,858	»Selbstständiges Lernen realisieren«
SKSERZ Kompetenzselbsteinschätzung Erziehen	11	3,96	0,499	0,841	»Erwerb sozialer Kompetenzen unterstützen«
SKSBER Kompetenzselbsteinschätzung Beraten	6	3,64	0,616	0,816	»Techniken der Gesprächsführung anwenden«
SKSBEU Kompetenzselbsteinschätzung Beurteilen	7	3,52	0,663	0,819	»Individuelle Lernfortschritte erfassen«
SKSINN Kompetenzselbsteinschätzung Innovieren	7	3,21	0,877	0,878	»Eigene Lehrerrolle entwickeln«
SKSORG Kompetenzselbsteinschätzung Organisieren	9	3,73	0,563	0,775	»Elternkooperation und -motivation«
SLGUNER Lerngelegenheit Unterrichten und Erziehen	12	3,26	0,563	0,703	Formal: »BEST-Treffen«
SLGBEBE Lerngelegenheit Beraten und Beurteilen	14	3,16	0,569	0,756	Non-formal: »Hospitationen bei Kollegen«
SLGINOR Lerngelegenheit Innovieren und Organisieren	14	3,11	0,619	0,783	Informell: »Reflexion eigener Erfahrungen vor dem Hintergrund pädagogischer Theorien«
ILSWK Lehrerselbstwirksamkeitserwartungen	8	3,18	0,325	0,616	»Ich bin mir sicher, dass ich kreative Ideen entwickeln kann, mit denen ich ungünstige Unterrichtsstrukturen verändern kann.«
IFOBO Fortbildungsmotivation	7	3,54	0,452	0,789	»Ich nehme an Fortbildungsveranstaltungen teil, weil ich gerne Neues lerne.«

4. Ergebnisse

Die Grundhypothese wurde mit einem Strukturgleichungsmodell überprüft und die Ergebnisse durch Modellfitmaße evaluiert. Die Analysen zeigten einen guten Modell-Fit (CMIN/df = 2,074; SRMR = 0,0427; CFI = 0,960). Es handelte sich um eine Ad-hoc-Stichprobe, daher sind die folgenden Ergebnisse nur für diese Probanden von Relevanz.

Es besteht ein mittlerer, höchst signifikanter Zusammenhang zwischen Kompetenzselbsteinschätzungen und Lehrerselbstwirksamkeitserwartungen (r = 0,680; p = 0,000) sowie auch gerade noch zwischen Lehrerselbstwirksamkeitserwartungen und der Nutzung von Lerngelegenheiten (r = 0,496; p = 0,000). Zwischen Kompetenzselbsteinschätzungen und der Nutzung von Lerngelegenheiten besteht eine geringe, höchst signifikante Korrelation (r = 0,456; p = 0,000). Fortbildungsmotivation hängt mit Lehrerselbstwirksamkeitserwartungen gering und sehr signifikant zusammen (r = 0,320; p = 0,006) und mit der Nutzung von Lerngelegenheiten ebenfalls gering, aber höchst signifikant (r = 0,308; p = 0,000). Kompetenzselbsteinschätzungen und Fortbildungsmotivation hängen äußerst gering und nicht signifikant zusammen (r = 0,079; p = 0,316).

Darüber hinaus wurde in weiteren Modellen untersucht, ob sich die Zusammenhänge ändern, wenn die Nutzung von Lerngelegenheiten nach formal, non-formal und informell differenziert wird. In Tabelle 2 werden die Zusammenhänge (r) und die Signifikanz (p) für jedes Modell angegeben:

Tabelle 2: Gesamtübersicht der Zusammenhänge

Zusammenhänge	gesamt		formal		non-formal		informell	
	r	p	r	p	r	p	r	p
KSES – ILSWK	0,680	0,000	0,684	0,000	0,682	0,000	0,682	0,000
KSES – IFOBO	0,079	0,316	0,080	0,313	0,059	0,418	0,038	0,540
KSES – NULG	0,456	0,000	0,152	0,044	0,442	0,000	0,374	0,000
NULG – ILSWK	0,496	0,000	0,251	0,020	0,492	0,000	0,330	0,003
NULG – IFOBO	0,308	0,000	0,570	0,000	0,196	0,024	0,040	0,513
IFOBO – ILSWK	0,320	0,006	0,312	0,008	0,322	0,017	0,276	0,097

Quelle: Eigene Untersuchung.

Unterschiede zeigten sich zwischen der Nutzung von Lerngelegenheiten und den Lehrerselbstwirksamkeitserwartungen, wobei sie beim Gesamtmodell und den non-formalen Lerngelegenheiten gleich sind (r = 0,49; p = 0,000), aber deutlich geringer ausfallen für die formalen (r = 0,25; p = 0,020) und informellen Lerngelegenheiten (r = 0,33; p = 0,003). Ein ähnliches Bild zeigte sich zwischen Kompetenzselbsteinschätzungen und der Nutzung von Lerngelegenheiten (gesamt: r = 0,46; p = 0,000; non-formal: r = 0,44; p = 0,000; informell: r = 0,37;

p = 0,000; formal: r = 0,15; p = 0,044). Am deutlichsten stellten sich die Unterschiede zwischen der Nutzung von Lerngelegenheiten und der Fortbildungsmotivation dar: am höchsten fielen die Zusammenhänge für die formalen (r = 0,57; p = 0,000), gefolgt von den non-formalen (r = 0,20; p = 0,024) und am geringsten für die informellen (r = 0,040; p = 0,513) Lerngelegenheiten aus.

Diese Ergebnisse werden im folgenden Kapitel noch diskutiert und auf ihre Relevanz für die methodische Gestaltung der Induktionsphase dargestellt.

5. Zusammenfassung und Bezug zum Tagungsthema

Für die Forschungsarbeit war es von Interesse herauszufinden, wie die Berufseinsteiger sich selbst in ihren Kompetenzen einschätzen, die die Praxis Unterrichten, Erziehen, Beraten, Beurteilen, Innovieren und Organisieren betreffen, und wie diese mit der Nutzung von verschiedenen Lerngelegenheiten und individuellen Determinanten zusammenhängen. Die höchsten Zusammenhänge haben sich zwischen Kompetenzselbsteinschätzungen und den Lehrerselbstwirksamkeitserwartungen gezeigt, die sich als mittlere Korrelationen mit höchster Signifikanz für alle vier Modelle darstellten, sowie auch zwischen der Nutzung von Lerngelegenheiten und den Lehrerselbstwirksamkeitserwartungen (für das Gesamtmodell und die non-formalen Lerngelegenheiten). Die Korrelationen zwischen Kompetenzselbsteinschätzungen und der Nutzung von Lerngelegenheiten stehen an dritter Stelle, wenn das Gesamtmodell betrachtet wird. Sehr geringe Zusammenhänge gibt es zwischen der Fortbildungsmotivation und den Kompetenzselbsteinschätzungen (für alle vier Modelle). Ausgehend von diesen Erkenntnissen werden Methoden für die Unterstützung im Berufseinstieg abgeleitet.

Eigene Forschungsstudien zeigten auch, dass die Berufseinsteigerinnen/Berufseinsteiger am meisten Unterstützung benötigen im Bereich Differenzierung (Turner & Roßnagl, 2018). Dies ist ein Aspekt, der in der Schule in den letzten Jahren immer mehr an Bedeutung gewonnen hat. So wäre es nach Ansicht der Autorin notwendig, auch im Rahmen des Berufseinstiegs der Heterogenität der Studierenden gerecht zu werden. Dies könnte passieren, indem diese jungen Lehrkräfte aus mehreren möglichen Lerngelegenheiten (formal, non-formal, informell) wählen könnten, in welcher Form sie Inhalte einer Lehrveranstaltung, die virtuell oder mit Präsenzcharakter organisiert sind, lernen möchten. Das Lernen in Professionellen Lerngemeinschaften, in denen »Lesson Studies«[2] oder

---

2   »Lesson Studies« sind eine in Japan weit verbreitete Methode. Es geht darum, dass Lehrkräfte sich als Forscherinnen/Forscher über den eigenen Unterricht verstehen: Sie planen gemeinsam Unterrichtsstunden und jemand aus der Gruppe hält diese Stunde dann in einer Klasse, wobei diese Lehrperson hospitiert wird. Im Anschluss findet ei-

»Learning Studies«[3] zum Einsatz kommen, hat sich in eigenen Vorstudien als aufwendig, aber sehr wirksam erwiesen, wenn es um die Entwicklung von Professionalität geht (Turner & Roßnagl, 2018). Es zeigte sich auch im Rahmen dieser Forschungsarbeit, dass die non-formalen Lerngelegenheiten, die im Kollegium passieren, die bedeutsamsten Zusammenhänge zeigen im Unterschied zu den formalen und den informellen Lerngelegenheiten.

Qualitativ hochwertige Begleitung und Unterstützung bei der professionellen Entwicklung, die sich für das weitere Berufsleben positiv auswirken kann, wäre notwendig, um eine Basis für ein langes gelingendes Berufsleben zu schaffen. Den berufseinsteigenden Lehrkräften sollte die Möglichkeit geboten werden, möglichst viele unterschiedliche Begleitangebote für unterschiedliche Bedürfnisse zu nutzen.

Da nach den Ergebnissen dieser Forschungsarbeit vor allem die Lehrerselbstwirksamkeitserwartungen von großer Bedeutung sind, könnten diese auch immer wieder thematisiert werden, um zu sehen, wie sich diese sowie auch die Kompetenzselbsteinschätzungen im Laufe der Induktionsphase verändern. Es wären zukünftig auch Forschungsarbeiten notwendig, die die Berufseinsteigerinnen/Berufseinsteiger in Längsschnittstudien untersuchen, um einerseits Wirkungen feststellen zu können und andererseits zu überprüfen, ob diese gewonnenen Ergebnisse auch mit anderen Stichproben bestätigt werden können.

Literatur

Blömeke, S. & Paine, L. (2009). Berufseinstiegs-Programme für Lehrkräfte im internationalen Vergleich. *Journal für lehrerinnen- und lehrerbildung*, 9 (3), 18–25.

Bühner, M. (2011). *Einführung in die Test- und Fragebogenkonstruktion* (3. Auflage). Hallbergmoos: Pearson.

Deci, E. L. & Ryan, R. M. (1993). Die Selbstbestimmungstheorie der Motivation und ihre Bedeutung für die Pädagogik. *Zeitschrift für Pädagogik*, 39 (2), 223–238.

Hahnzog, S. (2011). *Persönlichkeitsentwicklung beim Übergang vom Studium in den Beruf*. München: Herbert Utz.

Hericks, U. (2009). Entwicklungsaufgaben in der Berufseinstiegsphase. *Journal für lehrerinnen- und lehrerbildung*, 9 (3), 32–39.

---

ne Reflexion statt, in der Verbesserungen vorgenommen werden mit dem Ziel, dass die Lernenden mehr davon profitieren. Es beginnt ein neuer Zyklus, die Stunde wird adaptiert und in einer anderen Klasse von einer anderen Lehrkraft abgehalten.

3 »Learning Studies« werden vor allem in Schweden und Hongkong umgesetzt. Sie laufen ebenfalls in diesen Zyklen ab, verwenden aber die »Variation Theory« für die Planung und Videos bei der Durchführung sowie Vor- und Nachtests für die Analyse.

Kaufmann, K. (2011). *Informelles Lernen im Spiegel des Weiterbildungsmonitorings.* Berlin: Dissertation, Universität Berlin.

Keller-Schneider, M. (2008). *Herausforderungen im Berufseinstieg von Lehrpersonen – Beanspruchungswahrnehmung und Zusammenhänge mit Merkmalen der Persönlichkeit.* Zürich: Dissertation, Universität Zürich.

Kemmis, S. (2013). *PEP – The theories of practice architectures and ecologies of practices.* Research Institute for Professional Practice, Learning and Education (RIPPLE), Charles Sturt University, Australia. https://ixquick-proxy.com/do/spg/high light.pl?l= deutsch&c=hf&cat=web&q=kemmis+2013&rl=NONE&rid=MALORSLSMTPK807I WWGUE&hlq=https://www.startpage.com/do/search&mtabp=1&mtcmd=process_se arch&mtlanguage=deutsch&mthmb=1&mtpg=7&mtengine0=v1all&mtcat=web& mtnj=0&mtt=air&u=http:%2F %2Fips.gu.se%2Fdigital Assets%2F1467%2F1467159 _kemmis-pep-theory-tromso.pdf&mtrq=kemmis+2013, abgerufen am 03.11.2016.

Kemmis, S. & Heikkinen, H. L. T. (2011). Understanding Professional Development of Teachers within the Theory of Practice Architectures. *Paper presented at European Conference of Educational Research ECER2011.* Berlin, Germany, September 14, 2011.

Kosinar, J. (2014). *Professionalisierungsverläufe in der Lehrerausbildung – Anforderungsverarbeitung und Kompetenzentwicklung im Referendariat.* Opladen, Berlin & Toronto: Barbara Budrich.

Kraler, C. (2008). Professionalisierung in der Berufseingangsphase – Berufsbiografie und Kompetenzentwicklung – Entwicklungsaufgaben der ersten Berufsjahre und Unterstützungsmöglichkeiten. *Schulverwaltung Spezial,* 1 (1), 1–7.

Kunter, M., Kleikmann, T., Klusmann, U. & Richter, D. (2011). *Die Entwicklung professioneller Kompetenz von Lehrkräften.* In: M. Kunter, J. Baumert, W. Blum, U. Klusman, S. Krauss & M. Neidbrand (Hrsg.), *Professionelle Kompetenz von Lehrkräften – Ergebnisse des Forschungsprogramms COACTIV* (55–68). Münster: Waxmann.

Lipowsky, F. (2014). Theoretische Perspektiven und empirische Befunden zur Wirksamkeit von Lehrerfort- und -weiterbildung. In: E. Terhart, H. Bennewitz & M. Rothland (Hrsg.), *Handbuch der Forschung zum Lehrerberuf* (511–541). Münster: Waxmann, 2. Auflage.

Mayr, Johannes (2007). Wie Lehrer/innen lernen – Befunde zur Beziehung von Lernvoraussetzungen, Lernprozessen und Kompetenz. In: M. Lüders & J. Wissinger (Hrsg.), *Forschung zur Lehrerbildung – Kompetenzentwicklung und Programmevaluation* (151–168). Münster, New York, München & Berlin: Waxmann.

Möller, J. & Trautwein, U. (2009). Selbstkonzept. In: E. Wild & J. Möller (Hrsg.), *Pädagogische Psychologie* (180–203). Heidelberg: Springer.

Müller, F. H., Andreitz, I. & Mayr, J. (2010). PFL – Pädagogik und Fachdidaktik für Lehrerinnen und Lehrer: Eine Studie zu Wirkungen forschenden Lernens. In: F. H. Müller, A. Eichenberger, M. Lüders & J. Mayr (Hrsg.), *Lehrerinnen und Lehrer lernen – Konzepte und Befunde zur Lehrerfortbildung* (177–196). Münster: Waxmann.

Müller, K. (2010). Das Praxisjahr in der Lehrerbildung – Empirische Befunde zur Wirksamkeit studienintegrierter Langzeitpraktika. Kempten: Julius Klinkhardt.

Paseka, A., Schratz, M. & Schrittesser, I. (2011). Professionstheoretische Grundlagen und thematische Annäherung – eine Einführung. In: Schratz, M., Paseka, A. & Schrittesser, I. (Hrsg.), *Pädagogische Professionalität: quer denken – umdenken – neu denken: Impulse für next practice im Lehrerberuf* (8–45). Wien: faculats.wuv.

Pind-Roßnagl, S. (2015). Kompetenzentwicklung von Berufseinsteigerinnen/ Berufseinsteigern in Niederösterreich. *R&E-Source*, 3 (2015). http://journal.ph-noe.ac.at/ index.php/resource/article/view/189, abgerufen am 15.10.2015.

Quenzel, G. (2015). Das Konzept der Entwicklungsaufgaben. In: K. Hurrelmann, U. Bauer, M. Grundmann & S. Walper (Hrsg.), *Handbuch Sozialisationsforschung* (233–250). Weinheim & Basel: Beltz, 8. Auflage.

Richter, D. (2011). Lernen im Beruf. In: M. Kunter, J. Baumert, W. Blum, U. Klusman, S. Krauss & M. Neidbrand (Hrsg.), Professionelle Kompetenz von Lehrkräften – Ergebnisse des Forschungsprogramms COACTIV (317–325). Münster: Waxmann.

Richter, D., Kunter, M., Lüdtke, O., Klusman, U. & Baumert, J. (2011). Soziale Unterstützung beim Berufseinstieg ins Lehramt – eine empirische Untersuchung zur Bedeutung von Mentoren und Mitreferendaren. *Zeitschrift für Erziehungswissenschaft*, 14 (1), 35–59.

Ryan, R. M. & Deci, E. L. (2000). Intrinsic and Extrinsic Motivations: Classic Definitions and New Directions. *Contemporary Educational Psychology*, 25, 54–67. http://www. idealibrary.com, abgerufen am 09.08.2016.

Schubarth, W., Speck, K. & Seidel, A. (2007). Endlich Praxis! Die zweite Phase der Lehrerbildung – Potsdamer Studien zum Referendariat. Frankfurt a. M.: Peter Lang.

Schwarzer, R. & Jerusalem, M. (2002). Das Konzept der Selbstwirksamkeit. *Zeitschrift für Pädagogik*, 44 (Beiheft), 48–53.

Schwarzer, R. & Schmitz, G. S. (1999). Lehrerselbstwirksamkeitsskalen. In: R. Schwarzer & M. Jerusalem (Hrsg.), Skalen zur Erfassung von Lehrer- und Schülermerkmalen. Dokumentation der psychometrischen Verfahren im Rahmen der Wissenschaftlichen Begleitung des Modellversuchs Selbstwirksame Schulen (60–61). Berlin: Freie Universität Berlin. http://userpage.fuberlin.de/~health/self/selfeff_public.htm, abgerufen am 23.06.2015.

Straka, G. A. (2002). *Erfassung formell, non- und informell erworbenen Kompetenzen. Berufsbildung für eine globale Gesellschaft – Perspektiven im 21. Jahrhundert*. www. forschungsnetzwerk.at/downloadpub/2002_straka_05_2_02.pdf, abgerufen am 26.11.2015.

Turner, A. & Roßnagl, S. (2018). *Professionelle Lerngemeinschaften als Schlüsselelement für erfolgreiches Mentoring – eine qualitative Studie zur professionellen Entwicklung von berufseinsteigenden Lehrkräften durch Mentoring*. Eingereicht.

Tynjälä, P. & Heikkinen, H. L. T. (2011). Beginning teachers' transition from pre-service education to working life – theoretical perspectives and best practices. *Zeitschrift für Erziehungswissenschaft*, 14 (1), 11–33.

Boris Eckstein

Unterrichtsstörungen: eine Frage der Perspektive?

1. Ganzheitliches Problemverständnis

Eine Unterrichtsstörung stellt ein komplexes soziales Phänomen dar, welches sich aus verschiedenen miteinander interagierenden Merkmalsdimensionen konstituiert (Ummel, Wettstein & Thommen, 2009). Um den Problemzusammenhang ganzheitlich zu verstehen, werden in der gegenwärtigen Theoriebildung verschiedene Erklärungsansätze integriert – nicht zuletzt, um mittels daraus hervorgehender empirischer Forschung praxisdienliche Bewältigungsstrategien zu identifizieren. Dabei wird u. a. berücksichtigt, dass sich Unterrichtsstörungen immer in einem pädagogisch-didaktischen Kontext ereignen und perspektivisch unterschiedlich wahrgenommen werden können (Stein & Stein, 2014). Auf dieser Suchlinie bewegt sich auch das vom Schweizerischen Nationalfonds geförderte Forschungsprojekt[1] »Studie zur Untersuchung gestörten Unterrichts – SUGUS« (Eckstein, Grob & Reusser, 2016).

2. Produktion und Rezeption gestörten Unterrichts

Unterrichtsstörungen können zwar aus verschiedenen Quellen resultieren (Wicki & Kappeler, 2007), doch fokussiert wird häufig das »Problemverhalten« einzelner Schülerinnen und Schüler (Harrison, Vannest, Davis & Reynolds, 2012). Diese Eingrenzung kann dahingehend ergänzt werden, dass nicht alle am Unterricht beteiligten Akteure gleiches Verhalten als problematisch oder störend empfinden. Ein wichtiger Baustein des SUGUS-Projekts besteht in der theoretischen Entflechtung dieses Problemzusammenhangs unter Berücksichtigung des unterrichtlichen Kontexts.

2.1 Unterrichtliche Devianz

Viele Schülerinnen und Schüler zeigen im Unterricht gelegentlich Verhaltensweisen, welche von allgemein oder situativ geltenden Normen abweichen. Bei dieser unterrichtlichen Devianz handelt es sich meistens um bagatellhafte For-

---

1   Projektleiter: Prof. em. Dr. Kurt Reusser; Projektnummer: 100019_152722.

men (z. B. Unkonzentriertheit, motorische Unruhe, Schwatzen), während aggressiv-dissoziales Verhalten gegenüber Mitschülerinnen und Mitschülern sowie oppositionell-trotziges Verhalten gegenüber Lehrpersonen nur selten gezeigt wird (Beaman, Wheldall & Kemp, 2007; Berg, Imhof, Kollera, Schmidt & Ulber, 1998; Carroll, Houghton, Taylor, West & List-Kerz, 2006; Müller, Fleischli & Hofmann, 2013; Munn et al., 2013).

Forschungsarbeiten zur Aktualgenese unterrichtlicher Devianz haben wiederholt auf präventive Möglichkeiten der Unterrichtsgestaltung hingewiesen: Da sich die Schülerinnen und Schüler nach eigener Auskunft v. a. bei Über- oder Unterforderung normabweichend verhalten (Schönbächler et al., 2009), können binnendifferenzierende Maßnahmen störungspräventiv wirken (Wettstein, Thommen & Eggert, 2010). Sodann ermöglicht offener Unterricht ein breiteres Spektrum an normkonformen Verhaltensweisen als bspw. Frontalunterricht. Allerdings bedarf auch offener Unterricht einer angemessenen Strukturierung, damit die Schülerinnen und Schüler motiviertes, aufgabenbezogenes Verhalten zeigen (Jang, Reeve & Deci, 2010; Textor, 2009).

2.2 Subjektives Störungsempfinden

Unterrichtsstörungen ergeben sich daraus, dass Lehrpersonen oder Schülerinnen und Schüler unterrichtliche Ereignisse mit Bezug auf ihre normativen Erwartungshorizonte als unangemessen, regelwidrig oder provokativ wahrnehmen bzw. interpretieren, was sie verärgert, belastet oder vom Lehr-Lernprozess ablenkt (Schweer & Thies, 2000). So werden bereits bagatellhafte Formen normabweichenden Schülerverhaltens von zahlreichen Lehrpersonen als belastend erlebt, wenn diese häufig vorkommen (Little, 2005). Im Extremfall kann daraus ein Gesundheitsrisiko für Lehrpersonen entstehen (Kokkinos, 2007; Krause, Dorsemagen & Alexander, 2011). Auch viele Schülerinnen und Schüler empfinden normabweichendes Verhalten ihrer Peers als störend (Infantino & Little, 2005), wobei sie durchschnittlich weniger empfindlich reagieren als die Lehrpersonen (Pfitzner & Schoppek, 2000).

In manchen Klassen unterscheidet sich die Störungswahrnehmung von Lehrpersonen deutlich von derjenigen ihrer Schülerinnen und Schüler (Wettstein, 2013). Solche Befunde deuten darauf hin, dass das Störungsempfinden von anderen Faktoren als vom eigentlichen Verhalten abhängig ist, etwa von personalen Merkmalen der Wahrnehmenden (Lehrperson, Mitschüler/in). Diese Subjektivität zeigt sich bspw. auch daran, dass Lehrpersonen mit abnehmender Selbstwirksamkeit Devianz zunehmend als belastend erleben (Arbuckle & Little, 2004; Grosse Siestrup, 2008). Weiter wird das subjektive Störungsempfinden auch von kontextuellen Faktoren beeinflusst. Dazu gehören das kollektive Störungsniveau in der Klasse (Makarova, Herzog & Schönbächler, 2014), aber auch didaktische Rahmenbedingungen (Zevenbergen, 2001).

2.3 Interaktionistisches Modell

Diese Befundlage aufgreifend wurde in der SUGUS-Studie in Anlehnung an Nickel (1985) und Wettstein (2012) ein interaktionistisches Theoriemodell der Produktion und Rezeption gestörten Unterrichts entwickelt (Abb. 1). Die zirkuläre Struktur des Modells veranschaulicht, dass die aktuelle Störungswahrnehmung auch von früher gefestigten Eindrücken beeinflusst wird (Rosemann & Bielski, 2001) – etwa im Falle von Lehrpersonen, welche gewisse Schülerinnen und Schüler mental als »Störer« eingeordnet haben und sie deshalb in bestimmten Situationen sorgenvoller beobachten als andere (Hofer, 1986).

Abbildung 1: Theoriemodell der Produktion und Rezeption gestörten Unterrichts

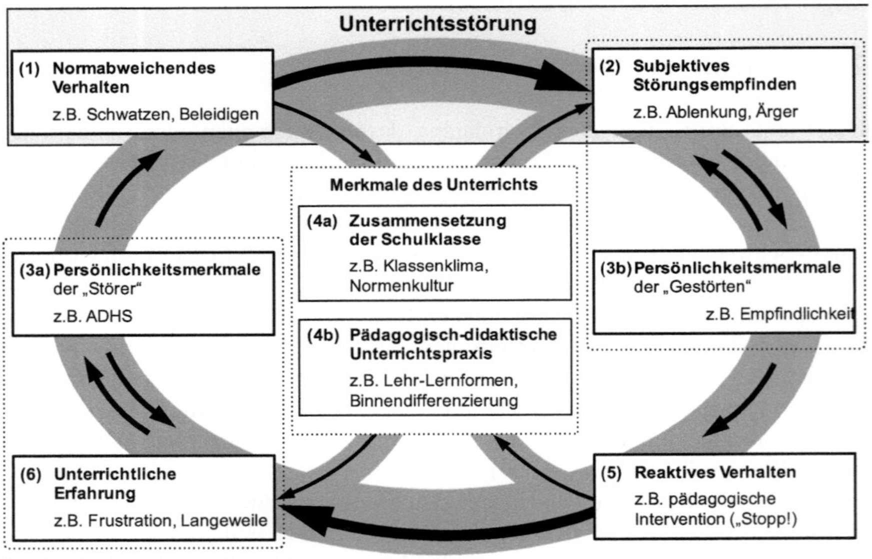

Quelle: Eckstein, Luger, Grob & Reusser, 2016a, S. 3.

Das Modell wird im Folgenden anhand eines beispielhaften, praxisnahen Verlaufs erklärt:

Zu Beginn der Lektion möchte Lehrerin Muster der ganzen Klasse etwas erklären. Kaum hat sie begonnen, verlässt Eric seinen Platz und tuschelt im Vorbeigehen halblaut etwas zu ei-

nem Mitschüler. Erics Verhalten verstößt gegen Normen – vereinbarte Klassenregeln, un-
ausgesprochene Benimmregeln – welche in dieser Unterrichtssituation gelten (1). Frau Muster sowie mehrere Mitschülerinnen und Mitschüler werden aufgrund von Erics Verhalten
von der Erklärung abgelenkt und ärgern sich darüber (2).

Solche Szenen ereignen sich mehr oder weniger regelmäßig, denn Eric fällt es aufgrund seiner Veranlagung schwer, lange stillzusitzen (3a). Daher ist Frau Muster ihm gegenüber
ziemlich auf Hab-Acht und reagiert manchmal etwas empfindlich auf sein »Gezappel« (3b).
Das mag auch daran liegen, dass sein Verhalten im Vergleich zur restlichen, gut funktionie-
renden Klasse besonders häufig als störend auffällt (4a).

Die aktuelle Situation stört aber schlichtweg auch deshalb, weil sie sich im Klassenunterricht
zuträgt (4b). Während einer Gruppenarbeit mit Bewegungs- und Rede-Erlaubnis hätte Erics
Verhalten kaum jemanden gestört. Je nachdem, wie Frau Muster nun reagiert (5) und wie Eric
diese Reaktion wiederum auffasst (6), kann sich die Situation in eine mehr oder weniger
günstige Richtung weiterentwickeln (Eckstein, Luger, Grob & Reusser, 2016a, S. 2).

3. Beurteilung der Befundlage und Fragestellung

Angesichts der im skizzierten Beispielverlauf zutage tretenden Komplexität des
Problemzusammenhangs ist die Forschungslage in zweierlei Hinsicht unbefriedi-
gend: *Erstens* wird den subjektiven Wahrnehmungsprozessen forschungsmetho-
disch häufig nicht adäquat Rechnung getragen, sodass gewisse Befunde vermutlich mit unkontrollierten Ratereffekten konfundiert sind (Korsch & Petermann,
2012). Zweitens fehlen Studien, die auch Kontextvariablen der alltäglichen pädagogisch-didaktischen Unterrichtsgestaltung in die Datenerhebung einbeziehen. Die
SUGUS-Studie greift diese Desiderate auf. Im vorliegenden Beitrag werden vorbereitende Basisauswertungen zur späteren Beantwortung der Hauptfragestellungen
vorgestellt. Mit den bisherigen Analysen wurden zwei Leitfragen bearbeitet:

- Gibt es Perspektivenunterschiede in der Wahrnehmung von Unterrichtsstörungen durch Lehrpersonen gegenüber Schülerinnen und Schülern?
- Wie können die Befunde den an der Studie teilnehmenden Lehrpersonen
  kommuniziert werden?

4. Forschungsdesign der SUGUS-Studie

4.1 Stichprobe

Im Sommer 2016 wurde in 10 deutschsprachigen Kantonen der Schweiz eine
schriftliche Befragung mit 85 Primarschulklassen durchgeführt (5. Jahrgangsstufe; inkl. acht jahrgangsgemischte Klassen; Durchschnittsalter: 11,7 Jahre). An
der Umfrage beteiligten sich die 85 Klassenlehrpersonen sowie 1.412 aller 1.687

Schülerinnen und Schüler dieser Klassen. Die Befragung fand zu zwei Zeitpunkten jeweils während einer Lektion im Abstand von einer Woche statt. Die Lehrpersonen (Lp) beantworteten mehr Fragen als die Schülerinnen und Schüler (SuS) mit leichten sprachlichen Anpassungen. Dieses Forschungsdesign wurde 2014 im Rahmen einer Pilotstudie erprobt (Eckstein, Reusser, Grob & Hofstetter, 2015) und seither gezielt weiterentwickelt.

4.2 Instrumentarium

Alle Befragten – Lehrpersonen und Schüler/innen – erhielten einen personalisierten Fragebogen. Auf einem Abrissstreifen war ihr Name sowie derjenige von zu beschreibenden Zielkindern der Klasse abgedruckt. Es gab einen allgemeinen Teil, u. a. zur pädagogisch-didaktischen Unterrichtsgestaltung, sowie einen spezifischen Teil zu Störungen. Aus Letzterem werden im Folgenden vier Bereiche vorgestellt.

4.2.1 Unterrichtliche Devianz

Zum ersten Befragungszeitpunkt (t_1) wurde erfasst, wie häufig einzelne Zielkinder in den vergangenen zwei Wochen 18 normabweichende Verhaltensweisen zeigten, z. B. »Hat Lärm gemacht im Unterricht«, »Hat mir freche Antworten gegeben«, »Hat im Unterricht ein anderes Kind beleidigt«. Die Lehrpersonen schätzten das Verhalten aller SuS ihrer Klasse ein, die Kinder beschrieben ihr eigenes Verhalten sowie dasjenige von vier zufällig ausgewählten Peers. Das Antwortformat bestand aus sechs Kategorien (»Nie« bis »5 Mal«) plus einer Option für freie Antworten (»häufiger, nämlich:«). Nach Tabachnik und Fidell (2007) wurde nachträglich eine Obergrenze festgelegt, wonach 14 ursprünglich höhere Angaben auf den Wert 60 gekappt wurden (0,44 % aller Selbsteinschätzungen, 0,15 % aller Peer-Ratings). Die Skalenqualität ist gemäß Cronbachs Alpha bei allen drei Ratergruppen gut (n = 1.677 Lp-Ratings: $\alpha = 0{,}92$; n = 1.307; Selbsteinschätzungen: $\alpha = 0{,}86$; n = 5.082; Peer-Ratings: $\alpha = 0{,}91$). Detaillierte Informationen zum Datencleaning und zur Skalierung finden sich im technischen Bericht der SUGUS Studie (Eckstein, Luger, Grob & Reusser, in Vorbereitung).

4.2.2 Subjektives Störungsempfinden

Eine Woche später (t_2) beschrieben die Rater die gleichen Zielkinder, deren Verhalten sie zu t_1 eingeschätzt hatten. Der Zeitabstand sollte verhindern, dass die Rater ihre Angaben zum Störungsempfinden ihren Einschätzungen zur Devianz bewusst angleichen und damit den Zusammenhang zwischen den beiden Konstrukten artifiziell erhöhen würden. Pro Zielkind wurden neun Aussagen mittels vierstufigem Antwortformat beurteilt (»Stimmt gar nicht« bis »Stimmt genau«), z. B. »Hat mich im Unterricht gestört«, »Hat mich geärgert«. Die Skalenqualität ist wiederum bei allen drei Ratergruppen gut (n = 1.614 Lp-Ratings: $\alpha = 0,92$; n = 5.291 Peer-Ratings: $\alpha = 0,92$; n = 1.313 Selbsteinschätzungen: $\alpha = 0,85$).

Diese beiden zielkindspezifischen Skalen zur Devianz sowie zum Störungsempfinden basieren auf den in der Pilotstudie eingesetzten Instrumenten, deren Qualität mittels konfirmatorischer Faktorenanalyse geprüft wurde (Eckstein et al., 2016). Infolge dieses Pretests wurde das Format der Skalen gezielt weiterentwickelt.

4.2.3 Allgemeine Störungssensitivität

Wie empfindlich die Lehrpersonen und SuS im Allgemeinen auf Störungen reagieren, wurde erfasst, indem sie acht standardisierte Fallvignetten beurteilten, z. B. »Zwei Kinder boxen sich im Unterricht gegenseitig unter dem Pult«. Mit vierstufigem Antwortformat beurteilten sie zu t_1, ob sie in solchen prototypischen Unterrichtsstörungen genervt sind – zu t_2 ob sie dadurch abgelenkt werden (»gar nicht« bis »stark«). Die 16 Items bilden eine akzeptable bis gute Skala (n = 80 Lp: $\alpha = 0,79$; n = 1.250 SuS: $\alpha = 0,86$).

4.2.4 Allgemeine Belastung

Inwieweit die Lehrpersonen und die SuS den schulischen Alltag als belastend erleben, wurde erfasst, indem sie adressatenspezifische Aussagen anhand eines vierstufigen Antwortformats beurteilten (»Stimmt gar nicht« bis »Stimmt genau«). Die Lehrpersonen beurteilten sieben Items, z. B. »Unterrichtsstörungen sind für mich eine große Belastung in meiner aktuellen Klasse«, »Ich fühle mich ausgebrannt« (n = 81; $\alpha = 0,76$). Die SuS beurteilten sechs Items, z. B. »Lernen im Unterricht ist eine Qual«, »Der Unterricht ist langweilig« (n = 1.280; $\alpha = 0,73$).

Auch diese beiden allgemeinen Skalen zur Störungssensitivität und zum Belastungserleben beruhen auf dem im Pretest eingesetzten Instrumentarium (Eckstein et al., 2015) und wurden punktuell weiterentwickelt.

4.3 Auswertungsstrategie

Zunächst sollte ein Überblick über das Datenmaterial erlangt werden, um die Gesamtsituation gemäß den mutmaßlich verschiedenen Perspektiven grob einordnen zu können. Dazu wurden die vier Bereiche deskriptiv, varianzanalytisch und mittels T-Tests untersucht. Um die Ergebnisse der zwei wichtigsten Bereiche für die an der Studie teilnehmenden Lehrpersonen in einem für sie erstellten Bericht (Eckstein et al., 2016b) sinnstiftend zu veranschaulichen, wurden sie auf Klassenebene aggregiert und als Balkendiagramme dargestellt. Zudem wurden die Daten klassenspezifisch ausgewertet und in Netzdiagrammen abgebildet, um den Lehrpersonen die Situation in ihrer Klasse multiperspektivisch zu illustrieren.

5. Bereichsspezifische Befunde

5.1 Auftretenshäufigkeit unterrichtlicher Devianz

Aus Sicht der Lehrpersonen zeigten die einzelnen SuS durchschnittlich rund 14 Normabweichungen innerhalb von zwei Wochen (Sum = 14,04; SD = 22,53; n = 1.660), hauptsächlich bagatellhafte Formen wie Schwatzen. Bei mittlerer Klassengröße von 19,72 SuS (SD = 3,08; n = 85) kumulieren sich die individuellen Summenscores auf 277,88 Normabweichungen (SD = 197,66; n = 1.660), welche sich in der »Durchschnittsklasse« insgesamt ereigneten. Diese mittlere Klassensumme ist in Abbildung 2 im obersten Balken abgebildet (grauer und schwarzer Bereich zusammen). Der schwarze Bereich steht für durchschnittlich 3,17 SuS pro Klasse, welche ausschließlich von ihrer Lehrperson eingeschätzt wurden.

Abbildung 2: Kumulierte Auftretenshäufigkeit unterrichtlicher Devianz in der Durchschnittsklasse nach Ratergruppe

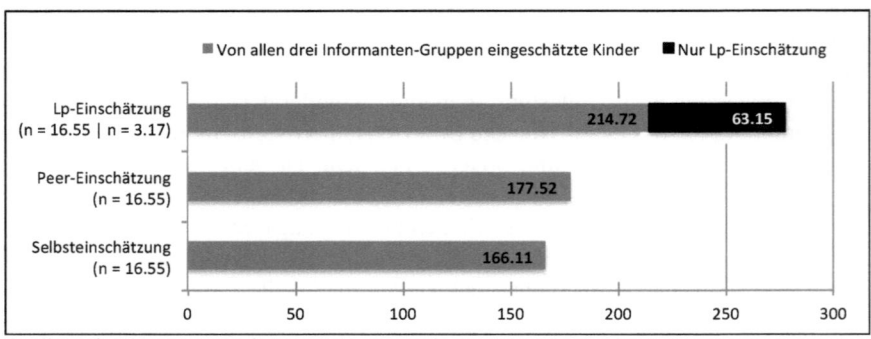

Quelle: Eckstein, Luger, Grob & Reusser, 2016a, S. 4.

Für den beabsichtigten Perspektivenvergleich konnten nur Angaben zu SuS berücksichtigt werden, welche von allen drei Ratergruppen eingeschätzt wurden (graue Balken). Im Mittel sind dies 16,55 SuS, welche aus Sicht der »Durchschnittslehrperson« gemeinsam 214,72 Normabweichungen zeigten (SD = 155,95; n = 1.390). Demgegenüber fallen die Selbsteinschätzungen (Mean = 166,11; SD = 79,18; n = 1.390) sowie die Peer-Ratings (Mean = 177,52; SD = 72,50; n = 5.485) etwas tiefer aus. Dieser Unterschied ist auf Individualebene zwar signifikant, aber von vernachlässigbarer Effektstärke (n = 1.375; F = 19,40; df = 1,69; p < 0,001; Eta^2_{part} = 0,01).

5.2 Ausmaß des subjektiven Störungsempfindens

Den mittleren Störungsgrad, welchen die Lehrpersonen pro Schülerin bzw. Schüler empfinden, beläuft sich auf 0,43 (SD = 0,59; n = 1.632) – ein tiefer Wert angesichts des theoretischen Skalenmittelwerts von 1,5. Aus den individuellen Summenscores resultiert auf Klassenebene die mittlere Klassensumme von 77,31 (SD = 46,46; n = 1.633). Dieser Wert beziffert das kumulierte Störungsempfinden der Durchschnittslehrperson bei 19,72 Schülerinnen und Schülern und ist in Abbildung 3 im obersten Balken abgetragen (grauer und schwarzer Bereich zusammen).

Abbildung 3: Kumuliertes Störungsempfinden in der Durchschnittsklasse nach Ratergruppe

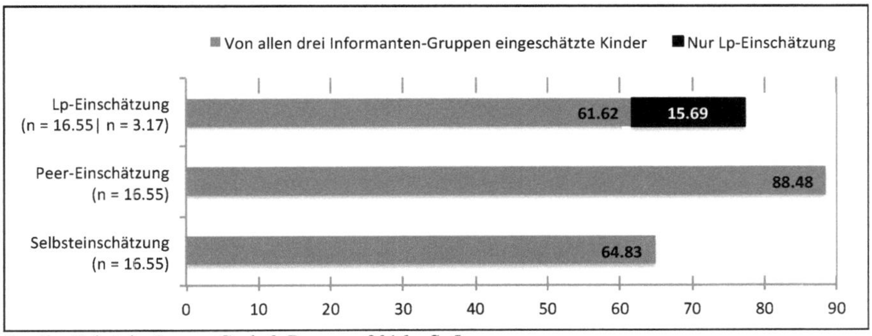

Quelle: Eckstein, Luger, Grob & Reusser, 2016a, S. 5.

Für den Perspektivenvergleich wurden erneut nur die Angaben über SuS herangezogen, welche von allen drei Ratergruppen eingeschätzt wurden (graue Balken). Dabei zeigte sich, dass die Lehrpersonen die Zielkinder als ungefähr gleich (wenig) störend einschätzten (Mean = 61,62; SD = 41,93; n = 1.370) wie die Zielkinder sich selbst (Mean = 64,83; SD = 26,78; n = 1.370). Demgegenüber beurteilten die Peers ihre Mitschülerinnen und Mitschüler im Durchschnitt als störender (Mean = 88,48; SD = 29,21; n = 5.474). Dieser Unterschied fällt auf

Individualebene bei mittlerer Effektstärke signifikant aus (n = 1.336; F = 96,3, df = 1,9, p<0,001, Eta^2_{part} = 0,07).

5.3 Störungssensitivität der Lehrpersonen, Schülerinnen und Schüler

Einige Lehrpersonen und SuS lassen sich schnell ablenken und ärgern sich stark über Unterrichtsstörungen, andere beschreiben sich als viel weniger empfindlich. Diese allgemeine Sensitivität beläuft sich bei den Lehrpersonen auf einen Mittelwert von 1,20 (SD = 0,42, n = 84), bei den SuS auf 1,26 (SD = 0,56; n = 1.392). Die beiden Gruppen unterscheiden sich in dieser Hinsicht nicht signifikant voneinander (t = -1,17; df = 101,80; n.s.).

5.4 Von Lehrpersonen, Schülerinnen und Schülern erlebte Belastung

Mit Blick auf die erlebten Belastungen im schulischen Alltag belaufen sich die Angaben der Lehrpersonen auf den Mittelwert von 0,66 (SD = 0,47; n = 83), bei den SuS auf 0,67 (SD = 0,50; n = 1.355). Die beiden nahezu identischen Mittelwerte (t = -0,24; df = 1.436; n.s.) liegen deutlich unterhalb des theoretischen Skalenmittelwerts (1,5), was bedeutet, dass sowohl die Lehrpersonen als auch ihre SuS sich als durchschnittlich wenig belastet erleben.

6. Zusammenfassender Perspektivenvergleich

Um die Perspektiven verschiedener Informanten zu den vier zuvor beschriebenen Bereichen vergleichend darzustellen, wurden Netzdiagramme erstellt (Eckstein et al., 2016b). Dazu wurde die Skalierung vorgängig mittels linearer Transformation vereinheitlicht, wonach der Wertebereich für alle vier Bereiche von 0 (keine Normabweichung etc.) bis 100 (höchster in der Stichprobe vorkommender Wert) reicht.

6.1 Adressierte Lehrperson vs. Durchschnittslehrperson

In einem ersten, personalisierten Ergebnisbericht wurden die Angaben der adressierten Lehrperson und die mittleren Angaben aller Lehrpersonen in einem Netzdiagramm simultan dargestellt. Bei solchen klassenübergreifenden Vergleichen wurde jeweils darauf hingewiesen, dass aufgrund des Aggregierens in größeren Klassen theoretisch größere Flächen möglich sind als in kleinen, was sich in den

Resultaten nicht 1:1 niederschlägt. Abbildung 4 zeigt ein solches Diagramm exemplarisch für die Beispielklasse »Low 5«. Diese virtuelle Klasse wurde für eine anonymisierte Fassung des Ergebnisberichts aus denjenigen fünf Klassen ermittelt, bei denen aus den Angaben der Lehrpersonen die kleinste Fläche resultierte (Eckstein et al., 2016a). Die durchschnittlichen Angaben dieser fünf Lehrpersonen sind als weiße Fläche dargestellt, die schwarze Fläche entspricht den durchschnittlichen Angaben aller Lehrpersonen. Das Diagramm veranschaulicht, dass die fünf Lehrpersonen der Klasse »Low 5« ihre Situation durchschnittlich als deutlich[2] weniger problematisch einschätzen als die Durchschnittslehrperson.

Abbildung 4: Lehrperson der Beispielklasse »Low 5« vs. Durchschnittslehrperson

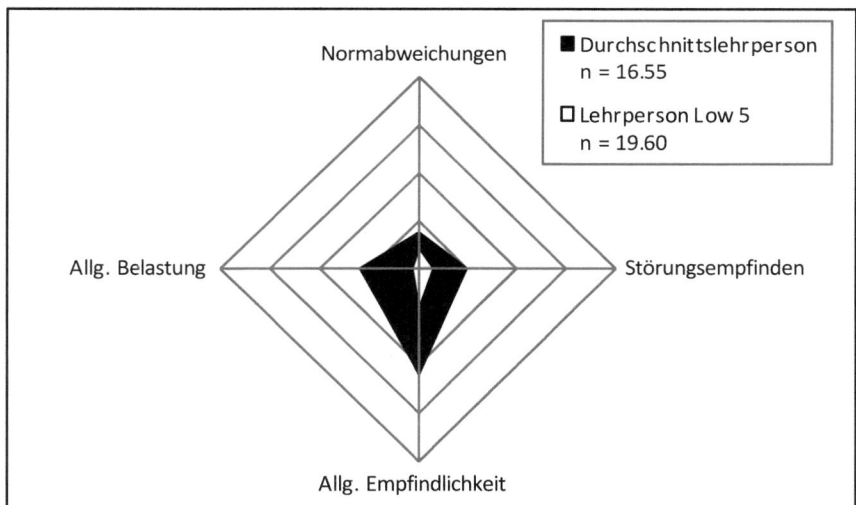

Quelle: Eckstein et al., 2016a, S. 9.

6.2 Adressierte Lehrperson vs. Schülerinnen und Schüler

In einem anderen Netzdiagramm wurden die Angaben der adressierten Lehrperson mit den mittleren Angaben ihrer Schülerinnen und Schüler vergleichend dargestellt. Abbildung 5 zeigt ein solches Diagramm exemplarisch für die virtuelle Beispielklasse »Top 5«, welche aus denjenigen fünf Klassen ermittelt wurde, bei denen aus den Angaben der Lehrpersonen die größte Fläche resultierte (ebd.).

---

2   Um das Ausmaß der Differenz einheitlich zu beschreiben, wurden vier Kategorien anhand der Standardabweichung des jeweiligen Mittelwerts festgelegt:
    < 0,1 SD ≡ praktisch keine Differenz bis > 1 SD ≡ deutliche Differenz.

Die durchschnittlichen Angaben dieser fünf Lehrpersonen werden als schwarze
Fläche dargestellt und mit den durchschnittlichen Angaben der Schülerinnen und
Schüler dieser fünf Klassen kontrastiert (weiße Fläche). Das Diagramm zeigt,
dass die fünf Lehrpersonen die Situation insgesamt als deutlich problematischer
einschätzen als ihre Schülerinnen und Schüler.

Abbildung 5: Lehrperson vs. Schülerinnen und Schüler der Beispielklasse »Top 5«

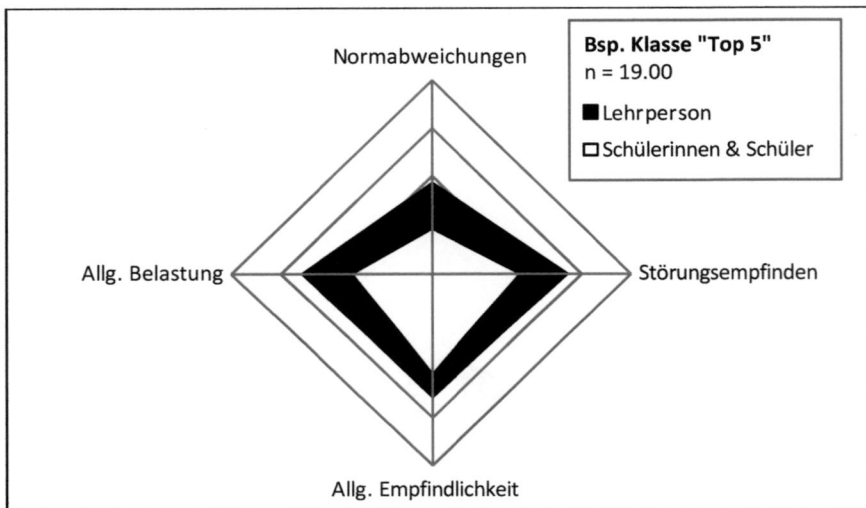

Quelle: Eckstein, Luger, Grob & Reusser, 2016a, S. 8.

7. Diskussion, Grenzen und Ausblick

Das SUGUS-Projekt versteht Unterrichtsstörungen als facettenreichen, komplexen Problemzusammenhang, welcher von den beteiligten Akteuren perspektivisch wahrgenommen wird. Im vorliegenden Beitrag wurden die Basisauswertungen von vier theoretischen Konstrukten vorgestellt, wovon drei (Devianz,
Störungsempfinden, allg. Belastung) in jeder untersuchten Perspektive rechts-
schief verteilt sind. Angesichts dieser Resultate ist nur in einzelnen Fällen von
einer erhöhten Belastung auszugehen. In den meisten Klassen bewegt sich die
berichtete Störungs- und Belastungsintensität in einem Ausmaß, welches vermutlich gut zu bewältigen ist.

    Hinsichtlich der interessierenden Perspektivenunterschiede lassen die auf der
Stichprobenebene ermittelten nicht signifikanten Resultate bzw. geringen Effektstärken noch keine endgültigen Schlussfolgerungen zu. Dahinter werden Gren-

zen des Untersuchungssettings vermutet: *Erstens* konnten aus forschungsethi-
schen Gründen nur diejenigen SuS befragt werden, die sich mit dem Einverständnis ihrer Eltern freiwillig an der Studie beteiligten. Insgesamt 275 Kinder
wollten oder durften keinen Fragebogen ausfüllen, weshalb auch davon abgesehen wurde, sie als Zielkinder von ihren Peers beschreiben zu lassen. Als Korrek-
tiv wurden jedoch Ratings der Lehrpersonen über sie eingeholt, wonach just
diese SuS häufiger (t = -3,6; df = 314,2; p < 0,001) deviantes Verhalten zeigen
als diejenigen, welche sich aktiv an der Umfrage beteiligten. Es könnte sein, dass
gerade die nicht teilnehmenden SuS divergent wahrgenommen werden, wonach
die ermittelten Befunde die tatsächlichen Perspektivenunterschiede unterschät-
zen. *Zweitens* ist zu vermuten, dass die Resultate deutlicher ausfallen werden,
wenn die Konstrukte anhand faktorenanalytisch bestimmter Subdimensionen
mehrebenenanalytisch untersucht werden – diese Analysen stehen noch aus.
Ungeachtet dieser Limitationen wurden auf der Ebene einzelner Schulklassen
teilweise erhebliche Perspektivenunterschiede zwischen Lehrpersonen und SuS
ermittelt, auf sie auch Wettstein, Ramseier, Scherzinger und Gasser (2016)
nachweisen konnten.

Im vorliegenden Beitrag wurde dargelegt, wie diese Befunde den an der Studie teilnehmenden Lehrpersonen in Form eines Ergebnisberichtes kommuniziert
worden sind (Eckstein et al., 2016b). Auf diesen Resultaten basiert auch die
weiterführende Auswertungsstrategie im SUGUS-Projekt, deren Stoßrichtung
folgende Korrelationsanalysen aufzeigen: Basierend auf den mittleren Einschätzungen mehrerer SuS pro Zielkind (Aggregation auf Ebene Zielkind) zeigt sich
ein starker Zusammenhang zwischen deviantem Verhalten und Störungsempfinden (r = 0,71). Das bedeutet: Je häufiger sich ein Zielkind normabweichend
verhält, desto mehr stört es seine Peers – ein wenig erstaunlicher Befund. Jedoch
fällt die Korrelation bei nicht aggregierten Peer-Ratings mit r = 0,54 tiefer aus
(z = 9,45; p < 0,001). Demnach unterliegt das Störungsempfinden subjektiven
Einflüssen, wie auch weitere Analysen andeuten: Das mittlere Störungsempfinden
der SuS bezüglich der von ihnen beurteilten Zielkinder (Aggregation auf Ebene
Rater) korreliert mit r = 0,18 mit ihrer allgemeinen Störungssensitivität. Bei den
Lehrpersonen ist dieser Zusammenhang mit r = 0,40 stärker (z = -2,10; p < 0,05).
Das bedeutet: Je empfindlicher die Befragten sind, desto mehr fühlen sie sich von
einzelnen Kindern gestört – unabhängig vom Verhalten dieser Kinder.

In den geplanten weiterführenden Analysen stehen neben solchen subjektiven
Einflüssen auch Kontextfaktoren im Fokus. Dabei soll u. a. untersucht werden,
ob die alltägliche pädagogisch-didaktische Unterrichtsgestaltung die Auftretenshäufigkeit normabweichenden Verhaltens oder das Ausmaß des subjektiven
Störungsempfindens beeinflusst.

Literatur

Arbuckle, C. & Little, E. (2004). Teachers' Perceptions and Management of Disruptive Classroom Behaviour During the Middle Years. *Australian Journal of Educational & Developmental Psychology,* 4, 59–70.

Beaman, R., Wheldall, K. & Kemp, C. (2007). Recent Research on Troublesome Classroom Behaviour: A Review. *Australasian Journal of Special Education,* 31(1), 45–60.

Berg, D., Imhof, M., Kollera, S., Schmidt, U. & Ulber, D. (1998). Häufigkeiten von Verhaltensauffälligkeiten in der Grundschule aus der Sicht der Klassenlehrer. *Psychologie in Erziehung und Unterricht,* 45, 280–290.

Carroll, A., Houghton, S., Taylor, M., West, J. & List-Kerz, M. (2006). Responses to Interpersonal and Physically Provoking Situations. *Educational Psychology,* 26(4), 483–498.

Eckstein, B., Grob, U. & Reusser, K. (2016). Unterrichtliche Devianz und subjektives Störungsempfinden. Entwicklung eines Instrumentariums zur Erfassung von Unterrichtsstörungen. *Empirische Pädagogik,* 30(1), 113–129.

Eckstein, B., Luger, S., Grob, U. & Reusser, K. (2016a). *SUGUS – Studie zur Untersuchung gestörten Unterrichts. Ergebnisbericht der Hauptstudie – anonymisierte Fassung.* Universität Zürich. Verfügbar über http://www.ife.uzh.ch/SUGUS (14.2.2017).

Eckstein, B., Luger, S., Grob, U. & Reusser, K. (2016b). *SUGUS – Studie zur Untersuchung gestörten Unterrichts. Ergebnisbericht der Hauptstudie in 85 unveröffentlichten, personalisierten Fassungen zuhanden der teilnehmenden Lehrpersonen.* Universität Zürich.

Eckstein, B., Luger, S., Grob, U. & Reusser, K. (in Vorbereitung). *SUGUS: Technischer Bericht der quantitativen Teilstudie. Studiendesign, Stichprobe und Skalendokumentation.* Verfügbar über http://www.ife.uzh.ch/SUGUS (ca. ab 2018).

Eckstein, B., Reusser, K., Grob, U. & Hofstetter, A. (2015). *SUGUS – Studie zur Untersuchung gestörten Unterrichts. Kurzer Ergebnisbericht der Vorstudie in elf unveröffentlichten, personalisierten Fassungen zuhanden der teilnehmenden Lehrpersonen.* Universität Zürich.

Grosse Siestrup, C. (2008). *Unterrichtsstörungen aus der Sicht von Lehrenden und Lernenden.* Frankfurt a. M.: Peter Lang.

Harrison, J., Vannest, K., Davis, J. & Reynolds, C. (2012). Common Problem Behaviors of Children and Adolescents in General Education Classrooms in the United States. *Journal of Emotional and Behavioral Disorders,* 20(1), 55–64.

Hofer, M. (1986). *Sozialpsychologie erzieherischen Handelns.* Göttingen: Hogrefe.

Infantino, J. & Little, E. (2005). Students' Perceptions of Classroom Behaviour Problems and the Effectiveness of Different Disciplinary Methods. *Educational Psychology,* 25(5), 491–508.

Jang, H., Reeve, J. & Deci, E. L. (2010). Engaging Students in Learning Activities. *Journal of Educational Psychology,* 102(3), 588–600.

Kokkinos, C. M. (2007). Job Stressors, Personality and Burnout in Primary School Teachers. *British Journal of Educational Psychology,* 77, 229–243.

Korsch, F. & Petermann, F. (2012). *Früherkennung von Verhaltensstörungen durch die schulärztliche Eingangsuntersuchung. Praxis der Kinderpsychologie und Kinderpsychiatrie,* 61(9), 691–705.

Krause, A., Dorsemagen, C. & Alexander, T. (2011). Belastung und Beanspruchung im Lehrerberuf. In: E. Terhart, H. Bennewitz & M. Rothland (Eds.), *Handbuch der Forschung zum Lehrerberuf* (S. 788–813). Münster: Waxmann.

Little, E. (2005). Secondary School Teachers' Perceptions of Students' Problem Behaviours. *Educational Psychology,* 25(4), 369–377.

Makarova, E., Herzog, W. & Schönbächler, M.-T. (2014). Wahrnehmung und Interpretation von Unterrichtsstörungen aus Schülerperspektive sowie aus Sicht der Lehrpersonen. *Psychologie in Erziehung und Unterricht,* 61(2), 127–140.

Müller, C. M., Fleischli, J. & Hofmann, V. (2013). *Verhaltensprobleme von Jugendlichen auf der Sekundarstufe I. Die Situation im ersten Schuljahr (7. Klasse). Bericht 1 zur Freiburger Studie zum Peereinfluss in Schulen (FRI-PEERS).* Fribourg: Universität Fribourg (CH).

Munn, P., Sharp, S., Lloyd, G., Macleod, G., McCluskey, G., Brown, J. & Hamilton, L. (2013). A Comparison of Staff Perceptions of Behaviour in Scottish Schools in 2009 and 2006. *Research Papers in Education,* 28(2), 135–154.

Nickel, H. (1985). Die Lehrer-Schüler-Beziehung aus der Sicht neuerer Forschungsergebnisse. In: R. Bierman (Ed.), *Interaktion-Unterricht-Schule* (S. 254–280). Darmstadt: Wissenschaftliche Buchgesellschaft.

Pfitzner, M. & Schoppek, W. (2000). Gemeinsamkeiten und Diskrepanzen in der Bewertung von Unterrichtsstörungen durch Lehrer und Schüler. *Unterrichtswissenschaft,* 28(4), 350–378.

Rosemann, B. & Bielski, S. (2001). *Einführung in die pädagogische Psychologie.* Weinheim: Beltz.

Schönbächler, M.-T., Makarova, E., Herzog, W., Altin, Ö., Känel, S., Lehmann, V. & Milojevic, S. (2009). *Klassenmanagement und kulturelle Heterogenität: Ergebnisse 2.* Universität Bern.

Schweer, M. & Thies, B. (2000). Situationswahrnehmung und interpersonales Verhalten im Klassenzimmer. In: M. Schweer (Ed.), *Lehrer-Schüler-Interaktion* (S. 59–78). Opladen: Leske + Budrich.

Stein, R. & Stein, A. (2014). *Unterricht bei Verhaltensstörungen.* Bad Heilbrunn: Klinkhardt.

Tabachnick, B. G. & Fidell, L. S. (2007). *Using multivariate statistics.* Boston: Pearson u. a.

Textor, A. (2009). Offener Unterricht in der Grundschule mit Schülern mit dem Förder-
schwerpunkt emotionale und soziale Entwicklung. In: C. Röhner, C. Henrichwark &
M. Hopf (Hrsg.), *Europäisierung der Bildung* (S. 281–285). Wiesbaden: VS.

Ummel, H., Wettstein, A. & Thommen, B. (2009). Der verhinderte Unterricht. *Empirische
Sonderpädagogik,* 1(1), 80–95.

Wettstein, A. (2012). A Conceptual Frame Model for the Analysis of Aggression in Social
Interactions. *Journal of Social, Evolutionary, and Cultural Psychology,* 6(2), 141–
157.

Wettstein, A. (2013). Die Wahrnehmung sozialer Prozesse im Unterricht. Schweizerische
Zeitschrift für Heilpädagogik, 19(7/8), 5–13.

Wettstein, A., Ramseier, E., Scherzinger, M. & Gasser, L. (2016). Unterrichtsstörungen
aus Lehrer- und Schülersicht. *Zeitschrift für Entwicklungspsychologie und Pädagogische Psychologie,* 48(4), 171–183.

Wettstein, A., Thommen, B. & Eggert, A. (2010). Die Bedeutung didaktischer Aspekte in
der Aggressionsprävention – drei Videostudien. *Psychologie in Erziehung und Unterricht,* 57(2), 88–106.

Wicki, W. & Kappeler, S. (2007). *Beobachtete Unterrichtsstörungen bei erfahrenen Lehrpersonen im Spiegel subjektiver Ursachenzuschreibungen (Manuskript).* http://www.
dev.phlu.ch/fileadmin/media/phlu.ch/fe/ILeL/Manuskript_Unterrichts stoerungen.pdf,
abgerufen am 18.12.2017.

Zevenbergen, R. (2001). Mathematics, Social Class, and Linguistic Capital. In: B. Atweh,
H. Forgasz & B. Nebres (Eds.), *Sociocultural Research on Mathematics Education*
(pp. 201–215): Erlbaum.

Alfred Weinberger, Jean-Luc Patry und Sieglinde Weyringer

Förderung moralisch-ethischer Ziele durch Values *and* Knowledge Education (V*a*KE) in der Ausbildung von Lehrpersonen

1. Einführung

Obwohl in einer professionellen Ausbildung von Lehrpersonen moralisch-ethische Ziele eine unerlässliche Voraussetzung darstellen (Tenorth, 2006), werden in der Praxis aufgrund der überladenen Curricula wissensbezogene Ziele priorisiert (Lohmann, Seidel & Terhart, 2011). Das Unterrichtsmodell V*a*KE (Values *and* Knowledge Education; Patry, Weinberger, Weyringer & Nussbaumer, 2013) stellt eine Möglichkeit dar, diese Kluft zwischen Ideal und Realität zu überbrücken. V*a*KE verbindet Werterziehung mit Wissenserwerb und lässt sich in vielen wissensbezogenen Fächern und in adaptierter Weise in unterschiedlichen Bildungskontexten und Altersstufen anwenden. Das Ziel der Studie besteht darin, nach dem Konzept der Praxisforschung das Potenzial von V*a*KE im Hinblick auf die Förderung moralisch-ethischer Ziele in der Lehramtsausbildung zu untersuchen.

2. Moralisch-ethische Ziele in der Ausbildung

Moralisch-ethische Ziele zur Entwicklung des Berufsethos, das die Verantwortung der Lehrperson gegenüber den Lernenden, der Gesellschaft und der Profession thematisiert, beziehen sich nach Terhart (2013) u. a. auf die professionelle Lösung ethisch dilemmatischer Unterrichtssituationen und auf die Aneignung von Werterziehungsmethoden, etwa zur Förderung eines Klimas, das moralisches Denken und Handeln ermöglicht. Bei einer ethisch dilemmatischen Situation handelt es sich um eine Entscheidungssituation zwischen verschiedenen gleichrangigen ethischen Normen.

Die Lösung von ethisch dilemmatischen Unterrichtssituationen erfordert das Abwägen konkurrierender berufsethischer und anderer ethischer Normen und die Kenntnis berufsethischen Wissens (Oser, 1998). Für Lehramtsstudierende bilden interpersonale Konfliktsituationen wie Unterrichtsstörungen eine häufige Quelle von ethisch dilemmatischen Situationen, in denen sie die institutionelle Norm nach Ordnung gegenüber der Norm nach Berücksichtigung der Bedürfnisse des Kindes abzuwägen haben (Stoughton, 2007). Nach der Theorie von Oser (1998) zeichnen sich berufsethische Lösungen durch diskursorientierte Entscheidungen aus. Dabei organisiert die Lehrperson einen »runden Tisch« zur gemeinsamen Lösungsfindung. Zentrale Elemente auf der Ebene der konkreten Handlung sind: (1) Zuwendung (z. B. Hingehen zur Schülerin oder zum Schüler, um den Konflikt in einem Gespräch zu klären), (2) Gespräch auf »Augenhöhe« (z. B. indem sich die Lehrperson zur Schülerin oder zum Schüler hinsetzt), (3) Zuhören (z. B. den Argumenten der betroffenen Personen), (4) Stellen von Fragen zur Klärung der Situation, (5) Stellen von Fragen zur Begründung des betreffenden Handelns, (6) Aufforderung zur Perspektivenübernahme, (7) Anbieten von Lösungsvorschlägen, (8) Stellen von Fragen zur Konfliktlösung und (9) Offenlegung von Gefühlen (z. B. Ich-Botschaften). Lehramtsstudierende können lernen, »runde Tische« zu initiieren, indem sie selbst erlebte oder hypothetische Fallgeschichten mit ethisch dilemmatischen Situationen auf der Basis des Wissens über diskursorientierte Lösungsansätze diskutieren und z. B. im Rollenspiel positiv verarbeiten (Oser, 1998). Durch die Auseinandersetzung mit authentischen Situationen kann die Anwendung des Gelernten gefördert werden (Gruber, Mandl & Renkl, 2000).

Voraussetzung für eine Diskussion von ethisch dilemmatischen Situationen stellen Aspekte eines moralischen Klimas dar (Lind, 2016). »Moralisches Klima« wird definiert als die von einzelnen Personen einer Gruppe wahrgenommenen gemeinsamen Werte und Regeln, welche die sozialen Interaktionen in der Gruppe regulieren (Power, 2007). In einem Lernsetting auf der Grundlage von gegenseitigem Respekt und Vertrauen können die Lernenden ihre moralischen Sichtweisen angstfrei in der Diskussion austauschen, auch wenn diese der Sichtweise anderer Personen widersprechen. Ein moralisches Klima wirkt sich positiv auf die Entwicklung moralischer Urteilskompetenz aus (Garz, 2008) und wird für das Lernen allgemein als empfehlenswert erachtet, da es zu intellektueller Sicherheit (»intellectual safety«; Schrader, 2004) beiträgt.

3. VaKE

VaKE verbindet Werterziehung mit Wissenserwerb auf der Basis einer moderat konstruktivistischen Lernauffassung (Gerstenmaier & Mandl, 1995). Das Ziel konstruktivistischen Lehrens liegt in der Förderung des selbstregulierten Lernens in einem interaktiven Lernkontext. Gemäß Piaget (1985) fördern kognitive Konflikte selbstreguliertes Lernen. Ein kognitiver Konflikt bezieht sich auf ein individuelles Lernproblem, das auf der Basis der Vorerfahrungen nicht lösbar ist. Die Diskussion ethisch dilemmatischer Situationen kann kognitive Konflikte auslösen. Um eine Verbindung von Werterziehung und Wissenserwerb zu ermöglichen, werden in V*a*KE ethisch dilemmatische Situationen mit Bezug zu Wissenszielen verwendet, welche einen kognitiven Konflikt sowohl bezüglich der aktuellen moralischen Urteilskonzepte als auch der Vorwissenskonzepte verursachen. Die Lösung des kognitiven Konflikts erfolgt im Moralbereich über die Methode der Dilemmadiskussion (Blatt & Kohlberg, 1975; Lind, 2016) und im Wissensbereich über das forschende Lernen, welches Verständnis und Anwendung des Wissens fördert (vgl. z. B. Wagner, Stark, Daudbasic, Klein, Krause & Herzmann, 2013).

Zentrale Prinzipien der Dilemmadiskussion sind (1) Perspektivenübernahme, (2) Konfrontation mit Gegenargumenten und (3) Konfrontation mit Argumenten einer höheren Entwicklungsstufe. In der Dilemmadiskussion wägen Lehramtsstudierende widerstreitende Normen gegeneinander ab und wenden verschiedene Beurteilungsmaßstäbe zur Prüfung der moralischen Gültigkeit einer Lösung an (Mersch & Pahl, 2010), zum Beispiel (1) Verallgemeinerbarkeit, (2) Abwägung von Konsequenzen oder (3) universelle moralische Prinzipien (z. B. Kinder- und Menschenrechte). Auch wenn die Dilemmadiskussion als Methode zur Förderung der moralischen Urteilskompetenz mitunter kritisch bewertet wird (z. B. Becker, 2011; Garz, 2008), hat sie sich gemäß einer Metaanalyse von Berkowitz und Bier (2007) bewährt: »When students engage in facilitated peer discussions of moral dilemmas, they tend to show accelerated development of moral reasoning relative to comparison subjects.« Von den wenigen negativen Befunden ist die Studie von Benninga, Sparks und Tracz (2011) mit Lehrpersonen erwähnenswert. Die Ineffektivität der Dilemmadiskussion wird auf die unzureichende Implementation der Methode und das negative »Klima« in den betreffenden Schulen zurückgeführt (ebd.). Kritisiert wird an der Dilemmadiskussion, dass sie die Kluft zwischen Urteil und Handlung nicht überwindet (Garz, Oser & Althof, 1999). Dies trifft vor allem für hypothetische Dilemmasituationen zu, die keinen Bezug zum Alltag der Lernenden haben.

Kohlbergs Stufentheorie des moralischen Urteils (Kohlberg, 1984) und seine Auswertungsmethoden wurden vielfach kritisiert (vgl. Becker, 2011; Garz, Oser & Althof, 1999). Einige Kritikpunkte, z. B. geschlechtsspezifische Verzerrungen, konnten widerlegt werden (Walker, 2006), andere Kritikpunkte, etwa die Universalität des moralischen Urteils (Beck & Parche-Kawik, 2004), führten entweder zu Theoriemodifikationen (Rest, Narvaez, Thoma & Bebeau, 2000; Lind, 2016) oder zu einer Zurücknahme des Informationsgehalts der Theorie (Beck & Parche-Kawik, 2004). Der strukturgenetische Theoriekern in Form der sequenziellen Entwicklung des moralischen Urteils in Stufen auf der Basis kognitiver Konflikte, charakterisiert durch eine zunehmend höhere Komplexität des Denkens, bleibt jedoch erhalten (ebd.).

Der prototypische Lernprozess in VaKE besteht aus elf Schritten:

1. Analyse der in der Dilemmasituation angesprochenen Werte im Plenum;
2. erste Entscheidung über die individuell favorisierte Lösung;
3. erste Dilemmadiskussion in der Kleingruppe auf der Grundlage herausfordernder Fragen zu moralischen Beurteilungsmaßstäben (z. B. Verallgemeinerbarkeit, Konsequenzen der Lösung, Kinder- und Menschenrechte) unter Berücksichtigung zentraler Diskussionsregeln wie respektvoller Meinungsfreiheit und Zurückhaltung der Meinung der Lehrperson, wodurch die Diskussion versucht, dem Habermasschen Moralprinzip eines herrschaftsfreien Diskurses (Habermas, 1983) so nahe wie möglich zu kommen (Lind, 2016);
4. Austausch der Gruppenergebnisse im Plenum und Sammeln von offenen Fragen in Bezug auf fehlendes Wissen;
5. Informationsrecherche in Kleingruppen unter Verwendung unterschiedlicher Quellen (z. B. Internet);
6. Austausch des angeeigneten Wissens im Plenum;
7. Integration des angeeigneten Wissens in das moralische Argument und zweite Dilemmadiskussion in Kleingruppen (inklusive zweiter Entscheidung);
8. Synthese der Information im Plenum, indem die Ergebnisse der Kleingruppen präsentiert werden;
9. Wiederholung der Schritte 4 bis 8, falls noch Fragen offen sind;
10. Präsentation des Lernprodukts in einer generellen Synthese unter Verwendung z. B. didaktisch anspruchsvoller Methoden (z. B. Rollenspiele);
11. Generalisierung der Lernergebnisse auf andere ähnliche Themen (z. B. selbst erlebte Beispiele).

4. Hypothesen

Es wird angenommen, dass sich interpersonale Konfliktsituationen, welche Lehramtsstudierende häufig in ihrer Schulpraxis erleben (Stoughton, 2007), als ethisch dilemmatische Situationen für VaKE eignen und die Auseinandersetzung mit diesen selbst erlebten Problemsituationen die Anwendung des konstruierten Wissens in der Unterrichtspraxis fördert (Gruber, Mandl & Renkl, 2000). Indem die Lehramtsstudierenden in VaKE ihr Handlungswissen zur Lösung interpersonaler Konfliktsituationen systematisch nach ethischen Beurteilungsmaßstäben hinterfragen, wird erwartet, dass sie diskursorientierte Lösungen bevorzugen, die als berufsethisch angemessen erachtet werden (Oser, 1998). Hypothese 1 lautet,

dass VaKE bei Lehramtsstudierenden die Anwendung konkreter Handlungswei-
sen für die Umsetzung des »runden Tisches« bei interpersonalen Konfliktsituationen in der Schulpraxis fördert. Es wird ferner vermutet, dass VaKE durch die
Durchführung von Dilemmadiskussionen, die in Anlehnung an das Habermas-
sche Prinzip des herrschaftsfreien Diskurses (1983) konzipiert sind, ein moralisches Klima (Power, 2007) fördert. Hypothese 2 lautet, dass die Lehramtsstudierenden verschiedene Aspekte eines moralischen Klimas wie Vertrauen, Wertschätzung, Wahrhaftigkeit, Offenheit und Angstfreiheit in VaKE auch tatsächlich wahrnehmen (Hypothese 2).

5. Methoden

5.1 Teilnehmerinnen und Teilnehmer, Versuchsplan und
Durchführung

58 Lehramtsstudierende (3. Ausbildungssemester für NMS; 13 männlich, zwei
Gruppen: $N_1 = 32$; $N_2 = 26$) nahmen an dem explorativen Quasi-Experiment mit
Prätest (T_1) und Posttest (T_2) teil. Die Studie war eingebettet in das Seminar
»Konfliktarbeit im Kontext sozialen Lernens«. Die Experimentalgruppe wurde
nach VaKE unterrichtet, die Kontrollgruppe nach der herkömmlichen Methode
der Fallanalyse (Merseth, 1996). Die Fallanalyse »… aims to cultivate analytic
skills in the application of ideas and to convey theoretical knowledge in a form
useful to the interpretation of situations, the making of decisions, the choice of
actions, and the formation of plans and designs« (Sykes & Bird, 1992, zit. n.
Merseth, 1996, S. 728). Die Schritte bei der Fallanalyse sind: (1) individuelle
Analyse (Informationen überprüfen und Fragen der Lehrperson beantworten,
etwa zu fehlendem Wissen), (2) Diskussion der Fallgeschichte in der Kleingruppe (Einsichten und Meinungen austauschen) und (3) Diskussion im Plenum. Die
Fallanalyse enthält keine Dilemmadiskussion (z. B. keine Anregung zum Hinterfragen des angeeigneten Wissens auf der Basis von ethischen Beurteilungsmaßstäben oder zur Perspektivenübernahme). Da es sich allerdings bei den verwendeten Fallgeschichten um ethisch dilemmatische Situationen handelt, ergeben
sich in der Kontrollgruppe zwangsläufig Diskussionen über moralisch relevante
Aspekte, die jedoch im Vergleich zu VaKE unsystematisch erfolgen, d. h. Wissenserwerb und Werterziehung werden nicht methodisch verzahnt. In beiden
Gruppen wurden (1) dasselbe theoretische Wissen behandelt (z. B. Diskurstheo-
rie nach Oser, 1998, Classroom Management, Verhaltensmodifikation), (2) die-
selben ethisch dilemmatischen Situationen verwendet (typische interpersonale
Konfliktsituationen wie Unterrichtsstörungen) und (3) vier Einheiten (zu je 90

Minuten) unterrichtet, wobei in jeder Einheit eine andere authentische Situation diskutiert wurde.

5.2 Datenerhebung und Analyse

Zur Erhebung der Anwendung von Handlungselementen des »runden Tisches« nach Oser (1998) wurden schriftliche Fallgeschichten der Lehramtsstudierenden verwendet, die Studienauftrag waren (»Beschreiben Sie eine interpersonale Konfliktsituation aus der Schulpraxis, in der Sie Schwierigkeiten hatten zu entscheiden, was Sie tun sollten!«). Zehn Fallgeschichten (fünf für T_1 und fünf für T_2) pro Person standen zur Verfügung. Bei dieser Datenerhebungsmethode handelt es sich um ein nicht reaktives Messverfahren, da es nicht als Erhebungsmethode deklariert war (Webb, Campbell, Schwartz & Sechrest, 1973). Für die Auswertung wurde das Einverständnis der Lehramtsstudierenden eingeholt. Die Erhebung des moralischen Klimas für T_2 erfolgte über leitfadengestützte Interviews (»Wie haben Sie den Unterricht erlebt?«) mit jeweils sieben zufällig ausgewählten Personen aus jeder Gruppe.

Es erfolgte eine qualitativ orientierte Inhaltsanalyse nach Mayring (2010). Für die Analyse der schriftlichen Fallgeschichten wurde die Technik der inhaltlichen Strukturierung verwendet und für die Analyse der transkribierten Interviews die Technik der induktiven Kategorienbildung. Die Kategorien für die Analyse der Fallgeschichten wurden auf der Grundlage der Theorie des »runden Tisches« von Oser (1998) abgeleitet. Analyseeinheit waren pro Person fünf Fallgeschichten für jeden Messzeitpunkt. Das ein- oder mehrmalige Auftreten einer Kategorie pro Fallgeschichte wurde mit »1« kodiert (Interrater-Reliabilität: $K_{ALPHA} = 0,94$). Die Kategorien für die Analyse der transkribierten Interviews wurden anhand des Textmaterials gewonnen (Interrater-Reliabilität: $K_{ALPHA} = 0,79$).

Für die quantitative Analyse der resultierenden Häufigkeiten der Kategoriennennungen wurde für die diskursorientierten Handlungselemente in Anlehnung an Bobko, Roth und Buster (2007) zur Erhöhung der Reliabilität und Validität ein aggregierter Wert (Variable »Diskurshandlungen«) auf der Basis einer explorativen Faktorenanalyse (Hauptkomponentenanalyse) verwendet. Gruppenunterschiede wurden mit einer MANOVA mit Messwiederholung untersucht. Gruppenunterschiede in der Einschätzung des moralischen Klimas wurden mit einem Mann Whitney U-Test überprüft. Das Signifikanzniveau wird konventionsgemäß mit $p < 0,05$ festgesetzt.

6. Resultate

6.1 Überprüfung der Hypothese 1: Anwendung berufsethischen Handlungswissens

Aus der Analyse der schriftlichen Fallgeschichten resultieren neun Kategorien für diskursorientierte Handlungselemente zur Konfliktlösung (vgl. Tab. 1). Bei den in Tabelle 1 angegebenen Werten handelt es sich um die mittleren kategorienspezifischen Diskurswerte der Personen. Für jede Fallgeschichte wird erhoben, welche Kategorien zutreffen. Der kategorienspezifische Diskurswert einer Person ergibt sich aus der Zahl der von der Person angegebenen Fallgeschichten, in der die entsprechende Kategorie vorkommt, getrennt nach T_1 (fünf Fallgeschichten) und T_2 (ebenfalls fünf Fallgeschichten). Maximal können also pro Person, Zeitpunkt und Kategorie fünf Punkte (ein Punkt pro Erwähnung) erreicht werden.

Tabelle 1: Kategorienspezifische Diskurswerte

Diskursorientierte Handlungselemente	EG				KG			
	T_1		T_2		T_1		T_2	
	M	(SD)	M	(SD)	M	(SD)	M	(SD)
Zuhören	0,65	(0,86)	1,84	(1,25)	0,85	(0,97)	0,88	(1,11)
Klärungsfragen	0,38	(0,61)	0,88	(0,88)	0,46	(0,81)	0,54	(0,90)
Hingehen	0,31	(0,54)	1,03	(1,15)	0,61	(0,75)	0,61	(1,02)
Begründungsfragen	0,22	(0,55)	0,69	(0,86)	0,19	(0,41)	0,23	(0,43)
Lösungsvorschlag	0,16	(0,37)	0,75	(0,98)	0,19	(0,49)	0,08	(0,27)
Ich-Botschaften	0,13	(0,42)	0,53	(0,76)	0,00	(0,00)	0,04	(0,31)
Hinsetzen	0,09	(0,30)	0,38	(0,75)	0,08	(0,27)	0,12	(0,33)
Fragen zur Perspektivenübernahme	0,09	(0,30)	0,16	(0,37)	0,04	(0,20)	0,12	(0,33)
Fragen zur Lösungsfindung	0,03	(0,18)	0,22	(0,55)	0,00	(0,00)	0,15	(0,46)

Quelle: Eigene Erhebung.

Nach Backhaus, Erichson, Plinke und Weiber (2016) sowie Rudolf und Müller (2012) kann eine explorative Faktorenanalyse (EFA) durchgeführt werden, wenn die Anzahl der Probanden dreimal so groß ist wie die Anzahl der Variablen. Diese Voraussetzung trifft in der vorliegenden Studie zu. Der *Kaiser-Meyer-Olkin*-Koeffizient, der sich auf die Frage nach der Eignung der Korrelationsmatrix der Daten bezieht, zeigt für T_1 ($KMO_{T1} = 0,582$) eine schlechte (Bühner, 2011) bis mittlere (Field, 2005) und für T_2 ($KMO_{T2} = 0,748$) eine mittlere (Bühner, 2011) bis gute (Field, 2005) Datenkompatibilität. Nach dem *Kaiser-Guttmann-Kriterium* (Bühner, 2011) und dem *Scree-Test nach Cattell* (ebd.)

wird die Extraktion eines bzw. zweier Faktoren vorgeschlagen. Bei Extrahierung eines Faktors können 30 % (T_1) bzw. 44 % (T_2) der Gesamtvarianz aufgeklärt werden, bei zwei Faktoren 48 % (T_1) und 58 % (T_2). Inhaltliche Aspekte legen ebenso eine Zweifaktorenlösung nahe. Der erste Faktor (sieben Variablen) verweist auf strategisch-technische Diskurshandlungen (STD), die sich darauf beziehen, einen Diskurs zu initiieren und lösungsorientiert umzusetzen. Der zweite Faktor (zwei Variablen) bezieht sich auf emotionsbezogene Diskurshandlungen (ED), die den Gefühlszustand der am Konflikt beteiligten Personen und der Lehrperson ansprechen (vgl. Tab. 2).

Tabelle 2: Faktorladungen der Variablen bei Extraktion von zwei Faktoren

Variable	T_1 Faktor		T_2 Faktor	
	1	2	1	2
Zuhören	0,777		0,712	
Klärungsfragen	0,760		0,770	
Hingehen	0,570		0,862	
Begründungsfragen	0,349		0,573	
Lösungsvorschlag	0,516		0,523	
Ich-Botschaften		0,845		0,742
Hinsetzen	0,702		0,642	
Fragen zur Perspektivenübernahme		0,784		0,733
Lösungsfragen	0,547		0,813	

Varimax-Rotation; Faktorladungen < 0,3 werden nicht angezeigt.
Quelle: Eigene Erhebung.

Auf der Basis der Resultate der EFA wurden die zwei aggregierten Variablen STD und ED gebildet. Um Unterschiede zwischen EG und KG zu untersuchen, wurde eine MANOVA mit Messwiederholung mit den Innersubjektfaktoren Zeit (T_1 vs. T_2) und Art der Diskurshandlungen (STD vs. ED) und dem Zwischensubjektfaktor Gruppe (EG vs. KG) durchgeführt. Die Voraussetzung der Normalverteilung erweist sich als nicht erfüllt (rechtsschiefe Verteilung). Die Voraussetzung der Varianzhomogenität (ermittelt über den Levene-Test) erweist sich bis auf die Variable ED zu T_2 als gegeben. Nach Bortz (2013) sowie Rudolf und Müller (2012) zeigt sich die Varianzanalyse gegenüber Verletzungen ihrer Voraussetzungen relativ robust, wenn etwa gleich große Stichproben verwendet werden. Ferner ist die Varianzanalyse relativ robust gegenüber Verletzungen der Normalverteilungsvoraussetzung, sofern die Voraussetzung der Varianzhomogenität gegeben ist (Rudolf & Müller, 2012).

Die Überprüfung der Vergleichbarkeit der beiden Gruppen zu T_1 fand mittels einer MANOVA mit dem Faktor Gruppe (EG vs. KG) und den beiden abhängigen Variablen STD und ED statt. Es zeigen sich keine signifikanten Unterschiede in den Diskurswerten zwischen den beiden Gruppen (STD: F (1/56) = 0,77; *n.s.*; ED: F (1/56) = 1,05; *n.s.*). Die Resultate der MANOVA mit Messwiederholung zeigen einen signifikanten Interaktionseffekt Zeit*Gruppe*Diskurshandlungen (vgl. Tab. 3). Zur Erklärung dieses Effekts wurden mittels einzelner Varianzanalysen die Zweifachinteraktionen unter den Stufen des dritten Faktors überprüft. In diesem Beitrag gehen wir ausschließlich auf die hypothesenrelevanten Ergebnisse ein. Der Interaktionseffekt Zeit*Gruppe wird signifikant für STD (F(1/56) = 14,78, $p < ,001$; $\eta^2_{part.}$ = 0,21) als auch für ED (F(1/56) = 4,43; $p < 0,05$; $\eta^2_{part.}$ = 0,07). Die Diskurswerte steigern sich in der EG (STD: M_{T1} = 0,26, SD = 0,34; M_{T2} = 0,83; SD = 0,63; ED: M_{T1} = 0,11; SD = 0,30; M_{T2} = 0,34; SD = 0,46), während in der KG keine signifikanten Veränderungen auftreten (STD: M_{T1} = 0,34; SD = 0,32;

Tabelle 3: Ergebnisse der MANOVA mit Messwiederholung

Quelle	df	F	Sig.	η^2_{part}
Tests Innersubjekteffekte				
Zeit	1	24,53	,000	,31
Zeit*Gruppe	1	17,12	,000	,23
Diskurshandlungen	1	30,94	,000	,36
Diskurshandlungen*Gruppe	1	,03	,867	,00
Zeit*Diskurshandlungen	1	4,24	,044	,07
Zeit*Diskurshandlungen*Gruppe	1	4,54	,038	,08
Tests Zwischensubjekteffekte				
Gruppe	1	6,15	,016	,10

Quelle: Eigene Erhebung.

Abbildungen 1 und 2: Diskurswerte für strategisch-technische Diskurshandlungen (STD) und für emotionsbezogene Diskurshandlungen (ED)

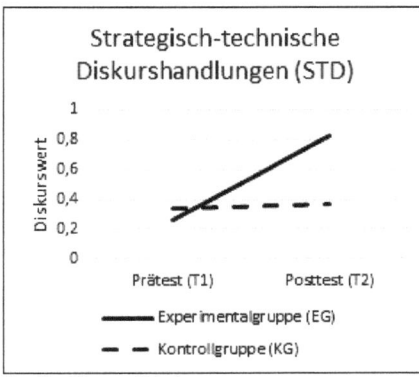 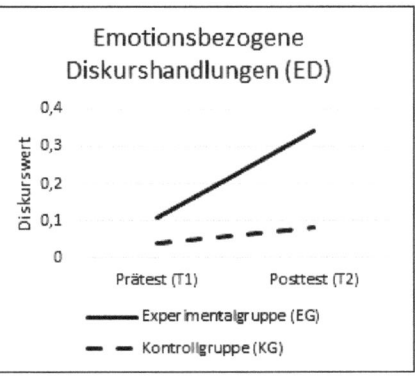

Quelle: Eigene Erhebung.

$M_{T2} = 0,37$; ED: $M_{T1} = 0,04$, $SD = 0,19$; $M_{T2} = 0,08$; $SD = 0,23$) (vgl. Abb. 1 und 2). Die weiteren signifikanten Haupt- und Interaktionseffekte lassen sich wie folgt interpretieren: Die Diskurswerte für die STD steigen stärker als für die ED summiert über beide Gruppen (Zeit*Diskurshandlungen). In der EG nehmen alle Diskurswerte stärker zu als in der KG (Zeit*Gruppe). Schließlich zeigt sich insgesamt, dass die Diskurswerte zunehmen (Haupteffekt Zeit), mehr STD als ED verwendet werden (Haupteffekt Diskurshandlungen) und die EG höhere Diskurswerte zeigt als die KG (Haupteffekt Gruppe). Die Resultate stützen Hypothese 1.

6.2 Überprüfung der Hypothese 2: moralisches Klima

Aus der Analyse der transkribierten Interviews resultieren fünf Kategorien zur Charakterisierung des moralischen Klimas während der Intervention (vgl. Tab. 4): Offenheit (»Jedes Argument ist wirklich von der Gruppe angenommen worden.« IP 2), Vertrauen (»Man hat sich aufeinander verlassen können« IP 4), gegenseitiger Respekt (»… und dass das bei uns einfach in der Gruppe auch so war, dass man dann nicht irgendwie ausgelacht wurde, wenn das irgendwie ein Argument war, was doch nicht passend ist« IP 3), Angstfreiheit (»… weil sich jeder getraut hat, dass er da was sagt«) und Wahrhaftigkeit (»Wir konnten vollkommen authentisch sein und ehrlich sagen, was wir uns denken« IP 2).

Tabelle 4: Anzahl (f) der von Lehramtsstudierenden (N) im Interview berichteten Aspekte eines moralischen Klimas

Kategorie	EG		KG	
	f	N	f	N
Offenheit	29	6	17	7
Vertrauen	11	6	0	0
Respekt	9	5	0	0
Angstfreiheit	6	3	3	1
Wahrhaftigkeit	3	1	2	1
Summe	58	7	22	7

Quelle: Eigene Erhebung.

Es zeigen sich deutliche Unterschiede zwischen der EG und KG. In der EG werden Vertrauen, Respekt und Offenheit mindestens doppelt so häufig genannt wie in der KG. Insgesamt besteht ein signifikanter Unterschied zwischen der EG und KG (EG: Median = 9; KG: Median = 3; $Z = -2,45$; $p < 0,05$). Die Resultate stützen Hypothese 2.

7. Diskussion

Die quasi-experimentelle Studie im Kontext der Ausbildung von Lehrpersonen untersucht das auf moderat konstruktivistischer Lernauffassung beruhende Unterrichtskonzept VaKE, das Wissen und Werte auf der Basis der Diskussion von ethisch-dilemmatischen Situationen systematisch verzahnt. Im Kontext der Lösung selbst erlebter ethisch dilemmatischer Situationen konnte festgestellt werden, dass die in VaKE stattfindende kritische Diskussion angeeigneten Handlungswissens auf der Basis moralisch-ethischer Kriterien die Anwendung berufsethisch adäquater Handlungen stärker fördert als eine herkömmliche Fallanalyse, in der Wissen und Werte nicht systematisch integriert werden. Lehramtsstudierende, die nach VaKE gelernt haben, steigern ihre Diskurswerte, die auf Konfliktlösungen gemäß dem berufsethischen Modell des »runden Tisches« (Oser, 1998) verweisen. Die nichtreaktive Messmethode stützt die Authentizität der Handlungen der Studierenden. Vor dem Hintergrund zahlreicher Kritikpunkte an der kohlbergschen Methode der Dilemmadiskussion wird in VaKE versucht, ein moralisches Klima zu implementieren, welches sich als positiv für moralisches Handeln und Lernen erweist. In Interviews nehmen die Lehramtsstudierenden im Gegensatz zu einer herkömmlichen Fallanalyse denn auch häufiger moralische Aspekte wie Vertrauen, gegenseitige Wertschätzung und Angstfreiheit wahr. Auf der Grundlage, dass moralisch-ethische Ziele in der Ausbildung vernachlässigt werden (z. B. Lohmann, Seidel & Terhart, 2011), können die Ergebnisse dahingehend interpretiert werden, dass VaKE eine Möglichkeit bietet, Fachliches (Wissen) und nicht Fachliches (Ethik) in der Ausbildung zu verbinden und damit zu einem integrativen Gesamtergebnis beizutragen.

Die Ergebnisse sind jedoch vor dem Hintergrund zahlreicher Limitationen zu betrachten, die aus dem quasi-experimentellen Design und der Datenqualität resultieren. Einschränkungen der Validität der Untersuchung ergeben sich durch die geringe Zahl an Teilnehmerinnen und Teilnehmern und mögliche Stichprobenverzerrungen (Teilnehmerinnen und Teilnehmer aus lediglich einer Pädagogischen Hochschule). Ferner kann ein möglicher Pygmalion-Effekt nicht ausgeschlossen werden, da der Untersuchungsleiter gleichzeitig in der Rolle des Lehrenden agierte. Da die Studierenden das erste Mal nach VaKE lernten, könnten auch Neuigkeitseffekte auftreten, die sich in einer besonderen Lernmotivation äußern. Ferner sind die Ergebnisse durch die monomethodische Anlage der Untersuchung und nicht zu vermeidende Mängel in der Datenqualität (z. B. keine Normalverteilung) mit Vorsicht zu interpretieren und bedürfen einer Replikation mit einer größeren Stichprobe (Weinberger, Weyringer & Patry, 2017). Auch die Nachhaltigkeit der angewendeten diskursorientierten Handlungen sollte in weiteren Studien überprüft werden. Zahlreiche dieser Einschränkungen lassen sich durch die Umsetzung des Praxisforschungskonzepts und organisatorischer Restriktionen erklären. Ferner bleibt auch offen, ob und wie die Studierenden in ihrer späteren Berufspraxis VaKE, das sie im Kontext dieser Studie kennengelernt haben, dann tatsächlich einsetzen werden.

Literatur

Backhaus, K., Erichson, B., Plinke, W. & Weiber, R. (2016). *Multivariate Analysemethoden. Eine anwendungsorientierte Einführung.* Berlin: Springer.

Beck, K. & Parche-Kawik, K. (2004). Das Mäntelchen im Wind? Zur Domänespezifität moralischen Urteilens. *Zeitschrift für Pädagogik, 50*(2), 244–265.

Becker, G. (2011). *Kohlberg und seine Kritiker. Die Aktualität von Kohlbergs Moralpsychologie.* Wiesbaden: VS.

Benninga, J. S., Sparks, R. K. & Tracz, S. M. (2011). Enhancing teacher moral judgment in difficult political times: Swimming upstream. *International Journal of Educational Research, 50*(3), 177–183.

Berkowitz, M. W. & Bier, M. C. (2007). What works in character education. *Journal of Research in Character Education, 5,* 29–48.

Blatt, M. M. & Kohlberg, L. (1975). The effects of classroom moral discussion upon children's level of moral judgment. *Journal of Moral Education, 4*(2), 129–161.

Bobko, P., Roth, P. L. & Buster, M. A. (2007). The usefulness of unit weights in creating composite scores: A literature review, application to content validity, and meta-analysis. *Organizational Research Methods, 10*(4), 689–709.

Bortz, J. (2013). *Statistik für Sozialwissenschaftler.* Berlin: Springer.

Bühner, M. (2011). Einführung in die Test- und Fragebogenkonstruktion. Hallbergmoos: Pearson.

Field, A. (2005). *Discovering statistics using SPSS.* London: Sage.

Garz, D. (2008). *Sozialpsychologische Entwicklungstheorien.* Wiesbaden: VS.

Garz, D., Oser, F. & Althof, W. (Hrsg.) (1999). *Moralisches Urteil und Handeln.* Frankfurt a. M.: Suhrkamp.

Gerstenmaier, J. & Mandl, H. (1995). Wissenserwerb unter konstruktivistischer Perspektive. *Zeitschrift für Pädagogik, 41*(6), 867–888.

Gruber, H., Mandl, H. & Renkl, A. (2000). Was lernen wir in Schule und Hochschule: Träges Wissen? In: H. Mandl & J. Gerstenmeier, J., (Hrsg.), *Die Kluft zwischen Wissen und Handeln: empirische und theoretische Lösungsansätze* (S. 139–156). Göttingen: Hogrefe.

Habermas, J. (1983). *Moralbewusstsein und kommunikatives Handeln.* Frankfurt a. M.: Suhrkamp.

Kohlberg, L. (1984). *The psychology of moral development: the nature and validity of moral stages.* San Francisco: Harper & Row.

Lind, G. (2016). *How to teach morality: promoting deliberation and discussion, reducing violence and deceit.* Berlin: Logos.

Lohmann, V., Seidel, V. & Terhart, E. (2011). Bildungswissenschaften in der universitären Lehrerbildung: Curriculare Strukturen und Verbindlichkeiten. *Lehrerbildung auf dem Prüfstand, 5*(2), 271–302.

Mayring, P. (2010). *Qualitative Inhaltsanalyse: Grundlagen und Techniken.* Weinheim: Beltz.

Mersch, F. F. & Pahl, J.-P. (2010). Berufliche Schulen als Kernthemen der Forschung und Lehre in den Beruflichen Fachrichtungen. In: V. Herkner & J.-P. Pahl (Hrsg.), *Handbuch berufliche Fachrichtungen* (S. 359–372). Bielefeld: Bertelsmann.

Merseth, K. K. (1996). Cases and case methods in teacher education. In: J. Sikula, (Hrsg.), *Handbook of research on teacher education* (S. 722–744). New York: Macmillan.

Oser, F. (1998). Ethos – *Die Vermenschlichung des Erfolgs. Zur Psychologie der Berufsmoral von Lehrpersonen.* Opladen: Leske + Budrich.

Oser, F. & Althof, W. (2001). *Moralische Selbstbestimmung. Modelle der Entwicklung und Erziehung im Wertebereich.* Stuttgart: Klett-Cotta.

Patry, J.-L., Weinberger, A., Weyringer, S. & Nussbaumer, M. (2013). Combining values and knowledge education. In: B. J. Irby, G. Brown, R. Lara-Alecio & S. Jackson (Hrsg.), *The handbook of educational theories* (S. 565–579). Charlotte: Information Age Publishing.

Piaget, J. (1985). *The equilibration of cognitive structures: The central problem of intellectual development.* Chicago: University of Chicago Press.

Power, F. C. (2007). Moral climate/atmosphere. In: F. C. Power, R. J. Nuzzi, D. Narvaez, D. K. Lapsley & Terry L. Hunt (Eds.), *Moral education: A handbook* (Vol. 2 M-Z, S. 275–276). Westport: Praeger.

Rest, J. R., Narvaez, D., Thoma, S. J. & Bebeau, M. J. (2000). A neo-kohlbergian approach to morality research. *Journal of Moral Education, 29*, 381–396.

Rudolf, M. & Müller, J. (2012). *Multivariate Verfahren.* Göttingen: Hogrefe.

Schrader, D. E. (2004). Intellectual safety, moral atmosphere, and epistemology in College classrooms. *Journal of Adult Development, 11*(2), 87–101.

Stoughton, E. H. (2007). »How will I get them to behave?«: Preservice teachers reflect on classroom management. *Teaching and Teacher Education, 23*(7), 1024–1037.

Tenorth, H.-E. (2006). Professionalität im Lehrerberuf: Ratlosigkeit der Theorie, gelingende Praxis. *Zeitschrift für Erziehungswissenschaft, 9*(4), 580–597.

Terhart, E. (2013). Das Ethos des Lehrerberufs: große Worte – kleine Münze. *Lernende Schule, 62*, 8–12.

Wagner, K., Stark, R., Daudbasic, J., Klein, M., Krause, U.-M. & Herzmann, P. (2013). Effektivität integrierter Lernumgebungen in der universitären Lehrerbildung – eine quasiexperimentelle Feldstudie. *Journal for Educational Research Online*, 5(1), 115–140.

Walker, L. J. (2006). Gender and morality. In: M. Killen & J. Smetana (Hrsg.), *Handbook of moral development* (S. 93–115). New York: Lawrence Erlbaum.

Webb, E. J., Campbell, D. T., Schwartz, Richard D., & Sechrest, L. (Hrsg.) (1973). *Unobtrusive measures: nonreactive research in the social sciences*. Chicago: Rand McNally.

Weinberger, A., Patry, J.-L. & Weyringer, S. (2017). Förderung des berufsethischer Aspekte durch VaKE (Values *and* Knowledge Education) in der Ausbildung von Lehrpersonen. *Pädagogische Horizonte*, *1*(1), 19–42.

Weinberger, A., Weyringer, S. & Patry, J.-L. (2017). Die Förderung berufsethischer Aspekte durch VaKE (Values *and* Knowledge Education) in der Ausbildung von Lehrpersonen. *Pädagogische Horizonte*, 1(1), 19–42.

Hannelore Knauder und Corinna Koschmieder

Einstellungen und Einschätzung der Wirksamkeit individueller Förderung in der Grundschule seitens Studierender des Bachelorstudiums Primarstufe

1. Theoretischer und empirischer Hintergrund

Obgleich der Begriff *individuelle Förderung* in der Schulpädagogik eine lange Tradition hat (vgl. z. B. Meyer, 2011) und z. B. von Trautmann und Wischer (2011) als »pädagogischer Dauerbrenner« bezeichnet wird, hat er mit Blick auf die Heterogenität der Schülerinnen und Schüler, insbesondere mit dem eng damit verbundenen gegenwärtigen Diskurs zur schulischen Inklusion, nicht an Aktualität verloren. In den schulpädagogischen Diskussionen besteht ein weitreichender Konsens darüber, dass die individuelle Förderung einerseits »positiv konnotiert« (Götz, 2017, S. 13) ist, andererseits als wichtiger Lösungsansatz für die Anforderungen des Unterrichtens gilt, die sich aus der zunehmenden Heterogenität der Schulklassen ergeben. Die Lernvoraussetzungen und -möglichkeiten der Schülerinnen und Schüler seien so unterschiedlich (geworden), dass die Idee eines gleichschrittigen Unterrichts für die ganze Schulklasse nicht (mehr) funktioniere (Prengel, 2010; Bartnitzky, Hecker & Lassek, 2012). Der Unterricht sei stattdessen so zu organisieren und didaktisch aufzubereiten, dass jede Schülerin und jeder Schüler an seine bzw. ihre spezifischen (Lern-)Voraussetzungen anknüpfen und gemäß den individuellen Lernwegen und dem eigenen Tempo lernen kann. Die Idee der individuellen Förderung auf unterrichtlicher und schulischer Ebene sucht demnach vor allem nach Möglichkeiten zur Umsetzung auf der Ebene der Organisation (Breidenstein, 2014). Aus methodischer Sicht ergeben sich teilweise Überschneidungen mit dem Konzept des offenen Unterrichts (Racherbäumer & Kühn, 2013).

In den österreichischen Schulgesetzen ist das Recht auf individuelle Förderung verankert. Durch den Fördererlass »Besser Fördern – Verpflichtendes standortbezogenes Förderkonzept« (BMBWK, 2005), der mit dem Schuljahr 2005/06 in Kraft getreten ist, ist jede Schule in Österreich verpflichtet, ein standortbezogenes Förderkonzept zu entwickeln, das jeder Schülerin und jedem Schüler individuelle Förderung zukommen lässt. Die Förderung umfasst Maßnahmen zur Individualisierung und Differenzierung im Unterricht sowie zusätzliche Maßnahmen wie Förderunterricht, Freigegenstände und unverbindliche Übungen (zur allgemeinen Interessen- und Begabungsförderung), Förderung von Schülerinnen und Schülern nichtdeutscher Muttersprache und Angebote für den Erwerb verschiedener Kompetenzen wie etwa Sozialkompetenz. Aus der Sicht bildungspolitischer Steuerung wurden somit einerseits Ziele der schulischen Förderung, andererseits auch Rahmenvorgaben zum Schul- und Unterrichtsprozess grundgelegt.

Eine Sichtung der bisherigen Studien zeigt, dass sich die Forschungen zur individuellen Förderung mehrheitlich auf die praktische unterrichtliche Umsetzung der Förderung der individuellen (Lern-)Ausgangslagen der Schülerinnen und Schüler beschränken (vgl. z. B. Götz, Lohrmann & Ganser, 2005; Bohl, Batze & Richey, 2012; Wischer, 2012; Helmke, 2009; Sonnleitner, 2017; Hiebl, 2017). Hinsichtlich der Einstellungen von Lehrpersonen zur individuellen Förderung geht aus einer empirischen Untersuchung aus dem Jahr 2014 hervor, dass Volksschullehrerinnen und -lehrer in der Oststeiermark eine hohe Akzeptanz gegenüber der schulischen Förderung aufweisen (Knauder & Strohmeier-Wieser, 2016; Knauder, Strohmeier-Wieser, Holzer, Pobinger & Pignitter, 2016b). Solzbacher (2008) konnte zeigen, dass Lehrerinnen und Lehrer individuelle Förderung in der Schule für ein wichtiges und anzustrebendes Ziel halten. Was die Studierenden betrifft, so nehmen diese die Individualisierung als zu bewältigende Anforderung als sehr wichtig wahr (Keller-Schneider, 2017). Uns sind bis dato keine Untersuchungen bekannt, die auf empirischer Grundlage bedeutende Faktoren zu Einstellungen individueller Förderung seitens Lehrpersonen und/ oder Studierender identifizieren. Demnach stellt die Frage nach möglichen Einflussfaktoren auf die Einstellungen in Bezug auf individuelle Förderung eine Forschungslücke dar. Als relevant könnten u. a. persönliche Vorerfahrungen im Umgang mit verschiedenen Minoritätsgruppen (z. B. Menschen mit Behinderung) sein, wie Studien aus der Inklusionsforschung belegen (de Boer, Pijl & Minnaert, 2011; Bosse & Spörer, 2014; Gebhardt et al., 2011).

Bezüglich der Wirksamkeit individueller Förderung (im Unterricht) gelten nach Kunze (2016) offene Formen des Unterrichts, beispielsweise das adaptive Lernen, als relativ gut erforscht. In einer internationalen Zusammenschau von Lüders und Rauin (2004; zit. nach Kunze, 2016, S. 23) zeigen Studien zum offenen Unterricht mehrheitlich vor allem Effekte in den nicht kognitiven Bereichen. Die Lernzuwächse im fachlichen Bereich sind dagegen nicht wesentlich besser als im traditionellen Unterricht. Hingegen konnte beispielsweise eine deutsche Studie von Pfeifer, Wieckert und Wendt (2017) zeigen, dass durch einen adaptiven Unterricht eine positive Lernentwicklung von Schülerinnen und Schülern in sozioökonomisch benachteiligten Lerngruppen im Hinblick auf die Mathematikleistungen erzielt werden kann. Eine Verringerung der Leistungsunterschiede innerhalb einer Gruppe, die darauf zurückgeht, dass schwächere Schülerinnen und Schüler den Unterrichtsstoff nochmals erklärt bekommen und leistungsstärkere Schülerinnen und Schüler inzwischen an Zusatzaufgaben oder als Tutoren arbeiten, konnten Trautmann und Wischer (2007) nachweisen. Zudem weisen Pfeifer et al. (2017) darauf hin, dass hierfür nur die adaptive Vorgabe von unterschiedlichen Bearbeitungszeiten für Aufgaben erforderlich ist, und nicht zwingend der Einsatz verschiedener Materialien.

Die Schwierigkeit, die sich bei einer überblicksmäßigen Darstellung von Forschungsergebnissen zu effektiven individuellen Fördermaßnahmen im Unterricht ergibt, ist, dass vorwiegend Praxisberichte über wirkungsvolle Prozesse in konkreten Schulen, Klassen oder Unterrichtsituationen dominieren, diese zwar Hinweise auf entsprechende Arbeitsmaterialen oder didaktisch-methodische Settings geben, sich aber nur schwer vergleichen lassen. Zudem sind die Wirkungen sehr breit, denn sie betreffen fachliche, soziale, emotionale und motivationale Aspekte.

Als Ausgangspunkt für die Einstellungen zur individuellen Förderung diente die *Theorie des geplanten Verhaltens* (Theory of Planed Behavior, s. Ajzen & Fishbein, 2000). Sie gründet auf der Annahme, dass sich Einstellungen bilden, nachdem alle zur Verfügung stehenden Informationen und Erfahrungen sorgsam beachtet worden sind. Es wird davon ausgegangen, dass die Einstellung zum Verhalten durch die *Subjektive Norm* und die *Wahrgenommene Verhaltenskontrolle* beeinflusst wird. Erstere bezieht sich auf die Wahrnehmung einer Person, wie bedeutsam andere Personen das gezeigte Verhalten bewerten, sowie auf die Motivation, im Sinne dieser Bewertung zu handeln (Ajzen, 1988). Diese *Subjektive Norm* wurde von Venkatesh und Bala (2008) unter die sozialen Prozessvariablen subsumiert und weiter gefasst, wo man auch den Begriff *Image* findet. Gemeint ist damit die allgemeine Einschätzung der Bedeutung des Objekts (z. B. individuelle Förderung). Dieser Begriff wurde auch für die vorliegende Untersuchung übernommen. Die *Wahrgenommene Verhaltenskontrolle* bezieht sich auf die Meinung einer Person, ob sie das geplante Verhalten aufgrund der ihr zur Verfügung stehenden Ressourcen und Möglichkeiten ausführen kann. Für Studierende ist hier der Grad an wahrgenommener Unterstützung wesentlich, zu dem ein Individuum der Meinung ist, dass eine organisatorische Unterstützung existiert, um das Verhalten (z. B. die individuelle Förderung) zu unterstützen. Da angenommen werden kann, dass die Studierenden am Beginn ihrer Ausbildung kaum über differenzierte Förderkompetenzen verfügen, wurde die Wahrnehmung *interner Unterstützung* in der Schule für ihre zukünftigen Aufgaben als bedeutend angenommen.

Wesentlich erscheint zudem die Motivation der Studierenden für den Kompetenzerwerb zur individuellen Förderung im Unterricht. Gemäß der Selbstbestimmungstheorie von Ryan und Deci (2000) sind Menschen dann motiviert ein Ziel zu erreichen, wenn sie selbstbestimmt und kontrolliert handeln können. Es wird zwischen intrinsisch und extrinsisch motivierten Personen unterschieden. Erstere sind neugierig und interessegeleitet, während Letztere erst nach Aufforderung tätig werden.

2. Ziele und Fragestellungen

Auf Basis der berichteten Forschungslage stellt sich vordergründig die Frage, wie zukünftige Volksschullehrerinnen und -lehrer der individuellen Förderung gegenüber eingestellt sind. Die Kernfragen dieser Studie lauten:

- Wie ist die Einstellung von Lehramtsstudierenden gegenüber individueller Förderung?
- Lässt sich die Einstellung bei Lehramtsstudierenden zur individuellen Förderung durch die theoretisch herausgearbeiteten Dimensionen intrinsische vs. extrinsische Motivation, Image und interne Unterstützung erklären?
- Gibt es Unterschiede in der Einstellung unter Lehramtsstudierenden zur individuellen Förderung in Abhängigkeit vom gewählten Studienschwerpunkt, den persönlichen Erfahrungen mit unterschiedlichen Minoritätsgruppen und der eigenen erlebten Schulzeit?
- Wie schätzen Lehramtsstudierende Fördermaßnahmen in Bezug auf deren Arbeitsaufwand und deren Wirksamkeit ein?

3. Empirische Untersuchung

3.1 Stichprobe

An der vorliegenden Erhebung nahmen alle Studierenden des Bachelorstudiums Primarstufe des dritten Ausbildungssemesters (N = 93) im Rahmen eines verbindlichen Seminars an der Kirchlichen Pädagogischen Hochschule in Graz teil. Es handelte sich um eine Paper-Pencil-Fragebogenerhebung, die im Wintersemester 2016/17 durchgeführt wurde.

Die befragten Studierenden sind zu 86 % weiblich (14 % männlich). Von den 93 Studierenden wählten 20 % den Studienschwerpunkt *Kulturelle Bildung*, 22 % *Sozialpädagogik*, 16 % *Religionspädagogik,* 23 % *Inklusive Pädagogik* und 19 % *Elementarpädagogik*. Nach eigenen Angaben haben 24 % der Studierenden während der eigenen Schulzeit keine und 55 % eine geringe individuelle Förderung erlebt. 22 % der Studierenden gaben an, dass sie während der eigenen Schulzeit individuell gefördert wurden (3 % davon erlebten eine sehr hohe individuelle Förderung). Etwas mehr als die Hälfte der befragten Studierenden (56 %) haben bereits persönliche Erfahrungen mit Menschen mit Behinderungen, fast drei Viertel der Studierenden (71 %) mit Menschen verschiedener Kulturen und 34 % mit Menschen mit psychischen Problemen.

3.2 Erhebungsinstrument

In der vorliegenden Studie wurde eine Weiterentwicklung des Fragebogens zur individuellen Förderung im Unterricht und im weiteren schulischen Kontext (Knauder & Strohmeier-Wieser, 2016) verwendet. Dieser erhebt die Skalen *intrinsische und extrinsische Motivation, Image* und *interne Unterstützung* sowie *Einstellung zu individueller Förderung*. Zusätzlich wurden im letzten Teil des Fragebogens zehn konkrete unterrichtliche Fördermaßnahmen zur Einschätzung der Wirksamkeit und des persönlichen Ressourcenaufwands vorgelegt. Als theoretische Grundlage dafür dienten Modelle der Effizienzforschung wie die Kosten-Wirksamkeits-Analyse. Hierbei werden die Inputs (z. B. Aufwand) den Outputs (z. B. Wirksamkeit von offenem Unterricht) gegenübergestellt (vgl. z. B. Dohmen, 2003; Weiß, 1979). Die angegebenen Fördermaßnahmen beziehen sich im Wesentlichen auf die unterrichtsorganisatorischen und didaktischen Dimensionen der Inneren Differenzierung nach Saalfrank (2008).

Die Items wurden von den Studierenden auf einer 6-stufigen Likert-Skala (6 = stimmt sicher, 5 = stimmt, 4 = stimmt eher, 3 = stimmt eher nicht, 2 = stimmt nicht, 1 = stimmt sicher nicht) beurteilt.

Für alle Skalen wurden zunächst Items mit niedrigen Trennschärfen ausgeschlossen, die Itemschwierigkeiten geprüft und eine konfirmatorische Faktorenanalyse berechnet.

Die Ausprägungen auf den einzelnen Skalen sind nachfolgend und mit Angabe von jeweils einem Beispielitem ersichtlich.

- Skala *intrinsische Motivation:* Itemschwierigkeiten von 0,51–0,94, 5 Items, $M = 26,67$, $SD = 2,59$, $\chi^2 = 28,26$; $p = 0,08$; CFI = 0,94; RMSEA = 0,073, SRMR = 0,064. Beispielitem: »… weil mich individuelle Förderung persönlich interessiert.«
- Skala *extrinsische Motivation:* Itemschwierigkeiten von 0,51–0,94, 3 Items, $M = 10,89$, $SD = 2,87$, $\chi^2 = 28,26$; $p = 0,08$; CFI = 0,94; RMSEA = 0,073, SRMR = 0,064. Beispielitem: »… weil die zukünftige Schulleitung individuelle Förderung von mir verlangen wird.«

– Skala *Image:* Itemschwierigkeiten 0,51–0,91, 5 Items, $M = 21,23$, $SD = 4,04$, $\chi^2 = 2,86$; $p = 0,72$; CFI = 1,00; RMSEA = 0,00, SRMR = 0,035. Beispielitem: »Der Stellenwert individueller Förderung ist an den Volksschulen generell hoch.«

– Skala *interne Unterstützung:* Itemschwierigkeiten von 0,74–0,94, 5 Items, $M = 26,39$, $SD = 2,56$, $\chi^2 = 5,95$; $p = 0,31$; CFI = 0,98; RMSEA = 0,046, SRMR = 0,056. Beispielitem: »Innerhalb des Kollegiums sollen oft verschiedene Fördermaßnahmen einzelner Schülerinnen und Schüler besprochen werden.«

– Skala *Einstellung:* Itemschwierigkeiten 0,58–0,96, 5 Items, $M = 25,89$, $SD = 2,23$, $\chi^2 = 5,25$; $p = 0,39$; CFI = 0,995; RMSEA = 0,024, SRMR = 0,043. Beispielitem: »Individuelle Förderung im Unterricht ist absolut notwendig.«

Für alle Skalen kann auf Basis der konfirmatorischen Faktorenanalysen Eindimensionalität angenommen werden. Einzelne Items wurden trotz Itemschwierigkeiten > 0,8 aus inhaltlichen Überlegungen in die weiteren Analysen inkludiert.

Die im Folgenden beschriebenen Analysen wurden mit den Programmen SPSS und R durchgeführt.

3.3 Ergebnisse

3.3.1 Einstellungsausprägungen seitens der Studierenden

Die Skala *Einstellung* war normalverteilt mit einem Mittelwert von 25,89 ($SD = 2,23$), ist linksschief ($S = -0,47$; $SD_{Schiefe} = 0,25$; $p > 0,05$) und hat eine Kurtosis von -0,02 ($SD_{Kurtosis} = 0,49$; $p > 0,05$). Die meisten Items weisen einen Mittelwert > 5 auf. Somit ist zu erkennen, dass die Studierenden des Bachelorstudiums Primarstufe am Anfang ihrer Ausbildung (3. Semester) über eine deutlich positiv ausgeprägte Einstellung zur individuellen Förderung im Unterricht und in der Schule verfügen.

3.3.2 Erklärungsfaktoren für die Einstellung von Studierenden zur individuellen Förderung

Durch welche Dimensionen die Einstellung von Studierenden zur individuellen Förderung im Unterricht und in der Schule erklärt werden kann, wurde mit folgendem Gesamtmodell überprüft:

Aufgrund der kleinen Stichprobe wurde ein Bollen-Stine-Bootstrap durchgeführt und der Maximum-Likelihood-Schätzalgorithmus verwendet.

Abbildung 1: Strukturgleichungsmodell zur Vorhersage der Einstellung zur individuellen Förderung
$\chi^2_{[220]}$ = 252,83; p = 0,06; CFI = 0,91; RMSEA = 0,043; SRMR = 0,086

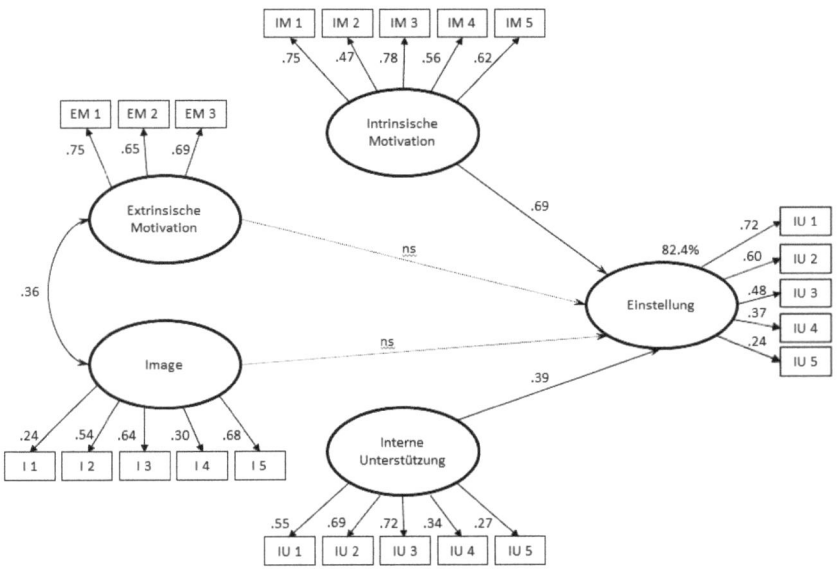

Quelle: Eigene Untersuchung.

Die Analyse des Strukturgleichungsmodells verdeutlicht eine gute Passung an das theoretisch angenommene Modell ($\chi^2_{[220]}$ = 252,83; p = 0,06; CFI = 0,91; RMSEA = 0,043; SRMR = 0,086). In Abbildung 1 sind die standardisierten Schätzungen zu den Überprüfungen der einzelnen Zusammenhänge dargestellt. Im Detail zeigt sich bei diesem Modell, dass die Einstellung der Studierenden zur individuellen Förderung im Unterricht und in der Schule bei einer latent aufgeklärten Varianz von 82 % durch ihre intrinsische Motivation (β = 0,69) sowie die interne Unterstützung (β = 0,39) erklärt werden kann. Die externe Motivation und das Image individueller Förderung haben dagegen keinen signifikanten Einfluss.

Um zu prüfen, ob sich (1) Studierende mit unterschiedlich gewähltem Schwerpunkt (Kulturelle Bildung, Sozialpädagogik, Religionspädagogik, Inklusive Pädagogik und Elementarpädagogik), (2) Studierende mit oder ohne persönliche Erfahrung mit Menschen mit Behinderungen, mit Menschen mit psychischen Problemen, mit Menschen aus anderen (Herkunfts-)Kulturen, (3) Studierende mit oder ohne individuelle Förderung während der eigenen Schulzeit, voneinander unterscheiden, wurden Varianzanalysen gerechnet. Da aufgrund der niedrigen Zellbesetzungen und fehlender Zusammenhänge der abhängigen Variablen univariate Varianzanalysen berechnet wurden, wurde für die Interpretation ein adaptiertes Signifikanzniveau von $a = 0,01$ verwendet.

Die Ergebnisse der Varianzanalysen zeigten keinen signifikanten Haupteffekt für den Schwerpunkt ($F_{2,09} = 1,18$, n.s.). Dies bedeutet, dass sich die Einstellung zur individuellen Förderung im Unterricht und in der Schule von Studierenden mit verschiedenen Schwerpunkten nicht signifikant unterscheidet.

Auch für die persönliche Erfahrung mit Menschen mit Behinderung ($F_{0,06} = 1,89$, n.s.), mit Menschen mit psychischen Problemen ($F_{2,20} = 0,02$, n.s.) beziehungsweise mit Menschen aus anderen (Herkunfts-)Kulturen ($F_{0,116} = 0,50$, n.s.) wurde kein Haupteffekt gefunden. Demnach gibt es keine signifikanten Einstellungsunterschiede zwischen Studierenden, welche persönliche Erfahrungen mit Menschen mit Behinderungen ($M = 26,17$; $SD = 2,1$), mit Menschen mit psychischen Problemen ($M = 25,84$, $SD = 2,49$) oder mit Menschen aus anderen (Herkunfts-)Kulturen ($M = 25,79$, $SD = 2,28$) haben, und jenen, welche keine persönlichen Erfahrungen mit Menschen mit Behinderungen ($M = 25,54$, $SD = 2,36$), mit Menschen mit psychischen Problemen ($M = 25,92$, $SD = 2,1$) oder Menschen aus anderen (Herkunfts-)Kulturen ($M = 26,15$, $SD = 2,13$) haben.

Zu guter Letzt wurde auch für die Erfahrungen mit individueller Förderung während der eigenen Schulzeit kein Haupteffekt gefunden ($F_{2,36} = 1,99$, n.s.). Dies bedeutet, dass sich die Einstellungen zur individuellen Förderung im Unterricht und in der Schule von Studierenden mit ($M = 26,45$, $SD = 2,04$) und ohne persönliche Erfahrungen mit individueller Förderung ($M = 25,14$, $SD = 2,55$) während der eigenen Schulzeit nicht signifikant unterscheiden.

3.3.3 Einschätzung der Wirksamkeit individueller Fördermaßnahmen im Unterricht

Im letzten Schritt wurde die Einschätzung der Wirksamkeit und des dafür notwendigen Aufwands seitens der Lehrperson für die jeweiligen Fördermaßnahmen im Unterricht analysiert. Wie aus Tabelle 1 ersichtlich ist, liegen die Einschätzungen von Studierenden über dem theoretischen Skalenmittelwert von 3,5 (Antwortmöglichkeiten von 1 = sehr niedrig bis 6 = sehr hoch). Das bedeutet, dass Aufwand und Wirksamkeit der individuellen Fördermaßnahmen im Unterricht von den Studierenden am Beginn ihres dritten Ausbildungssemesters generell als eher hoch eingeschätzt werden. Die unterrichtliche Fördermaßnahme »Einsatz von individuellen Lernmaterialien / Lernaufgaben« ($M = 5,70$) wird von den Studierenden als die wirksamste eingeschätzt, eng gefolgt von »Berücksichtigung der individuellen Lern- und Leistungsstände der Schülerinnen und Schüler« ($M = 5{,}62$) und dem »Eingehen auf unterschiedliche Interessen der Schülerinnen und Schüler« ($M = 5{,}54$). Als effizienteste Methoden (höchste Wirksamkeit bei geringstem Aufwand) betrachten die Studierenden die zwei Fördermaßnahmen »Verwendung von Methoden, bei denen gute Schülerinnen und Schüler den schwächeren Schülerinnen und Schülern beim Lernen helfen« (1,39) und »Einsatz von Zusatzaufgaben für begabte Schülerinnen und Schüler« (1,14).

Tabelle 1: Gegenüberstellung der Mittelwerte zu den Einschätzungen von Aufwand und Wirksamkeit der individuellen Förderung im Unterricht

Fördermaßnahmen im Unterricht	Aufwand	Wirksamkeit	Differenz (= Effizienz)
Umsetzung eines offenen Unterrichts	5,32	5,24	-0,08
Einsatz von individuellen Lernmaterialen / Lernaufgaben	5,31	5,70	0,39
Eingehen auf unterschiedliche Interessen der Schülerinnen und Schüler	5,05	5,54	0,48
Verwendung von Methoden, bei denen gute Schülerinnen und Schüler den schwächeren Schülerinnen und Schüler beim Lernen helfen	3,77	5,16	1,39
Schülerinnen und Schüler bekommen unterschiedliche Hausübungen	4,20	4,85	0,65
Berücksichtigung der individuellen Bearbeitungszeit von Aufgaben der Schülerinnen und Schüler	4,20	4,99	0,78
Berücksichtigung der individuellen Lern- und Leistungsstände der Schülerinnen und Schüler	4,97	5,62	0,66
Einsatz von Zusatzaufgaben für begabte Schülerinnen und Schüler	4,15	5,29	1,14
Einsatz von Zusatzaufgaben für Schülerinnen und Schüler mit sonderpädagogischem Förderbedarf	4,66	5,27	0,62

Quelle: Eigene Untersuchung.

4. Zusammenfassung und Diskussion

In der vorgestellten Studie wurden die Einstellungen zur individuellen Förderung im Unterricht und in der Schule von Studierenden des Bachelorstudiums Primarstufe erhoben. Die Mittelwerte zeigten, dass die zukünftigen Volksschullehrerinnen und -lehrer eine deutlich positive Einstellung gegenüber der individuellen Förderung besitzen. Ähnlich wurde dies bereits von nationalen Studien über berufstätige Lehrerinnen und Lehrer berichtet (Knauder et al., 2016a; Solzbacher, 2008). Auch die Einschätzung der hohen Wirksamkeit individueller Fördermaßnahmen im Unterricht zeigt mit Blick auf die erwähnte positive Einstellung der Studierenden zur individuellen Förderung ein konsistentes Bild.

Die Ergebnisse aus dem Strukturgleichungsmodell verdeutlichen für diese Stichprobe, dass die Einstellungen zur individuellen Förderung unter den Studienanfängerinnen und -anfängern (ohne Praxisphasen an Volksschulen) durch ihre intrinsische Motivation in Bezug auf die Aneignung der Förderkompetenzen und durch ihre Wahrnehmung der schulischen Unterstützung bei der Umsetzung der individuellen Förderung im Unterricht erklärt werden können. Zu unserer Untersuchung gibt es nur sehr wenige Vergleichsstudien. Demnach können diese Ergebnisse als neuer Erkenntnisgewinn interpretiert werden. Zudem gibt es, entgegen unseren Erwartungen basierend auf den Inklusionsforschungen von z. B. de Boer, Pijl und Minnaert (2011) oder Bosse und Spörer (2014), keine Unterschiede, nach dem Schwerpunkt, den die Studierenden für ihre Ausbildung gewählt haben, oder hinsichtlich ihrer Vorerfahrungen in Bezug auf individuelle Förderung während der eigenen Schulzeit bzw. nach ihren Erfahrungen mit unterschiedlichen Minoritätengruppen. Allerdings wurde in einer Studie von Hellmich, Görel und Schwab (2016) bereits auf die hohe Bedeutung der Motivation für die Einstellung bei Lehramtsstudierenden hingewiesen.

Nach Kopp (2009) kann festgehalten werden, dass durch Lehrveranstaltungen zum jeweiligen Thema (ihre Untersuchungsergebnisse beziehen sich ebenfalls auf die schulische Inklusion) die Einstellungen bei Studierenden positiv beeinflusst werden können. Eine weitere Einflussgröße auf die Einstellungen von Lehrpersonen sind nach de Boer et al. (2011) spezifische Unterrichtserfahrungen. Diese Befunde legen nahe, dass hierfür eine Folgeuntersuchung gegen Ende der Ausbildungszeit empfehlenswert ist, um empirisch zu überprüfen, ob sich die Einstellungen von Studierenden durch den umfangreichen Zugewinn an Wissen und Praxiserfahrungen zur individuellen Förderung während der Ausbildungszeit (positiv) verändern. Können die Einstellungen in den einzelnen Dimensionen datenbasierte Veränderungen bescheinigen, so wird die Ausbildung weiterhin gefordert sein, den Studierenden ein umfassendes Wissen zur individuellen Förderung zu ermöglichen und Erfahrungsräume zu schaffen, in denen individualisierte Förderkompetenzen aufgebaut werden können.

Literatur

Ajzen, I. (1988). *Attitudes, personality, and behavior* (U.S. ed.). Chicago, IL: Dorsey Press.

Ajzen, I. & Fishbein, M. (2000). Attitudes and the attitude-behavior relation: Reasoned and automatic process. *European Review of Social Psychology*, 11, 1–33.

Bartnitzky, H., Hecker, U. & Lassek, M. (Hrsg.). (2012). *Individuell fördern – Kompetenzen stärken (Kl. 1 und 2)*. Frankfurt a. M.: Grundschulverband.

BMBWK (Bundesministerium für Bildung, Wirtschaft und Kultur) (2005). *Neue Regelung: verpflichtendes standortbezogenes Förderkonzept beginnend mit dem Schuljahr 2005/06*. BMBWK-36.300/0068-BMBWK/2005. Rundschreiben Nr. 11/2005. Wien: BMBWK.

Boer, A. de, Pijl, S. P. & Minnaert, A. (2011). Regular primary schoolteachers' attitudes towards inclusive education: A review of the literature. *International Journal of Inclusive Education*, 15 (3), 331–353.

Bohl, T., Batze, A. & Richey, P. (2012). Öffnung – Differenzierung – Individualisierung – Adaptivität. In: T. Bohl, A. Batze. & P. Richey (Hrsg.). *Binnendifferenzierung: Teil 1. Didaktische Grundlagen und Forschungsergebnisse zur Binnendifferenzierung im Unterricht* (S. 40–69). Immenhausen: Prolog.

Bosse, S. & Spörer, N. (2014). Erfassung der Einstellung und der Selbstwirksamkeit von Lehramtsstudierenden zum inklusiven Unterricht. *Empirische Sonderpädagogik*, 4, 279–299.

Breidenstein, G. (2014). Die Individualisierung des Lernens unter den Bedingungen der Institution Schule. In: B. Kopp, S. Martschinke, M. Munser-Kiefer, M. Haider, E.-M. Kirschhock, G. Range & G. Renner (Hrsg.), *Individuelle Förderung und Lernen in der Gemeinschaft. Jahrbuch Grundschulforschung*, Band 17 (S. 35–50). Wiesbaden: Springer VS.

Dohmen, D. (2003). Interne Effizienz von Bildungssystemen. *Schweizerische Zeitschrift für Bildungswissenschaften*, 25, 373–403.

Gebhardt, M., Schwab, S., Reicher, H., Ellmeier, B., Gmeiner, S., Rossmann, P. & Gasteiger Klicpera, B. (2011). Einstellungen von LehrerInnen zur schulischen Integration von Kindern mit einem sonderpädagogischen Förderbedarf in Österreich. *Empirische Sonderpädagogik*, 4, 275–290.

Götz, M. (2017). Die Einzelarbeit in der Grundschule – eine Disziplinierungsgeschichte. In: F. Heinzel & K. Koch (Hrsg.), *Individualisierung im Grundschulunterricht. Anspruch, Realisierung und Risiken. Jahrbuch Grundschulforschung*, Band 21 (S. 13–22). Wiesbaden: Springer VS.

Götz, T., Lohrmann, K. & Ganser, B. (2005). Einsatz von Unterrichtsmethoden – Konstanz oder Wandel? *Empirische Pädagogik*, 19(4), 342–360.

Hellmich, F., Görel, G. & Schwab, S. (2016). Einstellungen und Motivation von Lehramtsstudentinnen und -studenten in Bezug auf den inklusiven Unterricht in der Grundschule – Ein Vergleich zwischen Deutschland und Österreich. *Empirische Sonderpädagogik*, 1, 67–85.

Helmke, A. (2009). Unterrichtsqualität und Lehrerprofessionalität: Diagnose, Evaluation und Verbesserung des Unterrichts. Klett Kallmeyer: Seelze.

Hiebl, P. (2017). Potenziale von Lernwerkstätten für individuelle Lernerfahrungen. In: F. Heinzel & K. Koch (Hrsg.), *Individualisierung im Grundschulunterricht. Anspruch, Realisierung und Risiken. Jahrbuch Grundschulforschung,* Band 21 (S. 137–141). Wiesbaden: Springer VS.

Keller-Schneider (2017). Individualisierung in der Grundschule – berufsphasenspezifische Wahrnehmungen. In: F. Heinzel & K. Koch (Hrsg.), *Individualisierung im Grundschulunterricht. Anspruch, Realisierung und Risiken. Jahrbuch Grundschulforschung,* Band 21 (S. 92–97). Wiesbaden: Springer VS.

Knauder, H. & Strohmeier-Wieser, A. (2016, Oktober). *Das schulische Akzeptanzmodell (SAM). Einstellungs- und Verhaltensakzeptanz zur Förderung in der Volksschule seitens der Lehrperson.* Vortrag auf der ÖFEB-Sektionstagung Graz.

Knauder, H. & Strohmeier-Wieser, A. (2016a). *Schulische Förderung: Akzeptanz und Herausforderung für Grundschullehrer/innen.* Zur Veröffentlichung eingereichtes Manuskript.

Knauder, H., Strohmeier-Wieser, A., Holzer, N., Pobinger, M. L. & Pignitter, I. (2016b). *Die Umsetzung von »Besser Fördern« eine Frage von Akzeptanz?* Zur Veröffentlichung eingereichtes Manuskript.

Kopp, B. (2009). Inklusive Überzeugungen und Selbstwirksamkeit im Umgang mit Heterogenität – Wie denken Studierende des Lehramts für Grundschulen? *Empirische Sonderpädagogik*, 1 (1), 5–25.

Kunze, I. (2016). Begründungen und Problembereiche individueller Förderung in der Schule – Vorüberlegungen zu einer empirischen Untersuchung. In: I. Kunze & C. Solzbacher (Hrsg.), *Individuelle Förderung in der Sekundarstufe I und II* (15–31). Baltmannsweiler: Schneider Verlag Hohengehren.

Lüders, M. & Rauin, U. (2004). Unterrichts- und Lehr-Lern-Forschung. In: W. Helsper & J. Böhme (Hrsg.), *Handbuch der Schulforschung* (S. 691–719). Wiesbaden: VS.

Meyer, H. (2011). *Unterrichtsmethoden Praxisband II*, 14. Aufl. Berlin: Cornelsen.

Pfeifer, M., Wieckert, S. & Wendt, H. (2017). Wirkungen individualisierten Unterrichts in Grundschulen – Implikationen für die pädagogische Praxis. In: F. Heinzel & K. Koch (Hrsg.), *Individualisierung im Grundschulunterricht. Anspruch, Realisierung und Risiken. Jahrbuch Grundschulforschung,* Band 21 (S. 152–156). Wiesbaden: Springer VS.

Prengel, A. (2010). Heterogenität als Theorem der Grundschulpädagogik. *Zeitschrift für Grundschulforschung* (3.1.), 7–17.

Racherbäumer, K. & Kühn, S. M. (2013). Zentrale Prüfungen und individuelle Förderung. Gegensatz oder zwei Seiten derselben Medaille? *Zeitschrift für Bildungsforschung*, 3, 27–45.

Ryan, R. M. & Deci, E. L. (2000). Intrinsic and Extrinsic Motivations: Classic Definitions and New Directions. *Contemporary Educational Psychology*, 25, 54–67. http://www. sciencedirect.com/science/article/pii/S0361476X99910202, abgerufen am 26.11.2017.

Saalfrank, W.-T. (2008). Differenzierung. In: E. Kiel (Hrsg.), *Unterricht sehen, analysieren, gestalten* (S. 65–96). Bad Heilbrunn: Klinkhardt.

Solzbacher, C. (2008). Positionen von Lehrerinnen und Lehrern zur individuellen Förderung in der Sekundarstufe I – Ergebnisse einer empirischen Untersuchung. In: I. Kunze & C. Solzbacher (Hrsg.), *Individuelle Förderung in der Sekundarstufe I und II* (S. 27–42). Baltmannsweiler: Schneider Verlag Hohengehren.

Sonnleitner, M. (2017). Individualisierung als Entwicklungsziel bei der Einführung von Jahrgangsmischung. In: F. Heinzel & K. Koch (Hrsg.), *Individualisierung im Grundschulunterricht. Anspruch, Realisierung und Risiken. Jahrbuch Grundschulforschung*, Band 21 (S. 77–81). Wiesbaden: Springer VS.

Trautmann, M. & Wischer, B. (2007). Individuell fördern im Unterricht. Was wissen wir über innere Differenzierung? *Pädagogik*, 59, 44–48.

Trautmann, M. & Wischer, B. (2011). *Heterogenität in der Schule. Eine kritische Einführung*. Wiesbaden: VS.

Venkatesh, V. & Bala, H. (2008). Technology acceptance model 3 and a research agenda on interventions. *Decision Sciences*, 39, 273–315.

Weiß, M. (1979). *Alternative Ansätze zur Berücksichtigung des Effizienzkonzepts bei der Vorbereitung von Entscheidungen im Bildungsbereich*. Hangen: Ziff-Papiere. http://deposit.fernuni-hagen.de/1743/1/ZP-027.pdf, abgerufen am 26.11.2017.

Wischer, B. (2012). Individuelle Förderung als Herausforderung für Schulentwicklung – Schultheoretische Perspektiven zu Konzepten und Fallstricken. In: C. Solzbacher, S. Müller- Using & I. Doll (Hrsg.), *Ressourcen stärken! Individuelle Förderung als Herausforderung für die Grundschule* (S. 55–67). Köln u. a.: Chr. Link.

Renate Weber

Nachhaltigkeit von Lautlese-Verfahren im Schulunterricht

Durch Intervention zur Förderung der Leseflüssigkeit

Die vorliegende Studie beschäftigt sich mit einem Interventionsprogramm zur Förderung der Lesefähigkeit. Ergebnisse aus den PISA-Studien seit 2000 zeigen, dass ungefähr 20 Prozent der österreichischen 15-jährigen Schülerinnen und Schüler erhebliche Defizite im Leseverständnis aufweisen. Ergebnisse aus evidenzbasierten Studien (Nix, 2011; Hattie, 2009) belegen die Effizienz von Lautlese-Verfahren, die zur Verbesserung der basalen Lesefertigkeit auf der Wort-, Satz- und lokalen Textebene beitragen. Wie nachhaltig Lautlese-Verfahren im Schulunterricht durch Intervention zur Förderung der Leseflüssigkeit sind, ist Gegenstand der vorliegenden Untersuchung.

Eine Längsschnittuntersuchung (2012/2013/2015) mit dem Salzburger Lese-Screening (SLS) (Auer, Gruber, Mayringer & Wimmer, 2005) gibt Aufschluss über die Nachhaltigkeit des kooperativen Lautlese-Verfahrens auf die Lesefertigkeit leseschwacher Schülerinnen und Schüler. Folgende Hypothesen werden mithilfe deskriptiver und inferenzstatistischer Analyseverfahren überprüft:

1. Leseschwache Schülerinnen und Schüler aus der Interventionsgruppe von 2012 steigern ihre basale Lesefertigkeit im Vergleich zur Kontrollgruppe.
2. Leseschwache Schülerinnen und Schüler mit Deutsch als Zweitsprache aus der Interventionsgruppe von 2012 steigern ihre basale Lesefertigkeit im Vergleich zur Kontrollgruppe.

Die Grundlage dieses Projekts bietet eine von Weber 2012/13 durchgeführte Replikationsstudie (n = 309) zum Thema »Mangelnde Lesekompetenz und die Wirksamkeit von Förderprogrammen – Lautlese- und Viellese-Verfahren im Fokus« (Weber, 2014, S. 233–258). In einer quasi-experimentellen Untersuchung wurde die Wirksamkeit des kooperativen Lautlese-Verfahrens (Versuchsgruppe) auf die basale Lesefertigkeit im Vergleich zum Viellese-Verfahren (Kontrollgruppe) mittels SLS geprüft. Besonderes Interesse galt den leseschwachen Schülerinnen und Schülern mit Deutsch als Muttersprache und Deutsch als Zweitsprache (Migrationshintergrund). Die Ergebnisse zeigten, dass leseschwache Schülerinnen und

Schüler besonders von diesem kooperativen Lautlese-Verfahren profitierten, insbesondere jene mit Deutsch als Zweitsprache.

Im Folgeprojekt liegt der Fokus auf der Nachhaltigkeit dieses Förderprogramms. Eine Überprüfung der Lesefertigkeit jener Probandinnen und Probanden der Replikationsstudie (5. Schulstufe/Oktober 2012 und Februar 2013) erfolgte nochmals am Ende der 7. Schulstufe (2015) mittels SLS (Auer u. a., 2005), um die Nachhaltigkeit dieses Verfahrens bezogen auf die Leseflüssigkeit einzuschätzen.

2. Theoretische Grundlagen

Drei Säulen bilden die theoretischen Grundlagen dieser Pilotstudie. Das *Mehrebenen-Modell* von Rosebrock und Nix (2014, S. 17) ist für didaktisch-methodische Entscheidungen im Sinne einer systematischen Leseförderung maßgeblich. Dabei verdeutlichen drei Dimensionen den ganzheitlichen Ansatz: Die *Prozessebene* bezieht sich auf die kognitiven Anforderungen (niederhierarchische Leseprozesse/basale Lesefertigkeit und höherhierarchische Leseprozesse), die *Subjektebene* beleuchtet das Selbstkonzept einer/eines Lesenden mit dem Fokus auf Motivation, Wissen und Reflexion. Der Austausch über Gelesenes in der Schule, der Familie und mit Peers ist der *soziale* Aspekt. Alle drei Ebenen sind für den Erwerb von Lesekompetenz wichtig, da sie miteinander interagieren. Gute Leseleistungen, die auf der Prozessebene sichtbar sind, bedingen auch ein positives Selbstkonzept und eine höhere Beteiligung am Interaktionsprozess. Hingegen zeigen Leserinnen und Leser, denen es an Leseflüssigkeit mangelt, ein negatives Selbstkonzept und kaum kommunikative Tendenzen im Austausch über Gelesenes (Rosebrock, Nix, Rieckmann & Gold, 2011, S. 9f.). Diesen Leserinnen und Lesern fehlt meist auch die Leseübung, um aus dieser Spirale herauszukommen. Deshalb sollten sie durch passende schulische Angebote gefördert werden. Die *Methode des kooperativen Lautlese-Verfahrens* als lesefördernde Maßnahme zeigt bei Schülerinnen und Schülern mit mangelnder Leseflüssigkeit sowohl in der Primar- als auch in der Sekundarstufe positive Effekte auf das Leseverstehen (Hattie, 2009; NICHD, 2000; Nix, 2011). Ziel ist, durch eine vorgegebene Trainingsstruktur »Leseroutine zu entwickeln und die eigenen Fähigkeiten in den Bereichen Verständlichkeit (inkl. Lautstärke) – Tempo – Genauigkeit – Ausdruck zu verbessern« (Kruse, 2008, S. 183). Es werden Lesetandems mit einem/einer besseren (Trainer bzw. Trainerin) und einem/einer schwächeren (Sportler bzw. Sportlerin) Leser bzw. Leserin gebildet, die gemeinsam einen Text mehrmals synchron und halblaut lesen. Die Lese-Sportlerin/der Lese-Sportler orientiert sich an ihrem/seinem Trainer bzw. ihrer/seiner Trainerin in Bezug auf Geschwindigkeit, Phrasierung und Lesefehler, die nach vier Sekunden durch Selbst-

korrektur oder von der Trainerin/vom Trainer verbessert werden. Ist die Sportle-
rin/der Sportler in der Lage, alleine zu lesen, gibt sie/er ihrem/seinem Trainer
bzw. ihrer/seiner Trainerin ein »Alleine-Lese-Zeichen«. Der Text soll viermal
gelesen werden, damit Wort- und Satzerkennung automatisiert werden. Anerkennung und Feedback durch die Trainerin/den Trainer unterstützen auf der
sozial-emotionalen Ebene die Leseentwicklung der Sportlerin/des Sportlers. Ein
wirksames Training sollte zwei- bis dreimal pro Woche 15 bis 20 Minuten über
vier bis sechs Monaten durchgeführt werden (Rieckmann, Berendt & Lauer-
Schmaltz, 2012, S. 90f.). Das *Viellese-Verfahren* entspricht der These »Lesen
lernt man durch Lesen«. Im schulischen Kontext versteht man darunter freie
Lesezeiten, die im Unterricht fix verankert sind. Je nach Schule gibt es unterschiedliche Organisationsformen und Zeitstrukturen, wie und wann diese Fördermaßnahme umgesetzt wird. Das Ziel ist, die Schülerinnen und Schüler über
selbstgewählte Texte, z.B. Kinder- und Jugendbücher, zum Lesen zu motivieren.
Wesentlich ist die Erkenntnis, dass die Methode des Viellese-Verfahrens eine
gute Leseflüssigkeit, hierarchiehöhere kognitive Leseleistungen und Leseenga-
gement voraussetzt (Rosebrock & Nix, 2014, S. 64). Rosebrock und Nix (2006,
S. 93) definieren *Leseflüssigkeit* »als die genaue, automatisierte, schnelle und
sinnkonstituierende Fähigkeit zur leisen und lauten Textlektüre, die es dem Leser
ermöglicht, die Bedeutung eines Textabschnittes mental zu konstruieren«. Die
Leseflüssigkeit steht folglich in enger Wechselwirkung mit dem Textverstehen.
Nach Nix (2011, S. 55) sollte der Erwerb der Leseflüssigkeit nach der alphabeti-
schen Phase und vor dem Umgang mit längeren Texten erfolgen. Durch Fördermaßnahmen, die die Dimensionen der Leseflüssigkeit (Genauigkeit des Dekodierens und Automatisieren des Dekodierens auf der Wortebene, Lesegeschwindigkeit, Segmentierungsfähigkeit und Betonung auf der Satz- bzw. lokalen Textebene)
trainieren, zeigen sich Transfereffekte auf Textverstehen, ohne die hierarchie-
höheren Leseprozesse gesondert zu fördern (Rosebrock u. a., 2011, S. 16ff.).

3. Pilotstudie

3.1 Forschungsdesign, Forschungsfragen und Prüfhypothesen

In einer quasiexperimentellen Untersuchung wird der Frage über die Nachhaltigkeit des kooperativen Lautleseverfahrens im Schulunterricht der Sekundarstufe I
nachgegangen.

Die Grundlage für diese Studie ist die 2012/13 durchgeführte Replikationsstudie mit dem Ziel, die Hypothese von Nix (2011), kooperative Lautlese-Verfahren
wirkten sich positiv auf die Leseflüssigkeit aus, zu überprüfen. Am Prätest nahmen

insgesamt 309 Schülerinnen und Schüler der fünften Schulstufe aus sechs städtischen Neuen Mittelschulen (14 Klassen) teil. Zwischen der ersten und zweiten Messung mit dem SLS erfolgte in der Versuchsgruppe (VG, sieben Klassen) in einem Zeitraum von vier Monaten eine zweimal wöchentlich durchgeführte Intervention, das kooperative Lautlese-Verfahren, in einem Ausmaß von je fünfzehn Minuten. In der Kontrollgruppe (KG) wurde das in den Stundenplänen am jeweiligen Schulstandort verankerte Viellese-Verfahren durchgeführt. Die Bestätigung der Annahme, kooperative Lautlese-Verfahren wirkten sich positiv auf die Leseflüssigkeit aus, zeigte sich in den Ergebnissen einer varianzanalytischen Auswertung: Der durchschnittliche Leistungszuwachs in der basalen Lesefertigkeit der Schülerinnen und Schüler der Versuchsgruppe unterschied sich 2013 signifikant von jenem der Kontrollgruppe *(F = 168,60; p < 0,001), Eta² = 0,39)*.

Legt man den Fokus ausschließlich auf die leseschwachen Schülerinnen und Schüler (n = 140), die zum ersten Messzeitpunkt die Lesestufe 4 und 5 erreicht hatten, zeigte sich eine signifikante Wechselwirkung zwischen Messwiederholung und Gruppe *(F = 8,78, p < 0,01, Eta² = 0,07)*. Insbesondere profitierten die leseschwachen Schülerinnen und Schüler mit Deutsch als Zweitsprache aus der Versuchsgruppe im Vergleich zur Kontrollgruppe *(p < 0,001; Eta² = 0,18)*.

Abbildung 1: Forschungsdesign

Prätest (T₁): 5. Schulstufe/2012

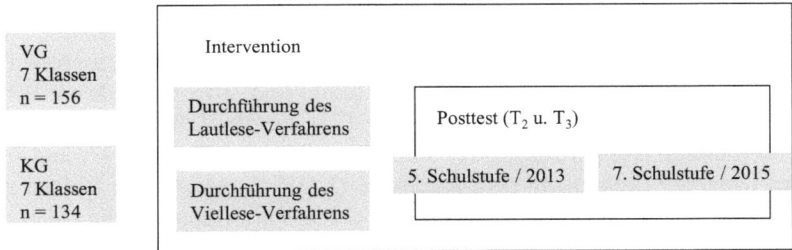

Quelle: Eigene Untersuchung.

Folgende Forschungsfragen lassen sich für den Posttest aus der zentralen Grundfrage »Wie wirkt sich das kooperative Lautlese-Verfahren nachhaltig auf die basale Lesefertigkeit der Schülerinnen und Schüler der Versuchsgruppe im Vergleich zur Kontrollgruppe aus?« ableiten:

– Unterscheiden sich die Auswirkungen von Treatment A (Lautlese-Verfahren) und Treatment B (Viellese-Verfahren) auf die basale Lesefertigkeit der Schülerinnen und Schüler der Sekundarstufe I?

- Wie wirkt Treatment A nachhaltig im Vergleich zu Treatment B auf die basale Lesefertigkeit von leseschwachen Schülerinnen und Schülern (Leseniveau 4 und 5) der Sekundarstufe I?
- Wie wirkt Treatment A nachhaltig im Vergleich zu Treatment B auf die basale Lesefertigkeit von leseschwachen Schülerinnen und Schülern mit Deutsch als Zweitsprache der Sekundarstufe I?

Prüfhypothesen

1. Die Schülerinnen und Schüler der Versuchsgruppe (Lautlese-Verfahren) erreichen einen höheren Leistungszuwachs der basalen Lesefertigkeit als die Schülerinnen und Schüler der Kontrollgruppe (Viellese-Verfahren).
2. Leseschwache Schülerinnen und Schüler der Versuchsgruppe haben einen höheren Leistungszuwachs der basalen Lesefertigkeit als die leseschwachen Schülerinnen und Schüler der Kontrollgruppe.
3. Leseschwache Schülerinnen und Schüler mit Deutsch als Zweitsprache der Versuchsgruppe haben einen höheren Leistungszuwachs der basalen Lesefertigkeit als die leseschwachen Schülerinnen und Schüler mit Deutsch als Zweitsprache der Kontrollgruppe.

3.2 Stichprobe

Die Stichprobe setzt sich aus Schülerinnen und Schülern einer Schulstufe aus 6 städtischen Neuen Mittelschulen (14 Klassen) zusammen (siehe Stichprobe Prätest!). 2012/13 besuchten die Personen die fünfte und 2015 die siebente Schulstufe. In der ersten schriftlichen Befragung (T_1) wurden 320 Testbögen ausgeteilt. Von diesen wurden für weitere Berechnungen 290 (90,6 %) verwendet, 30 wegen fehlender Daten nicht berücksichtigt, 11 (3,4 %) wurden als fehlend analysiert. Von der zweiten (T_2) und dritten (T_3) Messung waren für die Datenauswertung 286 (89,4 %) und 243 (75,9 %) Testbögen relevant.

Tabelle 1: Stichprobe (Prätest) (n = 309)

	Versuchsgruppe Treatment A	Kontrollgruppe Treatment B	Geschlecht		Sprache		n
			m	w	Deutsch als Muttersprache	Deutsch als Zweitsprache	
T_1	156	134	162	128	226	64	290
T_2	146	140	163	123	222	64	286
T_3	120	123	123	120	188	55	243

Quelle: Weber, 2014, S. 245.

Die Stichprobe (Messzeitpunkt T_1 und T_2 und T_3) splittet sich nach Ausschluss der fehlenden Daten in 156/146/120 Probandinnen und Probanden der Versuchsgruppe und 134/140/123 der Kontrollgruppe. 226/222/188 haben Deutsch als Muttersprache und 64/64/55 Deutsch als Zweitsprache. Im dritten Testdurchlauf (T_3) (7. Schulstufe) verringerte sich die Stichprobe auf 75,9 %, da zu diesem Messzeitpunkt Versuchsteilnehmerinnen und -teilnehmer entweder erkrankt oder nicht mehr an der jeweiligen Schule waren.

3.3 Datenerhebung und Intervention

Die quantitative Datenerhebung erfolgte mit dem SLS (Auer u. a., 2005) im Oktober 2012, im Februar 2013 und im Juni 2015. Das SLS ist ein standardisiertes Testverfahren, das die basale Lesefertigkeit über den Indikator Lesegeschwindigkeit testet. Inhaltlich einfache Sätze müssen möglichst schnell gelesen und auf ihren Wahrheitswert beurteilt werden. Dieses Screening-Verfahren ist ein hilfreiches Diagnose-Instrument, um Schwächen in diesem Bereich zu erkennen (Auer u. a. 2005, S. 6). Für die Einordnung der Leseleistung wurde die Kategorisierung des SLS (Auer u. a., 2005, S. 20) anhand der LQ-Werte herangezogen: Stufe 1 > 125; Stufe 2 = 111–125; Stufe 3 = 90–110; Stufe 4 = 75–89; Stufe 5 < 75. Der Lesequotient (LQ) drückt aus, „wie weit die gemessene Lesefertigkeit von der Normierungsstichprobe abweicht" (Auer u. a., 2005, S. 11).

Zwischen Messzeitpunkt eins und zwei (2012/13) absolvierten die Probandinnen und Probanden der Versuchsgruppe das Förderprogramm »kooperatives Lautlese-Verfahren«. Die Kontrollgruppe nahm an dem an den Schulen implementierten Viellese-Verfahren, bekannt als Leseleiste oder freie Lesezeit, durchschnittlich in ähnlicher Dauer teil. Zwischen Messzeitpunkt zwei und drei erfolgte keine Intervention wie zwischen Messzeitpunkt eins und zwei.

3.4 Datenauswertung

Die folgenden Berechnungen beziehen sich auf 220 bzw. 100 Probanden der Stichprobe (n = 309), die an allen drei Messungen teilgenommen haben. Die kleinere Teilstichprobe bezieht sich ausschließlich auf die leseschwachen Schülerinnen und Schüler, die zum ersten Messzeitpunkt nur die Lesestufe vier und fünf erreicht haben.

Die Kennwerte *(M, SD, n)* für die Variablen LQ_1 (Testwert 1. Messzeitpunkt); LQ_2 (Testwert 2. Messzeitpunkt); LQ_3 (Testwert 3. Messzeitpunkt) getrennt nach Versuchs- und Kontrollgruppe und Sprache (Deutsch; andere) stellen die Untersuchungsergebnisse der Stichproben (n = 220; n = 100) dar.

Tabelle 2: Deskriptive Statistik (LQ$_1$_LQ$_2$_LQ$_3$; Gruppe/Sprache; M; SD; n = 220)

Gruppe	Sprache	M$_1$	SD$_1$	M$_2$	SD$_2$	M$_3$	SD$_3$	n
Versuchsgruppe	Deutsch	90,78	15,83	99,70	18,16	99,78	15,13	87
	andere	80,36	17,48	93,09	13,69	98,23	9,70	22
	gesamt	88,68	16,63	98,37	17,50	99,47	14,17	109
Kontrollgruppe	Deutsch	94,33	13,08	99,35	12,95	103,59	13,73	83
	andere	85,29	14,71	89,64	15,85	93,46	12,34	28
	gesamt	92,05	14,01	96,90	14,30	101,14	14,05	111
gesamt	Deutsch	92,51	14,62	99,53	15,79	101,64	14,54	170
	andere	83,12	16,01	91,16	14,90	95,56	11,40	50
	gesamt	90,38	15,42	97,63	15,95	100,26	14,10	220

Quelle: Eigene Untersuchung.

Der Mittelwertvergleich über die drei Messzeitpunkte macht deutlich, dass die durchschnittlichen Leistungen sowohl in der Versuchs- ($M_1 = 88,68$, $M_2 = 98,37$, $M_3 = 99,47$) wie Kontrollgruppe ($M_1 = 92,05$, $M_2 = 96,90$, $M_3 = 101,14$) gestiegen sind. Das lässt vermuten, dass beide Interventionen zur Verbesserung der Lesefertigkeit beigetragen haben. Die Standardabweichungen zeigen, dass die Messwerte der Kontrollgruppe ($SD_1 = 14,01$, $SD_2 = 14,30$, $SD_3 = 14,05$) zu allen drei Messzeitpunkten ähnlich streuen und die der Versuchsgruppe ($SD_1 = 16,83$, $SD_2 = 17,50$, $SD_3 = 14,17$) größere Unterschiede aufweisen, wobei die Streuung zum 3. Messzeitpunkt um 3,33 geringer ist als zum zweiten Messzeitpunkt. Auffällig ist, dass die Leistungen der Versuchsgruppe zum zweiten Messzeitpunkt um 9,69 und zum dritten Messzeitpunkt um nur 1,1 gestiegen sind. Im Vergleich dazu sind die Mittelwertdifferenzen der Kontrollgruppe zwischen den Messzeitpunkten ähnlich geblieben (4,85; 4,24). Die höchste Steigerung zeigen die Schülerinnen und Schüler mit Deutsch als Zweitsprache in der Versuchsgruppe mit einem durchschnittlichen Leistungszuwachs von 17,87 im Vergleich zur Kontrollgruppe mit 8,17.

Tabelle 3: Deskriptive Statistik (LQ$_1$_LQ$_2$_LQ$_3$; Gruppe/Sprache; M; SD; n = 100)

Gruppe	Sprache	MW$_1$	SD$_1$	MW$_2$	SD$_2$	MW$_3$	SD$_3$	n
Versuchsgruppe	Deutsch	78,80	7,26	86,93	11,69	90,25	9,05	44
	andere	73,50	15,07	88,19	12,60	95,25	9,13	16
	gesamt	77,38	10,09	87,27	11,84	91,58	9,27	60
Kontrollgruppe	Deutsch	80,04	7,79	86,52	10,25	91,85	9,53	27
	andere	72,46	11,70	77,00	13,02	84,23	9,51	13
	gesamt	77,58	9,77	83,43	11,94	89,38	10,07	40
gesamt	Deutsch	79,27	7,44	86,77	11,09	90,86	9,20	71
	andere	73,03	13,44	83,17	13,77	90,31	10,70	29
	gesamt	77,46	9,91	85,73	11,97	90,70	9,61	100

Quelle: Eigene Untersuchung.

Die deskriptiven Statistiken in Tabelle 3 beziehen sich auf alle Schülerinnen und Schüler (n = 100), die zum ersten Messzeitpunkt das Leseniveau »schwach« (Lesestufe fünf) oder »unterdurchschnittlich« (Lesestufe vier) erreicht haben.

Die durchschnittlichen Mittelwertdifferenzen der Versuchsgruppe »gesamt« (14,2) sind zum dritten Messzeitpunkt im Vergleich zur Kontrollgruppe »gesamt« (11,8) um 2,4 höher. Hervorzuheben sind die leseschwachen Schülerinnen und Schüler mit Deutsch als Zweitsprache aus der Versuchsgruppe. Ihr durchschnittlicher Leistungszuwachs zwischen dem ersten und dem dritten Messzeitpunkt beträgt 21,75 im Vergleich zur Kontrollgruppe mit 11,81.

3.5 Inferenzstatische Auswertung – Hypothesenprüfung – Interpretation

Zur Prüfung der Hypothesen wurde ein Vergleich der Mittelwerte mit einer Varianzanalyse mit Messwiederholung durchgeführt. Für die Berechnung wurde SPSS (Version 24) verwendet. Dabei wurden die Haupteffekte der Faktoren (LQ_1/LQ_2/LQ_3; VG/KG; Sprache) sowie ihre Interaktionswirkung auf Signifikanz geprüft. Entscheidend ist bei dieser Analyse, wie die Schwankungen innerhalb der Leistungen der einzelnen Stufen auf die abhängige Variable wirken. Konkret stellt sich diese Frage, ob zwischen den drei Messzeitpunkten (T_1, T_2 sowie T_3) Veränderungen in der basalen Lesefertigkeit auftreten. Dabei wird der Einfluss der Faktoren Versuchs-, Kontrollgruppe und Sprache berücksichtigt (Bühl, 2008, S. 451ff.).

Die abhängigen Variablen resultieren aus den auf der Basis von Rohwerten errechneten Lesequotienten 1, 2, 3 (LQ_1; LQ_2; LQ_3) aller richtig beantworteten Items aus den SLS zu den jeweiligen Messzeitpunkten (T_1, T_2, T_3). Die Innersubjektfaktoren sind die Stufen des Faktors LQ (LQ_1_LQ_2_LQ_3). Für diesen Faktor sind die Ergebnisse von 220 bzw. 100 Probandinnen und Probanden relevant. Zu den Zwischensubjektfaktoren oder unabhängigen Variablen zählen die Zeilenfaktoren: Gruppenzugehörigkeit: Versuchsgruppe (n = 109/60), Kontrollgruppe (n = 111/40) und Sprache: Deutsch (n = 170/71), andere Sprache (n = 50/29). Die Berechnungen beziehen sich auf die Stichprobe (n = 220 bzw. 100); die Messzeitpunkte (T_1_LQ_1; T_2_LQ_2; T_3_LQ_3) und auf die Wechselwirkungen (Gruppe; Sprache) mit den Messzeitpunkten.

Hypothese 1
Die Schülerinnen und Schüler der Versuchsgruppe (Lautlese-Verfahren) erreichen einen höheren Leistungszuwachs der basalen Lesefertigkeit als diejenigen der Kontrollgruppe (Viellese-Verfahren).

Die Tests der Innersubjekteffekte liefern weitgehend identische Ergebnisse. Zwischen den Messzeitpunkten zeigt sich ein signifikanter Haupteffekt $(F_{[2,432]} = 119,728, \ p < 0,001, \ Eta^2 = 0,357)$. Das bedeutet, dass der durchschnittliche Leistungszuwachs sowohl in der Versuchsgruppe $(M_1 = 88,68; \ M_2 = 98,37; \ M_3 = 99,47; \ MWD = 10,79)$ als auch in der Kontrollgruppe $(M_1 = 92,05; M_2 = 96,90; M_3 = 101,14; MWD = 9,35)$ gestiegen ist. Die Effektstärke ist dabei als hoch einzuschätzen.

Auch die *Wechselwirkung* zwischen Messzeitpunkt und Gruppe (VG_KG) ist signifikant $(F_{[2,432]} = 5,751, \ p < 0,003, \ Eta^2 = 0,026)$. Dies bedeutet, dass die Schülerinnen und Schüler der Interventionsgruppe mit dem kooperativen Lautlese-Verfahren stärker profitiert haben als die Schülerinnen und Schüler der Kontrollgruppe, welche nach dem Viellese-Verfahren gefördert wurden. Die Effektstärke deutet allerdings auf einen geringen Effekt hin.

Abbildung 2: Mittelwertvergleich: 1.,2.,3. Messzeitpunkt/ VG und KG (n = 220)

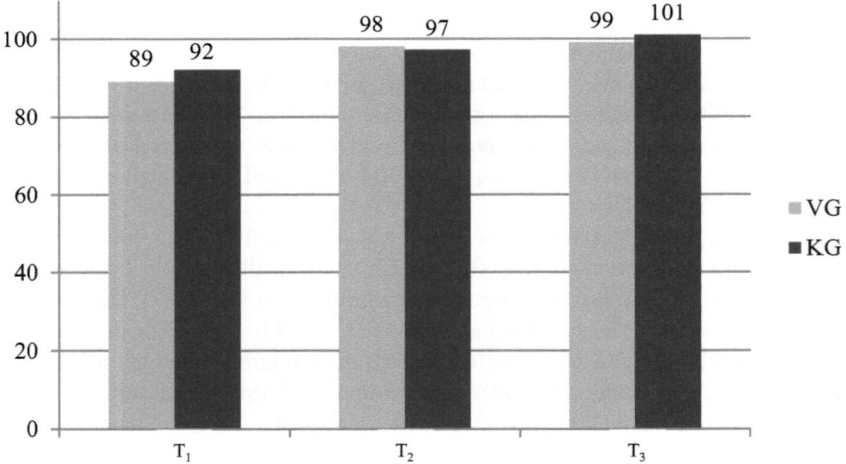

Quelle: Eigene Untersuchung.

Abbildung 2 kann man entnehmen, dass sich der Unterschied zwischen Versuchs- und Kontrollgruppe eher auf die Messzeitpunkte eins und zwei bezieht. Der Effekt des Lautlese-Verfahrens ist in dieser Phase um 4,79 höher als der des Viellese-Verfahrens. In Phase 2 reduziert er sich auf 1,1 im Vergleich zur Kontrollgruppe (von 4,25). Trotzdem ist der Leistungszuwachs der Versuchsgruppe insgesamt höher als der der Kontrollgruppe. Hypothese 1 kann bestätigt werden.

Hypothese 2

Leseschwache Schülerinnen und Schüler mit Deutsch als Muttersprache und Deutsch als Zweitsprache haben in der Versuchsgruppe einen höheren Leistungszuwachs der basalen Lesefertigkeit als diejenigen in der Kontrollgruppe.

Mithilfe einer Datenaufteilung wurden jene leseschwachen Schülerinnen und Schüler herausgefiltert, die beim ersten Messzeitpunkt dem Leseniveau vier und fünf zugeordnet waren. Daraus ergab sich folgende Teilstichprobe (n = 100; VG = 60; KG = 40; Deutsch = 71; »andere Sprache« [Deutsch als Zweitsprache] = 29). Die Tests der Innersubjekteffekte liefern weitgehend identische Ergebnisse. Zwischen den Messzeitpunkten zeigt sich ein signifikanter Haupteffekt ($F_{[2,192]} = 109,193$, $p < 0,001$, $Eta^2 = 0,532$) mit einer hohen Effektstärke und einer signifikanten Wechselwirkung zwischen der Messwiederholung und der Versuchs- und Kontrollgruppe ($F_{[2,192]} = 5,277$, $p < 0,01$, $Eta^2 = 0,052$). Das bedeutet, dass sich die leseschwachen Schülerinnen und Schüler über die Zeit hinweg in ihrer Lesefähigkeit verbessert haben. Dabei ist die Effektstärke wiederum eher gering.

Abbildung 3: Mittelwertvergleich: 1., 2., 3. Messzeitpunkt/VG und KG (n = 100)

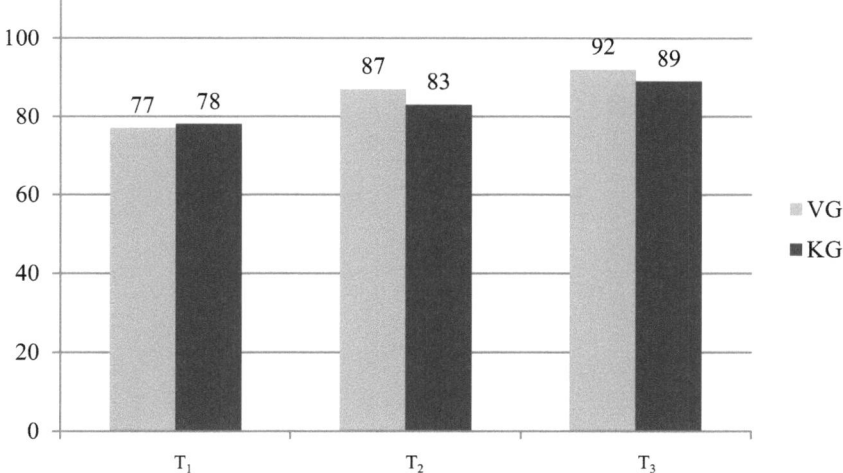

Quelle: Eigene Untersuchung.

Nach dem Mittelwertvergleich gibt es zwischen dem Leistungszuwachs der Versuchsgruppe ($M_1 = 77,38$; $M_2 = 87,27$; $M_3 = 91,58$) und Kontrollgruppe ($M_1 = 77,58$; $M_2 = 83,43$; $M_3 = 89,38$) zwischen den Gesamtdifferenzen der

beiden Teilstichproben (*MD_VG = 14,2; MD_KG = 11,8*) einen Unterschied
von 2,4. Wie schon aus dem Prätest hervorgeht (s. Weber 2014, S. 253), gibt es
zwischen den Messzeitpunkten 1 und 2 und der Gruppe einen Einfluss. Zwischen
Messzeitpunkt 2 und 3 liegt die Differenz zwischen den Gruppen (VG = 4,31;
KG = 5,95) bei 1,64 zum Vorteil der Kontrollgruppe. Insgesamt ist der Leistungszuwachs in der Versuchsgruppe (Lautlese-Verfahren) (MD = 14,2) höher
als in der Kontrollgruppe (Viellese-Verfahren) (MD = 11,8) (Abbildung 3). Hypothese 2 kann bestätigt werden.

Hypothese 3
Leseschwache Schülerinnen und Schüler mit Deutsch als Zweitsprache der Versuchsgruppe haben einen höheren Leistungszuwachs der basalen Lesefertigkeit
als die leseschwachen Schülerinnen und Schüler mit Deutsch als Zweitsprache
der Kontrollgruppe.

Abbildung 4: Mittelwertvergleich: 1., 2., 3. Messzeitpunkt/VG und KG/andere Sprache (n = 100)

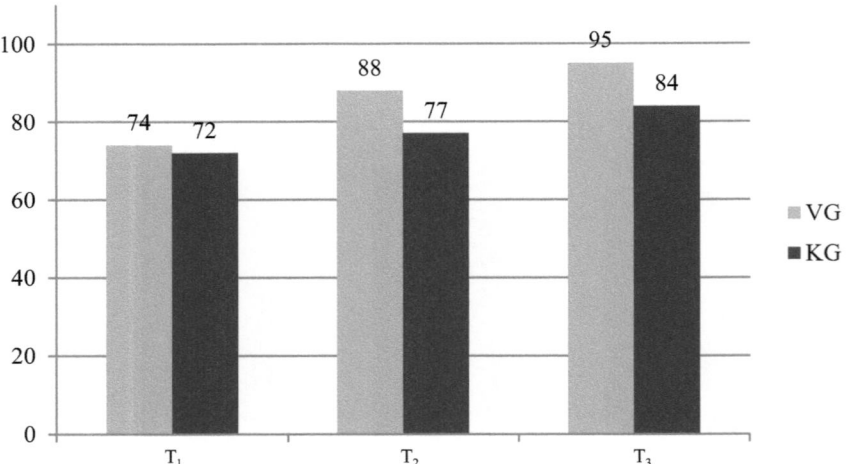

Quelle: Eigene Untersuchung.

Zwischen den Messzeitpunkten (T_1_T_2_T_3) gibt es einen signifikanten Effekt
($F_{[2,192]} = 4,07$, $p < 0,05$, $Eta^2 = 0,04$). Das bedeutet, dass leseschwache Schülerinnen und Schüler mit Deutsch als Zweitsprache über die Zeit hinweg ihre Lesefähigkeit verbessert haben. Die Effektstärke ist hierbei allerdings als eher klein
einzustufen. Die Wechselwirkung mit dem Faktor Zeit und der Gruppe ist signi-

fikant ($F_{[1,96]} = 4,62$, $p < 0,01$, $Eta^2 = 0,05$) und weist ebenfalls eine geringe Effektstärke auf. Die Wirksamkeit des Lautlese-Verfahrens zeigt sich besonders bei den leseschwachen Schülerinnen und Schüler mit Deutsch als Zweitsprache. Der durchschnittliche Leistungszuwachs beträgt in dieser Gruppe vom ersten bis zum dritten Messzeitpunkt ($M_1 = 73,50$; $M_2 = 88,19$; $M_3 = 95,25$) 21,25. In der Kontrollgruppe ist der Leistungszuwachs schon zum zweiten Messzeitpunkt ($M_1 = 72,46$; $M_2 = 77,00$; $M_3 = 84,43$) wesentlich geringer (11,77). Hier geht eindeutig hervor (Abbildung 4), dass das Lautlese-Verfahren für die leseschwachen Schülerinnen und Schüler mit Deutsch als Zweitsprache effektiver ist als das Viellese-Verfahren. Hypothese 3 kann bestätigt werden.

4. Zusammenfassung/ Ausblick/ Forschungsperspektiven

Die vorliegende Studie ging der Frage nach, ob sich das kooperative Lautlese-Verfahren besser auf die basale Lesefertigkeit der Schülerinnen und Schüler auswirkt als das Viellese-Verfahren. Im Besonderen wurde untersucht, ob sich die Effekte für leseschwache Schülerinnen und Schüler unterscheiden und ob Schülerinnen und Schüler mit Deutsch als Muttersprache und Deutsch als Zweitsprache gleich stark von der Förderung profitieren. Studien aus dem angloamerikanischen und dem deutschsprachigen Raum (z. B. Hattie, 2009; Rosebrock & Nix, 2006; Nix, 2011) belegen die Effizienz von Lautlese-Verfahren, in denen mangelnde Leseflüssigkeit mittels begleitendem und wiederholendem Lesen trainiert wird (Philipp & Schilcher, 2012, S. 97). Das Viellese-Verfahren ist meist in Form einer fix im Stundenplan verankerten Leseleiste oder in offenen Lernformen etabliert und dient dem Ziel, einerseits jenen Schülerinnen und Schülern eine gelebte Lesekultur zu vermitteln, die aufgrund einer mangelnden familialen Lesesozialisation fehlende Lesekompetenzen aufweisen, andererseits Schülerinnen und Schüler durch freie Wahl der Leselektüre und Verzicht auf verordnete Leseanalysen zur selbstbestimmten Leserin und zum selbstbestimmten Leser zu erziehen. Diese Methode überfordert aber Schülerinnen und Schüler, die noch Probleme mit den basalen Lesefertigkeiten haben, denn diese sind Voraussetzung für eigenständiges Lesen.

Die hier dokumentierten Ergebnisse der Längsschnittstudie lassen folgende Schlüsse zu:

–   Grundsätzlich verbessern sich die basalen Lesefertigkeiten von Schülerinnen und Schülern von der 5. Schulstufe bis zur 7. Schulstufe noch deutlich. Diese Steigerung ist jedoch für unterschiedliche Gruppen (z. B. Schülerinnen und

Schüler mit Deutsch als Muttersprache und Deutsch als Zweitsprache) unterschiedlich stark.

– Die Unterschiede im Leistungszuwachs waren beim kooperativen Lautlese-Verfahren unmittelbar nach der Intervention (2. Messzeitpunkt) höher als beim Viellese-Verfahren.
– Zwischen dem zweiten und dritten Messzeitpunkt war der Lernzuwachs der Versuchsgruppe gegenüber der Kontrollgruppe geringer als unmittelbar nach der Intervention.
– Vom kooperativen Lautlese-Verfahren haben besonders die leseschwachen Schülerinnen und Schüler mit Deutsch als Zweitsprache profitiert.

Folgende Thesen sollen den Erfolg des kooperativen Lautlese-Verfahrens im schulischen Kontext nach empirischen Befunden unterstreichen (siehe dazu Hattie, Beywl & Zierer, 2013, S. 162):

– Unterrichtsansätze wie rhythmisiertes Üben ($d = 0,71$), Peer-Tutoring ($d = 0,55$) bewirken mittlere ($0,40 \leq d < 0,60$) bis hohe ($d \geq 0,60$) Effektstärken.
– Unterrichtsansätze wie wiederholendes Lesen zeigen nach Therrien (2004) deutlich positive Effekte auf das Leseverständnis ($d = 76$) und auf die Leseflüssigkeit ($d = 0,50$).
– Unterrichtsansätze, die selbstreguliertes Lernen, Ausüben von persönlicher Kontrolle, direktes Feedback, Bereitschaft, in Lernen zu investieren fördern, helfen den Lernenden, ein positives Selbstkonzept zu entwickeln (Hattie et al., 2013, S. 55f.).

Zusammenfassend kann gesagt werden, dass das Lautlese-Verfahren vor allem *ein wirksamer Förderansatz für leseschwache Schülerinnen und Schüler* und im schulischen Setting einfach umzusetzen ist. Durch das Tandem-Lesen, bei dem eine bessere Leserin/ein besserer Leser die schwächere Leserin/den schwächeren Leser im lauten und wiederholenden Lesen begleitet und dabei Fehler korrigiert, werden nicht nur kognitive, sondern auch soziale und motivationale Fertigkeiten gefördert.

Viellese-Verfahren sind wichtig für die Entwicklung des eigenständigen Lesens selbstbestimmter Lektüre. Doch müssten schwache Leserinnen und Leser im Leseprozess kompetent begleitet und unterstützt werden, um das Ziel dieses Verfahrens zu erreichen, nämlich im Lesen kompetent und zum Lesen motiviert zu sein. Nach Rosebrock, Rieckmann, Nix und Gold (2010) sind schwache Leserinnen und Leser nicht in der Lage, sinnrelevante Lesefehler zu korrigieren, »so dass kein lokaler Zusammenhang zwischen den Sätzen hergestellt werden kann; es wird stockend und in Zwei- bis Dreiwortgruppen gelesen, sodass Bedeutungszusammenhänge von Wortgruppen nicht immer gewahrt und Notwendigkeiten der Intonation – etwa Satzzeichen oder wörtliche Rede – nicht realisiert werden [...]« (Rosebrock & Nix, 2014, S. 67).

Um den positiven Effekt des Lautlese-Verfahrens nicht nur bei Schülerinnen und Schülern mit Deutsch als Zweitsprache nachhaltig zu erzielen, müsste man das Lautlese-und Viellese-Verfahren in einem verschränkten Setting als Leseförderung anbieten, um die Lesefertigkeit, intrinsische Lesemotivation und den Austausch über Gelesenes zu verbessern (Nix, 2011). Zusätzlich sollten Lesestrategien Teil der Förderung sein. Das Programm PALS (Peer Assistent Learning Strategies), in Amerika entwickelt, ist eine Kombination von Leseflüssigkeits- und Strategietraining in Tandems, das gute Erfolge im Leseverständnis, Anwenden von Strategien und selbstreguliertem Lernen erbringt (Maik, 2012, S. 126).

Professionalisierung und Bewusstseinsbildung der Lehrerinnen und Lehrer, wie Lesekompetenz entwickelt und wirksam in allen Fächern gefördert werden kann, müssten bereits in der Ausbildung und dann im System Schule mehr an Bedeutung gewinnen, um nachhaltig Wirkung zu zeigen. Ein weiteres Ziel wäre, bereits in der Primarstufe effiziente evidenzbasierte Förderprogramme für Lese-Risikokinder umzusetzen. So werden z.B. die Leistungen im Leseverständnis ($d = 0{,}67$), Dekodieren ($d = 0{,}56$) und Vorlesen ($d = 0{,}69$) laut D'Agostino & Murphy (2004) mit dem »Reading Recovery«-Programm wesentlich verbessert, indem die leseschwachen Kinder zwischen 12 und 20 Wochen außerhalb des Klassenverbandes betreut werden (Schwetz & Swoboda, 2013, S. 73). Dieser Ansatz wäre als Pilotstudie im Vergleich zu integrativen Programmen an österreichischen Volksschulen sicher interessant.

Literatur

Auer, M., Gruber, G., Mayringer, H. & Wimmer, H. (2005). *SLS 5 8. Salzburger Lese-Screening für die Klassenstufen 5–8. Manual*. Bern: Huber.

Bühl, A. (2008). *SPSS 16. Einführung in die moderne Datenanalyse*. 11., aktualisierte Auflage. München: Pearson.

D'Agostino, J. & Murphy, J. (2004).

Hattie, J. (2009). *Visible learning for teachers: maximizing impact on learning*. London & New York: Routledge.

Hattie, J., Beywl, W. & Zierer, K. (2013). *Lernen sichtbar machen: Überarbeitete deutschsprachige Ausgabe von Visible Learning*. Baltmannsweiler: Schneider Verlag Hohengehren.

Kruse, G. (2008). Das Lesen trainieren: Zu Konzepten von Leseunterricht und Leseübung. In: A. Bertschi-Kaufmann (Hrsg.), *Lesekompetenz, Leseleistung, Leseförderung. Grundlagen, Modelle und Materialien* (S. 176–188). Zug: Klett und Balmer.

Maik, P. (2012). Lesetandems im Wettbewerb – das Programm PALS (Peer-Assisted Learning Strategies). In: P. Maik & A. Schilcher (Hrsg.), *Selbstreguliertes Lesen. Ein Überblick über wirksame Leseförderansätze* (S. 116–126). Seelze: Kallmeyer & Klett.

NICHD – National Institute of Child Health and Human Development (2000). *Report of National Reading Panel: Teaching children to read – An evidence based assessment of scientific research literature on reading and its implications for reading instruction.* Washington, DC: U.S. Government Printing Office.

Nix, D. (2011). *Förderung der Leseflüssigkeit. Theoretische Fundierung und empirische Überprüfung eines kooperativen Lautlese-Verfahrens im Deutschunterricht.* Weinheim & München: Juventa.

Philipp, M. & Schilcher, A. (Hrsg.) (2012). *Selbstreguliertes Lesen. Ein Überblick über wirksame Leseförderansätze.* Seelze: Kallmeyer & Klett.

Rieckmann, C., Berendt, S. & Lauer-Schmaltz, M. (2012). Programme zur Förderung von Leseflüssigkeit, -stratgien und Selbstregulation beim Lesen. In: M. Philipp & A. Schilcher (Hrsg.), *Selbstreguliertes Lesen. Ein Überblick über wirksame Leseförderansätze* (S. 87–126). Seelze: Kallmeyer & Klett.

Rosebrock, C. & Nix, D. (2006). Forschungsüberblick: Leseflüssigkeit (Fluency) in der amerikanischen Leseforschung und -didaktik. *Didaktik Deutsch*, 20, 90–113.

Rosebrock, C. & Nix, D. (2014). *Grundlagen der Lesedidaktik und der systematischen Leseförderung* (7., überarbeitete und erweiterte Aufl.). Baltmannsweiler: Schneider Verlag Hohengehren.

Rosebrock, C., Nix, D., Rieckmann, C & Gold, A. (2011). *Leseflüssigkeit fördern. Lautleseverfahren für die Primar- und Sekundarstufe.* Seelze: Kallmeyer & Klett.

Rosebrock, C., Rieckmann, C., Nix, D. & Gold, A. (2010). Förderung der Leseflüssigkeit bei leseschwachen Zwölfjährigen. *Didaktik Deutsch*, 28, 33–58.

Schwetz, H. & Swoboda, B. (Hrsg.) (2013). *Hattie – der Weg zum Erfolg? Mythen und Fakten zu erfolgreichem Lernen.* Wien: Facultas.

Therrien, W. J. (2004). Fluency and Comprehenson Gains as a Result of Repeated Reading: A Meta Analysis. *Remedial & Special Education*, 25 (4), 252 – 261.: https://www.asha.org/ArticleSummary.aspx?id=8589951855, abgerufen am 10.12.2017.

Weber, R. (2014). Mangelnde Lesekompetenz und die Wirksamkeit von Förderprogrammen – Lautleseverfahren im Fokus. In: I. Benischek, A. Forstner-Ebhart, H. Schaupp & H. Schwetz (Hrsg.). *Empirische Forschung zu schulischen Handlungsfeldern. Ergebnisse der ARGE Bildungsforschung an Pädagogischen Hochschulen in Österreich.* Band 4 (S. 232–258). Wien: Facultas.

Christina Haberfellner

Concept Maps zur Erfassung des Wissenschaftsverständnisses angehender Lehramtsstudierender

Möglichkeiten, Grenzen und Implikationen

1. Naturwissenschaftliche Grundbildung als Ziel modernen Sachunterrichts

Es besteht ein breiter Konsens hinsichtlich der Bedeutung einer allgemeinen naturwissenschaftlichen Grundbildung (Prenzel, Geiser, Langeheine & Lobemeier, 2003) in einer von empirischen Erkenntnissen geprägten Gesellschaft. So benötigen moderne Industrie- und Wissensgesellschaften naturwissenschaftlich gebildete Arbeitskräfte. Individuen sollten über ein grundlegendes Wissen über Naturwissenschaft und Technik verfügen, um als Konsumenten entscheidungsfrei handeln zu können. Nicht zuletzt ist es hilfreich, gesellschaftliche Probleme naturwissenschaftlichen Inhaltes zu verstehen, um faktenbasiert an demokratischen Entscheidungsprozessen teilnehmen zu können. Die Strukturierung der naturwissenschaftlichen Grundbildung wurde in der Vergangenheit in verschiedenen theoretischen Ansätzen aufgegriffen (Gräber, Nentwig & Nicolson, 2002; National Research Council, 1996; OECD, 2006; Prenzel et al., 2003), jedoch finden sich vier Elemente in allen Modellen wieder. Diese umfassen (1) ein Wissen bzw. Verständnis zentraler naturwissenschaftlicher Begriffe, (2) ein Verständnis naturwissenschaftlicher Untersuchungsmethoden und Denkweisen (nature of scientific inquiry), (3) Vorstellungen über das Wesen der Naturwissenschaft (nature of science) bzw. naturwissenschaftlichen Wissens (nature of scientific knowledge) und (4) Vorstellungen über die Beziehungen zwischen Naturwissenschaft, Technik und Gesellschaft. Diese Vorstellungen über das Wesen der Naturwissenschaft bzw. naturwissenschaftlichen Wissens werden in der deutschsprachigen Literatur oft als »Wissenschaftsverständnis« (Grygier, 2008; Günther, 2006) bezeichnet und umfassen erkenntnistheoretische, wissenschaftstheoretische sowie wissenschaftsethische Aspekte. Erkenntnistheorie und Wissenschaftstheorie sind eng miteinander verbunden und versuchen zu klären, »wie Menschen zu ihrem Wissen über die Welt kommen« (Grygier, 2008, S. 57). Im Zentrum der Wissen-

schaftstheorie steht der Erkenntniszirkel, der die Arbeitsweise der Wissenschaftler, den Weg ihrer Erkenntnisgewinnung auf einfache Weise beschreibt. Er besteht aus fünf zyklisch angeordneten Elementen, welche beginnend beim Stellen
von Fragen über das Aufstellen von wissenschaftlichen Vermutungen (Hypothesen) hin zum wissenschaftlichen Versuch (Experiment) und zum Ergebnis bzw.
der daraus abzuleitenden Schlussfolgerung führen (Grygier, 2008). Wissenschaftsverständnis erschöpft sich also weder im Kennen naturwissenschaftlicher
Inhalte noch im Wissen über die naturwissenschaftlichen Methoden oder Prozesse, sondern ist vielmehr ein Verständnis über den Zusammenhang zwischen den
Inhalten und den Prozessen, die diese Inhalte generieren, gefordert. Wie
Neumann und Kremer (2013, S. 210) zusammenfassen, hat sich dieses Feld in
den letzten Jahrzehnten »zu einem zentralen Thema der internationalen naturwis-
senschaftsdidaktischen Forschung mit vorwiegend angloamerikanischer Tradition entwickelt«, da es um die Frage geht, was Naturwissenschaft als wissenschaftliche Disziplin ausmacht.

Übertragen auf den schulischen Bereich bedeutet dies, dass es sinnvoll wäre,
einen naturwissenschaftlichen Unterricht anzubieten, der es den Kindern ermöglicht, die angesprochene naturwissenschaftliche Grundbildung zu entwickeln.
Vor dem Hintergrund aktueller Angebots-Nutzungs-Modelle (Brunner, Kunter,
Krauss, Klusmann, Baumert & Blum, 2006; Helmke, 2009; Lipowsky, 2006),
die das komplexe Bedingungsgefüge von Lehren und Lernen beschreiben, nimmt
hierbei die Lehrperson mit ihrem Professionswissen, ihren motivationalen Orientierungen, subjektiven Theorien und Persönlichkeitsmerkmalen einen wesentlichen Raum ein. Darüber hinaus spielen u. a. individuelle Eingangsvoraussetzun-
gen der Schüler/innen, Kontextmerkmale und außerschulische Lerngelegenheiten
eine Rolle. Um den komplexen Anforderungen modernen naturwissenschaftlichen Unterrichts gerecht zu werden, benötigen Lehrkräfte

> allgemeindidaktische und lernpsychologische Kenntnisse wie auch fachliche und fachdidak-
> tische Kenntnisse in Bezug auf biologische, physikalische, chemische und technische As-
> pekte des Sachunterrichts und ihre[r] interdisziplinären Verflechtungen, um einen verständ-
> nisfördernden und motivational aktivierenden Unterricht [...] gewährleisten zu können.
> (Möller, 2004, S. 75)

Die eben angesprochenen fachspezifischen (content knowledge) und fachdidakti-
schen (pedagogical content knowledge) Kenntnisse sind neben einem allgemeinen pädagogischen Wissen (general pedagogical knowledge) Bestandteile des
Professionswissens von Lehrpersonen (Bromme, 1992; Brunner et al., 2006;
Shulman, 1987), wobei das allgemeine Wissenschaftsverständnis einer Lehrperson als fachspezifisches Wissen (content knowledge) aufgefasst werden kann.

2. Wissenschaftsverständnis von (angehenden) Lehrpersonen

Stellt man in diesem Zusammenhang die Frage, über welches Verständnis (angehende) Lehrpersonen in Bezug auf Forschung bzw. wissenschaftliches Arbeiten verfügen, zeigt sich, dass diese oft ein (a) naiv-szientistisches wie auch (b) radikal relativistisches Wissenschaftsverständnis (u. a. Abd-el-Khalick & Lederman, 2000; Günther, 2006; Lunn, 2002; Thoermer & Sodian, 2002) aufweisen. Lunn (2002, S. 657) definiert die naiv-szientistischen Sichtweise folgendermaßen: »Scientific method will lead to the truth. There are no mysteries that will not eventually yield. Science is the only way of finding out about the reality behind phenomena.« Diese Sichtweise zeugt von einem unkritischen Enthusiasmus für Wissenschaft und der uneingeschränkten Akzeptanz wissenschaftlicher Ergebnisse im Sinne von Beweisen. Relativistisches Wissenschaftsverständnis hingegen meint folgendes: »Progress in science is illusory. It consists in the development of new ways of talking about the world that are not intrinsically better than older ways, just different« (Lunn, 2002, S. 657). Günther (2006) ergänzt, dass Studierende überwiegend über naive Vorstellungen über Naturwissenschaften verfügen, welche Wissensgenerierung durch allgemein-unspezifisches Entdecken und Erforschen in den Mittelpunkt stellt. So haben bisherige Studien an Naturwissenschaftsstudierenden gezeigt, »dass ein Verständnis des zyklisch-kumulativen Charakters wissenschaftlicher Erkenntnis selbst von Erwachsenen mit naturwissenschaftlicher Ausbildung nur selten erreicht wird« (Grygier, 2008, S. 53). Auch die Bedeutung der wissenschaftlichen Gemeinschaft und deren Einfluss auf die Anerkennung wissenschaftlicher Fortschritte fehlen meist (Günther, 2006). Ein weiterer relevanter Aspekt ist die Trennung von Theorie und Evidenz im wissenschaftlichen Erkenntnisprozess. Günther (2006) erfasste in einer deskriptiven Studie das Wissenschaftsverständnis von 40 Grundschullehrkräften mit dem Nature-of-Science-Interview (Carey, Evans, Honda, Jay & Unger, 1989). Die Ergebnisse zeigten auch hier ein sehr heterogenes Bild. Nur eine Person verfügte über ein stabiles adäquates Wissenschaftsverständnis. Demgegenüber stehen 20 % der Probanden, die im Interview kein Verständnis von theoretischen Grundlagen und deren Überprüfung durch gezielt erhobene experimentelle Evidenzen aufzeigen konnten. Günther (2006, S. 83) schlussfolgert:

> Sie besitzen aus unserer Sicht eine unzureichende naiv-realistische Weltsicht, die keine adäquate naturwissenschaftliche Ausbildung der Grundschüler ermöglicht. Hier fehlt eine entscheidende Wissens- und Erfahrungsgrundlage für einen epistemologisch reflektierten Sachunterricht, der zu einer entscheidenden Verbesserung der naturwissenschaftlichen Grundbildung beitragen kann.

Diese Befunde haben auch Konsequenzen für die Lehrerinnenaus- und -fortbil-
dung. »Eine Einbindung des Themas ›Über Naturwissenschaften Lernen‹ in die
Lerninhalte des Sachunterrichts müsste dann in entsprechender Form in die Ausbildung der Lehrer integriert werden« (Günther, 2006, S. 72).

3.   Fragestellung und Methodik

Der Beitrag zeigt auf, inwieweit Concept Maps geeignet sind, um das Wissenschaftsverständnis von Primarstufenstudierenden zu erfassen. Es werden die
Fragestellungen bearbeitet, (1) welche Aussagen im Hinblick auf das Wissenschaftsverständnis der Studierenden getroffen werden können und (2) welche
Implikationen sich daraus für den weiteren Einsatz der Methode Concept Mapping ergeben. Mit Blick auf die zuletzt dargestellten Forschungsbefunde zum
Wissenschaftsverständnis angehender Lehrer/innen bedeutet das konkret, ob sich
verschiedene Aspekte, die auf das (Nicht-)Vorhandensein eines adäquaten Wissenschaftsverständnisses der Studierenden schließen lassen, aus den Concept
Maps herausarbeiten lassen.

   Die Datenerhebung wurde im Rahmen einer Lehrveranstaltung zum »Expe-
rimentieren im Sachunterricht« realisiert, in die Elemente zur Förderung des
Wissenschaftsverständnisses eingearbeitet wurden. Diese Lehrveranstaltung für
Volksschulstudierende in ihrem vierten Ausbildungssemester fand im Sommer-
semester 2016 an der Pädagogischen Hochschule Salzburg statt und umfasste
insgesamt acht Präsenztermine à zwei Einheiten. Das Wissenschaftsverständnis
der Studierenden (n = 18; alle weiblich) wurde am Beginn und am Ende der
Lehrveranstaltung mit kontextfreien Concept Maps erhoben. Die Studierenden
bekamen hierzu den Auftrag, ihr Verständnis von Forschung bzw. Wissenschaft
in einem Begriffsnetz abzubilden. Insgesamt waren 27 Begriffe auf Wortkärtchen vorgegeben, aus denen sie die für sie relevanten Begriffe auswählen, in
einer netzartigen Struktur anordnen und die Relationen zwischen den Begriffen
frei beschriften konnten. Die Vorgabe bestimmter Begriffe wurde realisiert, um
im Rahmen der Analyse auf entsprechende wissenschaftstheoretische Aspekte
fokussieren zu können. Die 27 Wortkärtchen wurden von Günther (2006, S. 121)
übernommen und umfassten (a) wissenschaftstheoretisch relevante Begriffe
(Frage/Problem, Theorie, Hypothese, Experiment, Variablen), (b) Gegensatzpaare, die auf elaboriertes bzw. naives Wissenschaftsverständnis schließen lassen
(experimenteller Beleg-Beweis, Erkenntnis-Ergebnis, Entdeckung-Erfindung,
Erklärung-Beschreibung) sowie (c) zusätzliche Begriffe, welche in diesem Zusammenhang relevant sein könnten (Gesetz, Modell, Wahrheit, Realität, Natur,

Technik, Phänomen, Zusammenhang, Schlussfolgerung, Labor, Messung, Formel, Analogie, Beobachtung).

Im Anschluss wurden mit den Studierenden zusätzlich leitfadengestützte Interviews durchgeführt. Diese dienten zum einen dazu, die Daten aus der Concept-Maps-Befragung zu validieren, zum anderen, um den Aufbau der Maps bzw. wesentliche Inhalte aus Studierendensicht zu erfassen.

Die Analyse der Concept Maps wurde von folgenden Annahmen geleitet: Besteht ein Grundverständnis hinsichtlich des wissenschaftlichen Erkenntnisprozesses, wird erwartet, dass …

- … erkenntnistheoretisch relevante Begriffe wie *Frage/Problem, Theorie, Hypothese* oder *Experiment, Variablen* an inhaltlich plausiblen Positionen vorkommen.
- … der *zyklische Charakter* von Forschung implizit oder explizit angesprochen ist. Dies bedeutet, dass der dargestellte Forschungsprozess nicht mit dem Ergebnis enden, sondern ein erkennbarer Rückbezug auf den Beginn des Prozesses erfolgen sollte. Die Theorie wird beispielsweise von den Ergebnissen beeinflusst und beeinflusst ihrerseits wieder die Hypothese oder das Experiment.
- … der *tentative Charakter* von Forschung implizit oder explizit angesprochen ist. Dies bedeutet, dass aus der Analyse von Relationsbeschriftungen deutlich werden sollte, dass ein Experiment allein noch kein Beweis ist oder es mehrere Versuche braucht, um ein Ergebnis abzusichern.
- … aus den Gegensatzpaaren eher die Begriffe ausgewählt werden, die auf ein elaborierteres Verständnis von Wissenschaft schließen lassen *(experimenteller Beleg, Erkenntnis, Entdeckung, Erklärung)*.

Besteht eine eher naiv-szientistische Sichtweise hinsichtlich Forschung, wird im Gegensatz dazu erwartet, dass …

- … erkenntnistheoretisch relevante Begriffe wie *Frage/Problem, Theorie, Hypothese* oder *Experiment, Variablen* nur teilweise oder an inhaltlich nicht plausiblen Positionen vorkommen.
- … der *zyklische Charakter* von Forschung nicht angesprochen ist. Dies bedeutet beispielsweise, dass der dargestellte Forschungsprozess mit dem Ergebnis endet und kein erkennbarer Rückbezug auf den Beginn des Prozesses erfolgt.
- … der *tentative Charakter* von Forschung nicht angesprochen ist. Ergebnisse aus Experimenten werden im Sinne eines Beweises reflektiert.

... aus den Gegensatzpaaren eher die Begriffe ausgewählt werden, die auf ein wenig elaboriertes Verständnis von Wissenschaft schließen lassen *(Beweis, Ergebnis, Erfindung, Beschreibung)*.

Die Herausarbeitung der genannten Aspekte in Bezug auf das Vorhandensein eines Grundverständnisses von Wissenschaft bzw. Forschung erfolgt durch eine inhaltliche und strukturelle Analyse. Konkret wird zunächst überprüft, ob die erkenntnistheoretisch relevanten Begriffe in den Individualmaps überhaupt und an welchen Positionen sie vorkommen. Während sich die Erfassung des Vorkommens der Begriffe dazu eignen soll, die Ausprägung des Wissenschaftsverständnisses zu erfassen, kann durch die Positionierung der Begriffe abgeleitet werden, ob die Studierenden (1) Theorie eher als Grundlage oder als Resultat eines Forschungsablaufs sehen und (2) ob sie einen hypothesenprüfenden oder eher explorativen Forschungsablauf darstellen, der die Ableitung von Hypothesen zum Ziel hat. Der zyklische und der tentative Charakter von Forschung werden inhaltlich durch die Betrachtung der Relationen und ihrer Beschriftungen analysiert. So spricht beispielsweise die Relationsbeschriftung, dass ein »Ergebnis immer der Wahrheit entspricht« nicht für ein Bewusstsein im Hinblick auf den tentativen Charakter von Forschung, während die Relationsbeschriftung »Theorie führt wieder zu neuen Hypothesen« auf eine zyklische Einbettung dieser Begriffskärtchen schließen lässt. Welche Begriffe aus den Gegensatzpaaren ausgewählt wurden, ergibt ebenfalls die strukturelle Betrachtung der Maps.

4. Ergebnisse

Der folgende Abschnitt widmet sich zunächst den vier Hauptaspekten der Analyse. Abschließend erfolgt jeweils eine Einschätzung hinsichtlich der Eignung des Aspekts im Hinblick auf die Analysierbarkeit aus den Concept Maps.

4.1 Einbettung erkenntnistheoretisch relevanter Begriffe

Der Aspekt der Einbettung erkenntnistheoretisch relevanter Begriffe wird in einem ersten Schritt rein strukturell durch Auszählung der entsprechenden Begriffskärtchen in den Individualmaps erfasst. Hier zeigt sich, dass von den fünf Begriffskärtchen »Frage/Problem«, »Theorie«, »Hypothese« oder »Experiment«, »Variablen« meistens vier Begriffskärtchen eingesetzt werden, wobei der Begriff Variablen am seltensten eigebettet wird. Dies bedeutet, dass die reine Auszählung in Bezug auf das Vorhandensein erkenntnistheoretisch relevanter Begriffe nur eine geringe Variation erkennen lässt, da nahezu alle Studierenden vier von fünf möglichen Begriffen von Beginn an einsetzen und dies auch relativ konstant bleibt.

Inhaltlich betrachtet kann vermerkt werden, an welcher Position das Theorie-kärtchen eingebettet wird und ob die Positionierung bzw. Beschriftung einen zyklischen oder erklärenden Charakter erkennen lässt. Insgesamt wird die Theorie von rund 80 % der Studierenden entweder am Beginn oder am Ende des Prozesses eingesetzt. Durch diese inhaltliche Differenzierung ist es möglich heraus-zuarbeiten, ob die Studierenden die Theorie eher als Grundlage für die Ableitung von Hypothesen oder für ein Experiment sehen oder ob sie eher denken, dass die Theorie aus den Ergebnissen eines Experimentes oder einer Beobachtung abge-leitet wird und das Ende ihres Prozesses darstellt. Vier Studierende, die die The-orie nach dem Experiment einbetten, lassen darüber hinaus einen zyklischen Charakter der Einbettung erkennen, was sie durch einen Pfeil zurück zu den Hypothesen bzw. zum Experiment kenntlich machen. Der erklärende Charakter der Theorie wird lediglich von einer Studierenden (Probandin 12) vor und nach der Intervention angesprochen. Sie gibt explizit durch Relationen und Beschrif-tungen an, dass »eine Theorie formuliert wird und ein Modell gezeichnet wird, um in weiterer Folge ein Phänomen zu erklären«. Alle anderen Studierenden lassen diesen Aspekt in den Maps nicht erkennen. Der Begriff der Hypothese kann ebenfalls in seiner Positionierung erfasst werden. Man würde erwarten, dass er im Regelfall am Beginn des Prozesses eingebettet wird und die Studie-renden einen hypothesenprüfenden Forschungsablauf darstellen, da dies dem »klassischen« Forschungsablauf entspricht, den die Studierenden lernen. Aller-dings ist theoretisch auch ein stärker exploratives Vorgehen erfassbar, da es auch sein kann, dass man Hypothesen am Ende des Prozesses inhaltlich sinnvoll einbet-tet, was sowohl im Vor- als auch im Nachtest von einer Studierenden gemacht wird. Der überwiegende Teil (sieben Studierende im Vortest; elf Studierende im Nachtest) stellt einen hypothesenprüfenden Forschungsablauf dar. Je zwei Studie-rende pro Testzeitpunkt sprechen explizit oder implizit ein Testen der Hypothese an. Zusammenfassend ermöglicht der inhaltliche Blick auf erkenntnistheoretisch relevante Begrifflichkeiten differenziertere Erkenntnisse im Hinblick auf die Vor-stellungen der Studierenden als eine rein strukturelle Auszählung leisten kann.

4.2 Zyklischer Charakter von Forschung

Die Bewusstmachung des zyklischen Charakters von Forschung ist eine wesent-liche Erkenntnis für eigenes wissenschaftliches Arbeiten. Für die Studierenden bedeutet dies, dass sie erkennen sollten, dass ein Forschungsablauf nicht mit einem Experiment oder dem Ergebnis aus diesem Experiment endet, sondern das nachfolgende Ziehen von Schlussfolgerungen und der Rückbezug auf die Ausgangsfragestellung weitere notwendige Schritte sind. Aus der inhaltlichen Analyse der Concept Maps lässt sich sehr gut herausarbeiten, inwieweit die Studierenden dieses Verständnis haben. Dies äußert sich meist darin, dass die Studierenden einen Pfeil zurück zum Ausgangspunkt ihres Prozesses einbetten und diesen dann entsprechend, beispielsweise mit »erneutes Experiment führt zur Entdeckung bzw. Erfindung zurück« beschriften (Probandin 17). Probandin 10 schreibt explizit, dass man aus einer »Erfindung oder Formel eine erste Theorie ableiten kann«. Durch »ein Phänomen oder eine Entdeckung folgt möglicherweise eine genauere Schlussfolgerung. Um zu einer Erkenntnis zu kommen, benötigt es wahrscheinlich weitere Beobachtungen oder Messungen.«

4.3 Tentativer Charakter von Forschung

Der tentative Charakter von Forschung knüpft an eine unter den Studierenden verbreitete Annahme an, dass das Ergebnis eines Experimentes oder eines Forschungsvorhabens als gültig im Sinne eines Beweises aufgefasst wird. Dieser Aspekt kann in den Concept Maps gut analysiert werden, indem man erfasst, ob die Studierenden die Begriffskärtchen Beweis oder Wahrheit verwenden und wie sie die damit verbundenen Relationen beschriften. Dies bedeutet beispielsweise, dass, wenn es eine Relation zwischen den Begriffen »Ergebnis« und »Beweis« gibt, erst die Analyse der Relationsbeschriftung eine Beurteilung ermöglicht, ob der tentative Charakter berücksichtig wurde. Wird diese direkte Relation mit Begriffen wie »ist«, »ergibt« oder »führt zu« erläutert, dann kann daraus nicht abgeleitet werden, dass der Studierenden der tentative Charakter von Forschung bewusst ist. Wenn hingegen diese Relationsbeschriftung mit Begriffen wie »ist kein« oder »darf man nicht interpretieren als« erfolgt, dann würde dies auf ein Bewusstsein in Bezug auf den tentativen Charakters von Forschung hindeuten. Gut zwei Drittel der Studierenden verwenden den Begriff am Ende ihres Prozesses, wobei nur drei von 18 Studierenden explizit den tentativen Charakter von Forschung ansprechen, indem angegeben wird, dass ein einzelnes Experiment noch kein Beweis ist (Probandin 2) oder es nur eine »vorübergehende Wahrheit« gibt, bis eine neue Entdeckung gemacht wird (Probandin 12). Grundsätzlich würden sich Concept Maps also eignen, um Aufschluss hinsichtlich des Verständnisses des tentativen Charakters von Forschung zu ermöglichen.

4.4 Auswahl der Begriffe aus den Gegensatzpaaren

Die Auswahl der Begriffe aus den Gegensatzpaaren wurde erfasst, indem für jede Studierende strukturell ausgezählt wurde, wie viele als »naiv« bzw. »elabo-

riert« zu bezeichnende Begriffe eingesetzt wurden. Im Durschnitt werden rund
drei der vier möglichen naiven wie auch der elaborierten Begriffe verwenden. Es
gibt drei Studierende, die nach der Lehrveranstaltung weniger naive Begriffe
einsetzen, wobei zwei davon auch gleichzeitig weniger elaborierte Begriffe nutzen. Fünf Studierende nutzen sogar mehr Begriffe, die als naiv klassifiziert wurden, wobei von diesen auch teilweise mehr elaborierte Begriffe eingebettet werden. In der Summe ergibt die reine Auszählung der Begriffe der Gegensatzpaare
ein sehr uneinheitliches Bild. Sie scheinen sich rein strukturell betrachtet nicht
zu eignen, um eine Einschätzung im Hinblick auf das jeweilige Wissenschaftsverständnis geben zu können. Auffällig war in diesem Zusammenhang, dass die
Studierenden vermeintlich gegensätzliche Begriffe sehr häufig synonym verwendet haben. So wurden Ergebnis, Erkenntnis, Entdeckung oder Erfindung oft
durch Einkreisen miteinander verbunden um zu symbolisieren, dass sie in den
Augen der Studierenden dasselbe meinen.

5. Zusammenfassung und Implikationen

Das Ziel des vorliegenden Beitrags ist darzustellen, inwieweit Concept Maps
geeignet sind, um das Wissenschaftsverständnis von Primarstufenstudierenden
zu erfassen. Die Ergebnisse hinsichtlich der Analyse der vier betrachteten Aspekte zeigt, dass die rein strukturelle Analyse, welche im ersten und im vierten
Aspekt eingesetzt wurde, wenig geeignet scheint, Variationen im Wissenschaftsverständnis der Studierenden zu erfassen. Diese Art der Analyse ist sehr von der
sprachlich korrekten Verwendung der Begrifflichkeiten abhängig. Im Rahmen
dieser Erhebung zeigte sich, dass die Studierenden diese Unterschiede zwischen
den Begrifflichkeiten so nicht wahrnehmen. Werden die Begrifflichkeiten jedoch
eher inhaltlich betrachtet, so ist es im Hinblick auf die genannten Aspekte möglich zu erfassen, ob die Studierenden

– Theorie als Basis für die Ableitung von Hypothesen bzw. für ihren Forschungsablauf an sich wahrnehmen oder diese eher als Resultat von Forschung sehen.
– Theorie in einem zyklischen Sinne reflektieren, indem diese beispielsweise
   von den Ergebnissen beeinflusst wird und ihrerseits wieder die Hypothese
   oder das Experiment beeinflusst.
– den erklärenden Charakter von Theorie explizit durch Relationsbeschriftungen herausarbeiten.
– durch die Positionierung des Begriffs Hypothese eher einen hypothesenprüfenden oder einen hypothesengenerierenden Forschungsablauf beschreiben.

– dem Forschungsprozess an sich einen zyklischen Charakter zuweisen und
beispielsweise eine Relation zurück zum Beginn des Prozesses vorhanden ist.
– den tentativen Charakter von Forschung explizit durch Relationsbeschriftungen herausarbeiten.

Leitet man zusammenfassend erste Möglichkeiten, Grenzen und Implikationen
der Methode Concept Mapping zur Erfassung des Wissenschaftsverständnisses
ab, kann man festhalten, dass Concept Maps mit vergleichbar ökonomischem
Zeitaufwand als Gruppenerhebungsverfahren durchaus einzusetzen sind. Da die
strukturelle Analyse sich nicht dazu eignete, das Wissenschaftsverständnis der
Studierenden sichtbar zu machen, sollte in die Weiterentwicklung bestehender
Kodierschemata für die inhaltliche Analyse investiert werden. Hier könnte man
gerade im Hinblick auf die synonyme Nutzung von Begriffen aus den Gegensatzpaaren (Abschnitt 4.4) beispielsweise überlegen, ob die sachlich richtige
Verwendung von Begriffen ein Element des Wissenschaftsverständnisses sein
könnte. Darüber hinaus zeigt sich, dass es zum derzeitigen Stand sinnvoll scheint,
auch Erklärungen der Studierenden zu ihren Maps aufzunehmen und diese abzu-
gleichen. Die Methode Concept Mapping benötigt auch in dieser Zielgruppe von
Erwachsenen eine sorgfältige Vorbereitung bzw. Übung, da trotz entsprechender
Instruktion nicht von allen eine interpretierbare netzartige Struktur erstellt wurde.
Auch ist darauf zu achten, dass die Relationen konsequent beschriftet werden, da
in der vorliegenden Stichprobe insbesondere im Nachtest einige Relationen unbe-
schriftet gelassen wurden, was die so wichtige inhaltliche Analyse deutlich erschwert. Will man detaillierte Informationen über das Verständnis der Studierenden erhalten, scheint es aus derzeitiger Position besser zu sein, auf etablierte In-
terviewverfahren zurückzugreifen, obwohl diese in der Erhebung und Auswertung
einen deutlich höheren Zeitaufwand verursachen. Ist man an einem allgemeineren
Eindruck hinsichtlich einzelner Aspekte interessiert, dann können Concept Maps
aber durchaus eine sinnvolle Alternative darstellen.

6. Ausblick

Um die bisherigen Erkenntnisse einordnen und validieren zu können, werden in
einem nächsten Schritt die Einzelinterviews analysiert. Auch wenn eine detaillierte Auswertung noch aussteht, deutet ein erster Abgleich mit den Erläuterungen der Studierenden darauf hin, dass diese teilweise über ein deutlich differen-
zierteres Verständnis verfügen, als sie in den Concept Maps abbilden konnten.
So haben Studierende im Interview beispielsweise darauf hingewiesen, dass die
Position des Wortes Theorie im Map nicht entscheidend sei, da »man den Kreis-

lauf auch mehrmals durchgehen muss, damit man dann wirklich zu einer Schlussfolgerung kommt, die gültig ist« (Studierende 9). Sie zeigten, dass sie verschiedene Funktionen von Theorie wie die der Erklärung von Ergebnissen aus Experimenten oder die der Basis zur Aufstellung von Hypothesen kennen, das Kärtchen im Concept Map allerdings entweder am Beginn oder am Ende ihres Forschungsprozesses eingesetzt haben. Hier konnten sie erst im Rahmen der Analyse im Einzelinterview angeben, dass man möglicherweise einen weiteren Pfeil oder eine andere Beschriftung benötigt hätte, um beide Aspekte auch im Map abzubilden. Dies scheint ihnen in der tatsächlichen Erhebungssituation teilweise nicht gelungen zu sein, obwohl sie im Interview unterschiedliche Zeitpunkte nennen konnten, an denen der Rückgriff auf theoretisches Wissen im Forschungsprozess sinnvoll ist. Auch der im Rückblick erstaunliche Befund, dass die Studierenden den Begriff Beweis häufig verwendeten, erscheint so in einem etwas anderen Licht. Es gibt zwar drei Studierende, die im Concept Map explizit auf den tentativen Charakter von Forschung Bezug nehmen, im Rahmen der Interviews war dieser Aspekt jedoch nahezu allen Studierenden bewusst. Sie haben deutlich zum Ausdruck gebracht, dass das Wort Beweis für sie durchaus etwas Veränderbares darstellt und sie ihn nicht als endgültig ansehen.

Literatur

Abd-el-Khalick, F. & Lederman, N. G. (2000). Improving science teachers' conceptions of nature of science. A critical review of the literature. *International Journal of Science Education, 22* (7), 665–701.

Bromme, R. (1992). *Der Lehrer als Experte. Zur Psychologie des professionellen Wissens.* Bern: Hans Huber.

Brunner, M., Kunter, M., Krauss, S., Klusmann, U., Baumert, J. & Blum, W. (2006). Die professionelle Kompetenz von Mathematiklehrkräften: Konzeptualisierung, Erfassung und Bedeutung für den Unterricht. Eine Zwischenbilanz des COACTIV-Projekts. In: M. Prenzel & L. Allolio-Näcke (Hrsg.), *Untersuchungen zur Bildungsqualität von Schule. Abschlussbericht des DFG-Schwerpunktprogramms* (S. 54–82). Münster: Waxmann.

Carey, S., Evans, R., Honda, M., Jay, E. & Unger, C. (1989). ›An experiment is when you try it and see if it works‹: a study of grade 7 students' understanding of the construction of scientific knowledge. *International Journal of Science Education,* 11, 514–529.

Gräber, W., Nentwig, P. & Nicolson, P. (2002). Scientific Literacy – Von der Theorie zur Praxis. In: W. Gräber, P. Nentwig, T. Koballa & R. Evans (Hrsg.), *Scientific Literacy.*

Der Beitrag der Naturwissenschaften zur Allgemeinen Bildung (S. 135–145). Opladen: Leske + Budrich.

Grygier, P. (2008). *Wissenschaftsverständnis von Grundschülern im Sachunterricht (Forschung)*. Bad Heilbrunn: Klinkhardt.

Günther, J. (2006). *Lehrerfortbildung über die Natur der Naturwissenschaften. Studien über das Wissenschaftsverständnis von Grundschullehrkräften*. Berlin: Logos.

Helmke, A. (2009). *Unterrichtsqualität und Lehrerprofessionalität: Diagnose, Evaluation und Verbesserung des Unterrichts*. Seelze-Velber: Kallmeyer.

Lipowsky, F. (2006). Auf den Lehrer kommt es an. *Zeitschrift für Pädagogik,* 51 (Beiheft 52), 47–65.

Lunn, S. (2002). ›What We Think We Can Safely Say …‹. Primary teachers' views of the nature of science. *British Educational Research Journal,* 28 (5), 649–672.

Möller, K. (2004). Naturwissenschaftliches Lernen in der Grundschule – Welche Kompetenzen brauchen Grundschullehrkräfte? In: H. Merkens (Hrsg.), *Lehrerbildung: IGLU und die Folgen* (S. 65–84). Opladen: Leske + Budrich.

National Research Council. (1996). *National Science Education Standards*. Washington, DC: National Academy Press.

Neumann, I. & Kremer, K. (2013). Nature of Science und epistemologische Überzeugungen – Ähnlichkeiten und Unterschiede. *Zeitschrift für Didaktik der Naturwissenschaften,* 19, 209–232.

OECD (2006). *Evolution of Student Interest in Science and Technology Studies Policy Report*. Zugriff am 09.12.2016. http://www.oecd.org/dataoecd/16/30/3664 5825.pdf, abgerufen am 26.11.2017.

Prenzel, M., Geiser, H., Langeheine, R. & Lobemeier, K. (2003). Das naturwissenschaftliche Verständnis am Ende der Grundschule. In: W. Bos (Hrsg.), *Erste Ergebnisse aus IGLU. Schülerleistungen am Ende der vierten Jahrgangsstufe im internationalen Vergleich* (S. 143–187). Münster: Waxmann.

Shulman, L. S. (1987). Knowledge and Teaching: Foundations of the new reform. *Harvard Educational Review,* 57 (1), 1–21.

Thoermer, C. & Sodian, B. (2002). Science undergraduates' and graduates' epistemologies of science. The notion of interpretative frameworks. *New Ideas in Psychology,* 20 (2-3), 263–283.

Kathrin te Poel

Modifikationen des Dialog-Konsens-Verfahrens. Zum professionsbezogenen Mehrwert der Erforschung und Begleitung schulischer Praxiserfahrungen von Lehramtsstudierenden im Praxissemester

1. Einleitung

Lehramtsstudierende werden im Praxissemester oft erstmalig mit der Anforderung konfrontiert zu unterrichten. Dabei erkennen sie, dass ihre zukünftige berufliche Aufgabe neben didaktischen Kompetenzen vor allem auch den Aufbau einer professionellen Beziehung zu den Lernenden erfordert. Die Bewältigung dieser Aufgabe stellt sie vor eine besondere Herausforderung, weil sie nicht die Anwendung abrufbaren Wissens, sondern die Studierenden selbst in ihrer ganzen Persönlichkeit und ihren sozialen Kompetenzen beansprucht.

An der Universität Bielefeld wurden vier Studierende während des Praxissemesters durch eine modifizierte Form des Dialog-Konsens-Verfahrens begleitet. Im qualitativen Längsschnitt wurden ihre subjektiven Theorien zum Thema Lehrer-Schüler-Beziehung sowie Veränderungen dieser Theorien während des Praxissemesters erforscht mit dem Ziel, ihnen eine reflektierte Auseinandersetzung und Konfrontation mit den eigenen Theorien zu ermöglichen, um darüber Professionalisierungsprozesse zu begünstigen, die die Ausgestaltung der Lehrer-Schüler-Beziehung unterstützen. Der inhaltliche Fokus der Studie lag auf der Ambivalenz von Nähe und Distanz in der Lehrer-Schüler-Beziehung. Forschung und reflexive Begleitung griffen unmittelbar ineinander.

Im folgenden Abschnitt konkretisiert dieser Artikel ausgehend von theoretischen Grundlagen die Anforderungen, die die Gestaltung der Lehrer-Schüler-Beziehung an angehende Lehrkräfte und ihre Professionalitätsentwicklung stellt, sowie die Relevanz einer gelungenen Beziehung für den Bildungsprozess der Lernenden. Im dritten Abschnitt werden Modifikation und Weiterentwicklung des Dialog-Konsens-Verfahrens dargestellt. Der vierte Abschnitt thematisiert den Mehrwert der Teilnahme an der Studie für den Professionalisierungsprozess

der Studierenden, sowohl ausgehend von Ergebnissen aus Dialog-Konsens-Ge-
sprächen (folgend DKGen) als auch aus der Perspektive der Studierenden selbst,
die im Anschluss an die Studie dazu befragt wurden. Der Ausblick zeigt Möglichkeiten der Einbindung des Verfahrens in Seminarkontexte auf.

2. Zur Bedeutung einer professionellen Gestaltung der Lehrer-Schüler-Beziehung

Die Gestaltung der Beziehung zwischen Lehrkräften und ihren Lernenden erfor-
dere die Ausbalancierung unterschiedlicher Beziehungslogiken (Helsper, 2012,
S. 27). Indem das Handeln von Lehrkräften Bildungsprozesse und -verläufe von
Lernenden eröffnen wie auch beeinträchtigen könne, betreffe es die Lernenden
immer als ganze Person und berge ein emotionales Moment (ebd., S. 30). Die
Lehrkraft sei der bzw. die signifikante Andere für die Lernenden. Gelungene
Beziehungen zögen positive Folgen für das Selbstbild von Lernenden nach sich
(Helsper & Hummrich, 2014, S. 45f.). Erfahrungen der Geringschätzung und das
Fehlen von Anerkennung hemmten hingegen die Entwicklung einer positiven
Selbstbeziehung und beeinträchtigten damit Bildungsprozesse (Stojanov, 2011,
S. 67ff.), womit dem gelingenden Beziehungshandeln erhebliche Bedeutung
zukommt. Andererseits sei die Lehrkraft verpflichtet, eine rollenkonforme Sozia-
lisation der Lernenden zu unterstützen und eine generalisierende Haltung einzunehmen, sie habe also diese rollenförmig-distanzierte mit der diffus-emotionalen
Beziehungslogik auszubalancieren (Helsper, 2012, S. 28ff.). Ambivalenz und
Relevanz des Beziehungshandelns erfordern eine entsprechende Sensibilisierung
angehender Lehrkräfte. Damit diese ihr Beziehungshandeln bewusst und professionell gestalten können, sind sie mit den eigenen handlungsleitenden Facetten
ihrer Persönlichkeit zu konfrontieren. Handlungsleitend seien Helsper zufolge
u. a. biografische und emotionale Erfahrungen, aber auch Professionalisierungs-
prozesse (ebd., S. 30, 43). Nach Cramer hänge die Interpretation unterrichtlicher
Situationen durch Lehrkräfte insbesondere von deren subjektiven Theorien ab
(Cramer, 2014, S. 346). Sie filterten die Wahrnehmung von Informationen, was
Interpretationen und Handlungsentscheidungen lenke (Sembill & Seifried, 2009,
S. 346ff.).

Gemäß dem Ziel, eine professionelle Gestaltung der Lehrer-Schüler-Beziehung zu unterstützen, bildet die Erforschung und Begleitung dieser subjektiven
Theorien den Kern der folgend dargestellten Studie. Die Fokussierung auf Nähe
und Distanz ergibt sich aus der besonderen Gestaltbarkeit dieser Antinomie
durch das eigene Lehrerhandeln (Helsper, 2012).

3. Modifikationen der Dialog-Konsens-Methodik

Die Erforschung von Veränderungen der subjektiven Theorien während des Praxissemesters und die Konfrontation der Studierenden mit ihren subjektiven Theorien machen einen mehrstufigen Forschungs- und Begleitprozess erforderlich. Das von Scheele und Groeben entwickelte Dialog-Konsens-Verfahren (Scheele & Groeben, 2010, S. 506), das in seiner Durchführung mit der Struktur-Lege-Technik verbunden ist, wurde entsprechend nicht nur in seiner Binnenstruktur modifiziert, sondern auch um die Schritte der Konfrontation und einer dritten Auswertungsphase erweitert. Die einzelnen Schritte des modifizierten Verfahrens verteilen sich in ihrer Durchführung auf die Zeitpunkte vor bzw. zu Beginn und nach Beendigung des Praxissemesters. In diesem Abschnitt werden die methodischen Schritte des zum Dialog-Konsens-Konfrontations-Verfahren erweiterten Dialog-Konsens-Verfahrens dargestellt. Abbildung 1 veranschaulicht die Studie in ihrem zeitlichen Ablauf.

Abbildung 1: Modifikation des Dialog-Konsens-Verfahrens

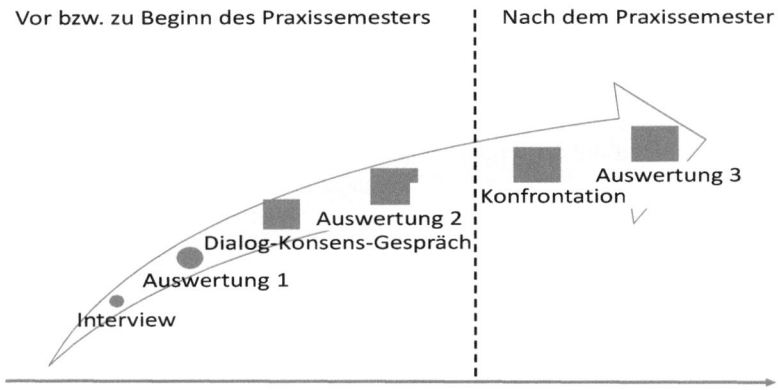

Anmerkung: Die Abfolge der methodischen Teilschritte im Zeitraum vor dem Praxissemester entspricht der Abfolge der klassischen Dialog-Konsens-Methodik. Die methodischen Schritte nach dem Praxissemester stellen eine Ergänzung dieser Methode dar. Auf neue oder auch innerhalb des klassischen Verfahrens modifizierte methodische Teilschritte verweisen die Quadrate.

Quelle: Eigene Darstellung im Anschluss an Scheele & Groeben, 2010.

Den vor bzw. zu Beginn des Praxissemesters mit den Studierenden zu führenden DKGen geht, entsprechend der klassischen Binnenstruktur von Dialog-Konsens-

Verfahren, jeweils ein *halbstandardisiertes Interview* voraus. Dessen Ziel im Rahmen der Studie ist es, die Perspektive der Studierenden zur Thematik möglichst umfassend zu erfragen, damit ihre subjektiven Theorien auf der Grundlage dieser Daten im darauffolgenden DKG in größtmöglicher Struktur-Komplexität dargestellt werden können. Da es sich empfehle, mittels ausgewählter Fragestellungen solche Aspekte anzusprechen, die sich gut in Konzeptkarten als Materialgrundlage für das DKG übersetzen ließen (Scheele & Groeben, 2010, S. 509), ist darauf zu achten, dass die Fragen des Leitfadens relationale Momente enthalten. Neben subjektiven Bestimmungen der Begriffe Nähe und Distanz können bspw. Annahmen über Wirkungen oder Konsequenzen eines nahen und distanzierten Lehrerhandelns wie auch einschlägige Schlüsselerlebnisse erfragt werden.

Die auf Basis der Interviewinhalte zu erstellenden Konzeptkarten ermöglichen und erleichtern als Grundlage der *DKG*e die Kommunikation, Veranschaulichung und Erfassung der subjektiven Theorien. Um den Sinngehalt Letzterer nicht durch Interpretationen zu verzerren, ist die Beibehaltung des Wortlautes der Studierenden bei der Auswertung der Interviews und der Erstellung der Konzeptkarten notwendig. Es eignet sich die qualitativ-inhaltsanalytische Auswertung mithilfe natürlicher Kategorien nach Kuckartz (2014). Die Konzeptkarten lassen sich durch Frabgebung unterteilen nach Karten mit abstrakten inhaltlichen Kategorien, mit Relationsbegriffen bzw. -symbolen und solchen mit Kategorien, die konkret erfahrene Schüsselsituationen beschreiben. Die farbliche Vorstrukturierung erleichtert den Überblick über das Legebild.

Das *DKG* und die Strukturrekonstruktion mithilfe der Konzeptkarten finden nach der Interviewauswertung statt. Ziel dieses Verfahrensschrittes ist die Visualisierung der subjektiven Theorien und das Herausfiltern jener Facetten aus der Fülle der im Interview komplex erfragten Daten, die für die Studierenden tatsächlich von Bedeutung und damit handlungsrelevant sind. Dieses Ziel der Studie erfordert eine Abwandlung der klassischen Binnenstruktur des DKGs. Nach Scheele und Groeben beinhaltet das DKG ein gleichzeitiges Strukturlegen der im Interview ermittelten Inhalte durch die befragte und die forschende Person, und zwar zunächst unabhängig voneinander (Scheele & Groeben, 2010, S. 512). In der vorliegenden Studie wird von diesem Prozess des parallelen Legens aufgrund der Fokussierung auf die Relevanzsetzungen der Studierenden abgesehen. Die forschende Person kann den breit erfragten Interviewdaten diese Relevanzsetzung der befragten Person nicht entnehmen, sodass ein paralleler Legeprozess die Gefahr einer zu großen Abweichung der Strukturbilder birgt, was einen vertiefenden Dialog zwischen beiden Beteiligten im Anschluss an den Legeprozess stören würde. Abweichend von dem klassischen Vorgehen werden die Studierenden im Zuge des DKGs nach einer Information über die farbliche Sortierung der Karten aufgefordert, diese zu lesen und jene Karten auszusortieren, deren

Begriffe für sie mit Blick auf die Nähe-Distanz-Thematik in der Lehrer-Schüler-Beziehung nach eigener Einschätzung tatsächlich bedeutsam sind. Die Anleitung stellt sicher, dass jene Inhalte, die der subjektiven Relevanzsetzung der Studierenden entsprechen, wirklich zur Geltung kommen. Anschließend werden die Studierenden gebeten, Zusammenhänge zwischen den ausgewählten Karten in einem Legebild darzustellen und dabei ihre Gedankengänge zu verbalisieren. Unbeschriebene Karten stehen für Ergänzungen zur Verfügung. Die Veranschaulichung der Kognitionsstrukturen ist Scheele und Groeben zufolge durch Regeln zu unterstützen, die vorzugeben sind, um eine Überforderung der zu befragenden Personen zu vermeiden (Scheele & Groeben, 2010, S. 510). In der hier beschriebenen Studie umfassten die Regeln die Verfahrensschritte (1) Struktur-Lege-Prozess, (2) Erklärungen zu den Karten und (3) Hinweis auf die Verbalisierung der Gedanken zu Aufnahmezwecken.

Die forschende Person verschafft sich während des Legeprozesses vor dem Hintergrund der von ihr aus dem Interview entnommenen Inhalte einen Überblick über das entstehende Strukturbild. Sie tritt in einen Dialog mit dem/-r jeweiligen Studierenden. Ihre Gesprächsführung fußt auf jener Prämisse, die Scheele und Groeben als Strukturparallelität von forschender und befragter Person im DKG bezeichnen und wonach beiden u. a. Reflexions- und Kommunikationsfähigkeit zuzusprechen ist (Scheele & Groeben, 2010, S. 506f.). Das DKG zeichnet sich damit durch eine gleichberechtigte Kommunikation zwischen forschender und befragter Person aus. Unter Rückgriff auf psychologische Grundlagen und mit Blick auf das Ziel der Studie wurde diese Prämisse in Gesprächsführungstechniken übersetzt:

1. Aktives Zuhören und verbales Spiegeln, um Verstehen zu signalisieren.
2. Stellen von Verständnisfragen und das Infragestellen von Relationsannahmen, Begriffsbedeutungen und Anordnungen, um Begründungen einzufordern, die die Reflexion vertiefen.
3. Im Gespräch mitgehen, was bedeutet, das Gespräch immer unmittelbar an das von den Studierenden Gelegte oder Verbalisierte anzuknüpfen, sodass die subjektiven Theorien nicht verzerrt werden.
4. Die forschende Person kann die Studierenden mit ihrem eigenen Verständnis der ausgewerteten Interviewinhalte konfrontieren, bspw. dann, wenn sie die Aussagen im Interview anders verstanden hat als sie im DKG von der befragten Person dargestellt werden. Diese Gesprächstechnik erfordert einen hohen Grad an Vorbereitung, damit die forschende Person auf unterschiedliche Relevanzsetzungen adäquat eingehen kann.
5. Es kann nach aussortierten Karten gefragt und damit eine Begründung der Selektion angestoßen werden. Das ist von Bedeutung, wenn die forschende

Person rückblickend auf das Interview den Eindruck hat, dass gerade die aussortierten Begriffe für die subjektive Theorie der befragten Person relevant sind.

6. Die forschende Person leistet Assistenz während des Legeprozesses. Das Legebild ist abschließend zu fotografieren und die Karten sind aufzubewahren. Beides dient der Vorbereitung der Konfrontationsgespräche.

Das Gespräch verfolgt das Ziel, das im Interview Erfragte gemeinsam mit den Studierenden zu vertiefen und zu hinterfragen, um sie zu einer tieferen Auseinandersetzung mit ihren subjektiven Theorien anzuregen. Hierdurch soll die Bewusstwerdung und kritische Reflexion von eigenen Denkmustern, Prägungen und Wahrnehmungsfokussierungen gefördert werden. Die Bewusstwerdung wiederum erweitert Handlungs- und Wahrnehmungsspielräume und fördert damit ein professionelleres Lehrerhandeln.

Die Auswertung der DKGe kann qualitativ inhaltsanalytisch oder rekonstruktiv erfolgen. Eine rekonstruktive, vor allem objektiv hermeneutische Auswertung dient nicht nur gleichsam wie die inhaltanalytische Auswertung einer Beantwortung ausgewählter Forschungsfragen, sie ermöglicht auch eine Konfrontation der Studierenden mit latenten, unbewussten Mustern, die ihre Gedankenführung und damit ihr Handeln prägen. Sofern subjektive Theorien als bewusste Denkinhalte verstanden werden, ist zu prüfen, ob und inwiefern in einer rekonstruktiven Auswertung und einer darauf fußenden Konfrontation noch mit diesem Begriff operiert werden kann. Ferner bedarf das in dieser Weise erweiterte Dialog-Konsens-Verfahren einer Ergänzung der ihm zugrunde liegenden Anthropologie (zur Anthropologie siehe Scheele & Groeben, 2010). Das Menschenbild ist bei diesem Vorgehen um unbewusste, handlungssteuernde Facetten der Persönlichkeit zu ergänzen.

Die *Konfrontationsgespräche* finden nach Beendigung des Praxissemesters statt. Vorbereitend sind die während der DKGe erstellen Legebilder in identischer Weise nachzulegen und Karten wie Stifte bereitzustellen. Die Studierenden werden gebeten, Veränderungen und Ergänzungen ihrer subjektiven Theorien, die sich während des Praxissemesters ergeben haben, in ihrem Struktur-Lege-Bild sichtbar zu machen, indem sie Karten verschieben, neu beschriften, hinzufügen oder aussortieren, wobei sie ihre Gedanken verbalisieren. Neben der Erforschung von Veränderungen der subjektiven Theorien während des Praxissemesters bildet die Ermittlung von damit verbundenen Schlüsselerlebnissen ein Ziel der Studie. Entsprechend fokussiert das während dieses Legeprozesses zu führende Gespräch darauf, die mit den Veränderungen verbundenen Erfahrungen zu erfragen. Durch gezielte Nachfragen und Infragestellungen lassen sich Begründungen für Veränderungen des Legebildes ermitteln. Die Konfrontation der

Studierenden mit dem eigenen Legebild unterstützt deren erneute reflektierte Auseinandersetzung mit ihren Theorien vor dem Hintergrund der inzwischen gemachten praktischen Erfahrungen. Bisherige subjektive Theorien können ausgehend von diesen Erfahrungen bewusst revidiert, ergänzt oder stabilisiert werden, die Erschließung von Grenzen eigener Denkmuster wird angeregt, was neue Denk- und Handlungsspielräume öffnet. Sofern eine rekonstruktive Auswertung der DKGe stattgefunden hat, können die latent ermittelten Muster situativ ins Gespräch eingebracht werden, indem sie bspw. vorab auf Karten schriftlich visualisiert und den Studierenden zur Integration in das Legebild zur Verfügung gestellt werden. Den Studierenden obliegt die Entscheidung über die Integration. Die Konfrontation mit den latenten Denkmustern erweitert den Radius bewusster Reflexion eigener Handlungen und Interpretationen. Die Auswertung der Konfrontationsgespräche erfolgt, je nach Forschungsanliegen, inhaltsanalytisch oder rekonstruktiv.

Nach den Konfrontationsgesprächen wurden die Studierenden in einem leitfadengestützten Kurzinterview danach befragt, was sie aus der Teilnahme an der Studie für sich und ihren Professionalisierungsprozess mitnehmen. Ausgewählte Ergebnisse dieser Interviews und aus den DKGen werden im folgenden Abschnitt dargestellt.

4. Zum Mehrwert des modifizierten Dialog-Konsens-Verfahrens für den Professionalisierungsprozess von Lehramtsstudierenden

Das Design des adaptierten Dialog-Konsens-Verfahrens zur Erforschung von Veränderungen der subjektiven Theorien von Studierenden während des Praxissemesters verspricht einen Mehrwert für die an der Studie teilnehmenden Studierenden und ihren Professionalisierungsprozess, da es eine konfrontierende und reflexionsanregende Begleitung über einen längeren Zeitraum sicherstellt. Dieser Mehrwert lässt sich zum einen anhand von Ergebnissen aus den Dialog-Konsens- und Konfrontationsgesprächen darstellen, zum anderen verweisen die Ergebnisse der Interviews nach Beendigung der Studie auf einen Mehrwert der Begleitung aus der Perspektive der Studierenden. Der Mehrwert für die Befragten und ihren Professionalisierungsprozess wird entlang der unterschiedlichen Datengrundlagen nachfolgend dargestellt, wobei zunächst exemplarisch auf ausgewählte Sequenzen aus den DKGen zurückgegriffen wird.

Die folgenden Sequenzen von zwei verschiedenen Zeitpunkten des gleichen DKGs zeigen, dass der befragten Person erst im Verlauf des Gespräches bewusst wird, dass sie mit ihrem Handeln zwei Ziele, nicht nur eines, verfolgt. Die kursiv geschriebenen Begriffe sind jene, die auch auf den Legekarten stehen:

Zeit: 30:49; DKG S1
S1: Um ein Ziel zu erreichen und zwar *Schüler größer zu machen.*
I: Das heißt, was da ganz oben liegt, ist das Ziel, was du mit deinem Beruf erreichen willst?
S1: Genau. Das ist das *Ziel*, von dem äh alles ausgeht.
Zeit: 1:11:47; DKG S1
S1: Äh, und dann sind wir jetzt auch schon bei dem Wichtigsten angelangt. (..) Also, ne *objektive Bewertung* steht ähm dazu, zum *nahen Verhältnis* zwar irgendwie im Widerspruch, aber sie ist auch (.) das (.) also, das Ziel sollte immer trotzdem sein, das zu schaffen, also gerecht zu sein.
I: Das heißt, wir haben zwei Ziele? Einmal *Schüler größer machen* und einmal gerecht handeln?
S1: Genau.
I: Also brauchen wir noch 'ne Zielkarte?
S1: Ja.

Neben dem Aspekt, dass die befragte Person ein gerechtes Lehrerhandeln mit einer objektiven Bewertung gleichsetzt, was unter rekonstruktiver Betrachtung auf die implizite Auffassung von Gerechtigkeit als Leistungsgerechtigkeit verweist, macht die Person zugleich einen Widerspruch zwischen beiden von ihr genannten Zielen aus. Damit wird sich die Person während des Gespräches, bedingt durch ihr Verständnis von gerechtem Handeln, nicht nur ihrer handlungsleitenden Ziele, sondern auch der Ambivalenz des pädagogischen Handlungsfeldes bewusst. Zum einen geht es um die Lernenden als Person, sie größer zu machen bedeutet sich jedem Lernenden gemäß seinen Bedürfnissen zuzuwenden. Zum anderen sieht sich die Person in der Verpflichtung, die Lernenden zu bewerten, wofür Kriterien anzulegen sind, die außerhalb der Lernenden liegen. Wie eine rekonstruktive Studie des am Oberstufen-Kolleg Bielefeld durchgeführten Projektes »Das Praxissemester aus schulischer Perspektive« zeigt, sind implizite Professionstheorien von Studierenden vor dem Praxissemester nicht auf die Ambivalenz des beruflichen Handlungsfeldes ausgerichtet, sondern beinhalten die Vorstellung vom Lehrerberuf als technisch erlernbarem Handeln (te Poel, Dietz, Ihmig, Schlingmeyer & Heinrich, 2018). Das Erkennen und die Akzeptanz der Ambivalenz und Unberechenbarkeit des Handlungsfeldes gelte als wesentliches Merkmal von Lehrerprofessionalität (Combe & Kolbe, 2008, S. 859).

Die Klarheit über die Ambivalenz eigener Ziele kann diese Akzeptanz der Unplanbarkeit und der Ambivalenz des Handlungsfeldes und ein reflektiertes professionelles Handeln anstoßen. Eine Reflexion des impliziten Gerechtigkeitsverständnisses der Person und ein kritisches Hinterfragen des von ihr dargestellten Widerspruchs, können im Konfrontationsgespräch angestoßen werden.

Ein weiteres Zitat aus einem der DKGe lässt erkennen, dass sich die befragte Person, aufgefordert durch die Visualisierungen der Struktur-Lege-Technik, ihrer eigenen Verortung zwischen den Polen Nähe und Distanz bewusst wird. Die Visualisierungen verhelfen ihr, eigene Prioritäten innerhalb des Spannungsfeldes zu erkennen:

S2: Wenn ich aber nochmal überlege, Nähe-Distanz-Verhältnis. Ok, ich bin da die ganze Zeit nur bei Nähe und wie stelle ich Nähe her, aber die (..) Distanz fehlt. Und dann merk ich, dass mir dieser Nähe-Aspekt (.) wichtiger ist.

Gleichsam erfordert nicht nur die Selektion der Karten durch die Studierenden im DKG, sondern auch der Legeauftrag die Klärung eigener Relevanzsetzungen, da den Begriffen – je nach Anordnung innerhalb des Legebildes – unterschiedliches Gewicht zukommt:

S2: Ja, dass man irgendwo 'n Anfangspunkt findet.
I: Du kannst anfangen, wo du möchtest.
S2: Ja aber dass ich jetzt mich auch irgendwie entscheiden muss. Hier am Anfang, in Richtung dieser Persönlichkeitsmerkmale tendiert [sic!]. Durch Vertrauen, Authentizität. Wo ich so gedacht hab, ok, das muss irgendwie ganz oben liegen. Das muss so zentral sein, weil mir das wichtig ist.
I: Das heißt, ganz wichtig für das Nähe-Distanz-Verhältnis ist erst mal die Persönlichkeit des Lehrers?
S2: Ja, ich glaube, dass ich bei der anfangen muss. Weil damit steht und fällt alles.

Während die befragte Person den Anfangspunkt ihres Legebildes sucht, wird ihr klar, welche Begriffe ihr persönlich mit Blick auf die Thematik besonders wichtig sind. Das Gespräch hilft, die für die Person wesentlichen Begriffe *Vertrauen* und *Authentizität* der übergreifenden Kategorie *Lehrerpersönlichkeit* zuzuordnen, sodass sie die Bedeutung, die sie ihrer eigenen Persönlichkeit für die Gestaltung der Schüler-Lehrer-Beziehung zuschreibt, reflektieren kann. Die Erkenntnis der Relevanz der eigenen Lehrpersönlichkeit kann ein Anstoß sein, bewusst an dieser zu arbeiten bzw. die eigene Persönlichkeit bewusst reflektiert und planvoll in das Lehrerhandeln einzubringen.

Ein weiteres Gespräch verweist auf die reflexive Metaebene, die die befragte Person erreicht, indem sich diese mit den Interviewinhalten noch einmal auseinandersetzt:

S3: *Genervt sein.* Wer von wem? Was meint ich da?
I: Ich kann dir den Kontext sagen. Der Kontext war, mhm, immer nur beste Kumpel-Lehrer kennengelernt und am Ende davon total genervt. Das war so ziemlich dein Satz, den du verwendet hast.
S3: Also, mein eigener Rucksack? (…) In meiner Theorie die ich hier gerade bilde, dass die Erfahrungen aus der eigenen Schulzeit, dieser Rucksack, den man mit sich rumträgt, darauf sich auswirken [sic!], auf das, wie man sich verhält.

Indem das DKG der befragten Person ermöglicht, erzählte Zusammenhänge aus einer zeitlichen Distanz heraus zu betrachten, gelingt es ihr, auch zu sich selbst so viel Distanz einzunehmen, dass Prägungen des eigenen Denkens und Handelns reflexiv erschlossen werden können.

Neben diesen – aus exemplarischen Sequenzen der DKGe erschlossenen – Mehrwerten für die Befragten zeigen die Ergebnisse der Kurzinterviews nach Abschluss der Studie, dass auch die Studierenden selbst ihre Teilnahme als Bereicherung für die eigene Professionalisierung wahrnehmen. Alle befragten Studierenden betonen die Bewusstwerdung eigener handlungsleitender Annahmen, bspw.:

S1: Also weil es einem einfach noch mal bewusster wurde (…) nach der Struktur-Lege-Technik. Ja. Weil so ist das immer unbewusst. Irgendwie da. Aber so richtig ausgesprochen und mal so vor sich liegen hatte man's nie und deswegen war es einem immer nur so halb bewusst. Da hat es, ja (..) sehr viel (.) mit mir gemacht.

Die Ergebnisse der qualitativ-inhaltsanalytisch ausgewerteten Abschlussinterviews verweisen ferner darauf, dass Studierende ihre Teilnahme an der Studie als Chance erleben, das Praxissemester trotz aller Anforderungen auch für sich persönlich zu nutzen. Ferner benennen sie die Reflexion eigener Grenzen als Gewinn, was Konsequenzen für das eigene berufliche Handeln habe, sowie die neu gewonnene Perspektivierung praktischer Erfahrungen unter dem Fokus Nähe und Distanz. Es wird deutlich, dass die Studierenden vor allem in ihrer Lehrerpersönlichkeit von der Studie profitieren. Ihr Blickwinkel auf sich selbst und auf die Praxis erweitert sich.

Schließlich liegt ein Mehrwert für die Studierenden in der doppelten Vermittlungspraxis des Vorgehens. Doppelte Vermittlungspraxis bedeutet die Gestaltung »pädagogische[r] Prozesse mit dem Ziel, Schülerinnen [in diesem Fall Studierende, Anm. KtP] in die Lage zu versetzen, pädagogische Prozesse zu gestalten« (Küls, 2009). Die Studierenden an der Universität Bielefeld führen im Rahmen des Praxissemesters sowohl forschungsbezogene Studienprojekte als auch Unterricht durch. Hinsichtlich beider Anforderungen ermöglicht die Dialog-Konsens-Methodik in Verbindung mit der Struktur-Lege-Technik den Studierenden die Erweiterung methodischer Kompetenzen. Sie gewinnen praktische Einblicke in das Verfahren einer speziellen Forschungsmethode, die das methodische Repertoire zur Umsetzung der Studienprojekte anreichert, zugleich eignet sich die Struktur-Lege-Technik als Unterrichtsmethode.

5. Fazit und Ausblick

Die Begleitung der Studierenden während des Praxissemesters mithilfe des adaptierten Dialog-Konsens-Verfahrens erbringt durch die unmittelbare Verknüpfung von Forschung und Begleitung einen professionsbezogenen Mehrwert für die Teilnehmenden. Die Studierenden reflektieren Verbindungen zwischen Erlebnissen und dem eigenen Lehrerhandeln. Ziele, die das Handeln leiten, werden ihnen bewusst. Die themenspezifische, vertiefende Selbstreflexion hilft den Studierenden, sich selbst bewusst und planvoll innerhalb des durch Ambivalenz und Unberechenbarkeit geprägten pädagogischen Handlungsfeldes zu verorten. Die Konfrontationsgespräche regen darüber hinaus die Reflexion und Aufarbeitung von Erfahrungen während des Praxissemesters und deren Konsequenzen für das weitere pädagogische Handeln an. Vor allem wird den Studierenden Raum und Zeit gegeben, sich in einem professionellen Gespräch vertiefend mit sich selbst auseinanderzusetzen. Die Methode bildet damit einen Ansatz, gemeinsam mit Studierenden an deren Professionalität und Lehrerpersönlichkeit zu arbeiten. In forschungsbezogener Hinsicht eignet sich das Verfahren, je nach Auswertungsmethode, zur Rekonstruktion von Fällen oder aber zur Ermittlung subjektiver Theorien und ihrer Veränderungen. Der Aufwand des Verfahrens erschwert eine Durchführung mit vielen Studierenden. Allerdings lassen sich einzelne Aspekte des Vorgehens in Seminare integrieren. Die Studierenden können bspw. schriftlich als Hausaufgabe Leitfragen zu einem Thema beantworten. Die Verschriftlichung wird in der Seminarsitzung mit einem/-r Partner_in ausgetauscht, die bzw. der entlang des Geschriebenen wörtliche Kategorien bildet und sie auf bereitgestellte Kartenvordrucke schreibt. Auch eine Vorlage mit Relationskarten ist auszugeben. Die Studierenden schneiden die beschrifteten Karten für ihre/-n Partner_in aus, um darauffolgend miteinander DKGe und Strukturlegungen durchzuführen. So werden Reflexionsgespräche auf der Peerebene angestoßen. Das Fotografieren der Legebilder ermöglicht eine Konfrontation der Studierenden zum Ende der Seminarreihe.

Literatur

Combe, A & Kolbe, F.-U. (2008). Lehrerprofessionalität: Wissen, Können, Handeln. In: W. Helsper & J. Böhme (Hrsg.), *Handbuch der Schulforschung* (S. 857–875). Wiesbaden: VS.

Cramer, C. (2014). Theorie und Praxis in der Lehrerbildung. Bestimmung des Verhältnisses durch Synthese von theoretischen Zugängen, empirischen Befunden und Realisierungsformen. *Die Deutsche Schule, 4,* 344–357.

Helsper, W. (2012). Die Antinomie von Nähe und Distanz in unterschiedlichen Schulkulturen. In: C. Nerowski et al. (Hrsg.), *Professionalität im Umgang mit Spannungsfeldern der Pädagogik* (S. 27–46). Bad Heilbrunn: Klinkhardt.

Helsper, W. & Hummrich, M. (2014). Die Lehrer-Schüler-Beziehung. In: C. Tillack et al. (Hrsg.), *Beziehungen in Schule und Unterricht, Teil 1. Theoretische Grundlagen und praktische Gestaltung pädagogischer Beziehungen* (S. 32–59). Immenhausen: Prolog.

Kuckartz, U. (2014). *Qualitative Inhaltsanalyse.* Methoden, Praxis, Computerunterstützung (2. Aufl.). Weinheim & Basel: Beltz.

Küls, H. (2009). Lernen in Lernfeldern – kritische Anmerkungen zur Weiterentwicklung einer Didaktik der Sozialpädagogik. In: M. R. Textor (Hrsg.), *Kindergartenpädagogik – Online-Handbuch.* http://www.kindergartenpaedagogik.de/1983.html, abgerufen am 13.02.2017.

Scheele, B. & Groeben, N. (2010). Dialog-Konsens-Methoden. In: G. Mey & K. Mruck (Hrsg.), *Handbuch Qualitative Forschung in der Psychologie* (S. 506–523). Wiesbaden: VS.

Sembill, D. & Seifried, J. (2009). Konzeptionen, Funktionen und intentionale Veränderungen von Sichtweisen. In: O. Zlatkin-Troitschanskaia et al. (Hrsg.), *Lehrerprofessionalität. Bedingungen, Genese, Wirkungen und ihre Messung* (S. 345–354). Weinheim & Basel: Beltz.

Stojanov, K. (2011). Bildungsprozesse als soziale Geschehnisse. Anerkennung als Schlüsselkategorie kritischer Bildungstheorie. In: K. Stojanov (Hrsg.), *Bildungsgerechtigkeit. Rekonstruktion eines umkämpften Begriffs* (S. 67–81). Wiesbaden: VS.

te Poel, K., Dietz, M., Ihmig, K.-N., Schlingmeyer & Heinrich, M. (2018/i.V.). Implizite Professionsvorstellungen von Studierenden im Praxissemester und ihre Bedeutung für weitere Akteure aus governancetheoretischer Perspektive. In: M. Heinrich, G. Klewin & K. te Poel (Hrsg.), *Empirische Studien zum Praxissemester. Untersuchungen zum Bielefelder Modell.* Münster: Waxmann.

Svenja Lesemann und Nikolas Meyer

Reflexion und reflexive Haltung aus Sicht von Studierenden im Praxissemester

1. Einführung

Ein Ziel des Praxissemesters (universitär begleitete Praxisphase im Rahmen der Lehramtsausbildung) ist die Weiterentwicklung einer reflexiven Haltung bei Studierenden (Helsper, 2001; Fichten, 2017). Unklar ist jedoch, wie das Konstrukt der reflexiven Haltung theoretisch und empirisch beschrieben werden kann. Durch ein qualitativ-exploratives Design soll geklärt werden, über welches Verständnis von Reflexion und reflexiver Haltung Studierende im Praxissemester verfügen und wie sie dieses mit ihrem eigenen Professionalisierungsprozess verbinden. Im folgenden Beitrag sollen theoretische Hintergründe sowie erste Ergebnisse der Studierendenbefragung vorgestellt werden.

2. Reflexive Prozesse im Kontext der Lehrerbildung

2.1 Reflexion als Element professionellen Lehrerhandelns

Reflexion wird als zentrales Element und Merkmal professionellen Lehrerhandelns beschrieben (z. B. Calderhead, 1989). Häufig wird die Bedeutung von Reflexion mit herausfordernden und komplexen Situationen sowie den von Antinomien geprägten Handlungen im Lehrerberuf begründet (Iwers-Stelljes & Luca, 2008; Helsper, 2001). In den verschiedenen Beschreibungen zu Reflexion wird ersichtlich, dass das Verständnis von Reflexion sehr unterschiedlich und breit ausgeprägt ist (Herzog, 1995; Hatton & Smith, 1995). Dabei lassen sich unterschiedliche Dimensionen herausstellen, die keine eindeutige Definition zulassen. Die folgenden exemplarischen Ansätze geben einen Eindruck von der Bandbreite des Verständnisses von Reflexion, das von einem Nachdenken über (z. B. Helsper, 2001), den Blickwinkel zu ändern bzw. Mehrperspektivität einzunehmen (Loughran, 2002) bis hin zu einer aktiven Distanzierung (Leonhard & Rihm, 2011) reicht. Schön (1982) beschreibt den Reflexionsprozess als »discover and restructure the interpersonal theories of action which they bring to their professional lives« (S. 353). Trager (2012) resümiert insbesondere in Bezug auf

Selbstreflexion, dass diese »einen Vergleich zwischen einem Möglichen und einem Tatsächlichen, im Sinne einer Zielerreichungsanalyse von durchgeführten Handlungen darstellt« (S. 14). Allen Beschreibungen scheint gemein zu sein, dass Reflexion bzw. Selbstreflexion ein in-Beziehung-Setzen bedeutet oder zumindest beinhaltet.

Ausgehend vom Verständnis von Schön (1982) können verschiedene Kontexte von Reflexion herausgestellt werden. Er unterscheidet zwischen *reflection in action* und *reflection on action*. Damit zielt er auf unterschiedliche Anlässe und Zeitpunkte ab, stellt aber auch verschiedene Anforderungen an den Reflexionsprozess. Mit dem Anlass von Reflexion wird häufig eine Form von Irritation verbunden, wobei vor allem negativ empfundene Situationen und Erfahrungen den Anlass bilden (Helsper, 2001). Dieses Verständnis zielt insbesondere auf reflection on action ab. Reflexion wird in diesem Zusammenhang häufig als ein zyklischer Prozess verstanden, wie es beispielsweise im Reflexionskreislauf von Korthagen (2002) ersichtlich wird. Dieses setzt kognitive und volitional-motivationale Aspekte voraus (Abels, 2010).

Reflection in action wird als einer der komplexesten Reflexionsprozesse beschrieben, der als ein Merkmal von Expertinnen und Experten gesehen werden kann (Schön, 1982). Unklar ist, inwiefern Reflexionsprozesse aktiv angestoßen und gesteuert werden müssen (Dreyfus, Dreyfus & Athanasiou, 1986) oder integraler Bestandteil (Bromme, 1992) sind (s. dazu auch Roters, 2012).

2.2 Verständnis und Annäherung an den Begriff der reflexiven Haltung

In Anlehnung an die Dimensionen für Handlungskompetenz nach Wildfeuer (2011) wird Haltung neben Wissen und Können als eine Dimension für Kompetenz gesehen. Inwiefern die Begriffe des Wissens, des Könnens und der Haltung in Beziehung zueinander stehen, ist theoretisch und empirisch nicht geklärt, jedoch ist davon auszugehen, dass sie sich gegenseitig bedingen, in Wechselwirkung stehen, sich überschneiden, gleichzeitig aber jede Dimension für sich charakterisiert werden kann. Nach Schwer und Solzbacher (2014) machen mentale Inhalte allein noch keine Haltung aus, sondern sind aus vielen verschiedenen (Selbst-)Kompetenzen zusammengesetzt. Dieses wird auch in Wildfeuers Beschreibung zur Haltung ersichtlich:

> Die Dimension der Haltung thematisiert den Umstand, dass die Integrität des Handelns immer bestimmte persönliche Dispositionen und sittlich-habituelle Fähigkeiten des Handelnden voraussetzt (Wildfeuer, 2011, S. 1796).

Ein ähnliches Verständnis lässt sich aus der Habitus-Theorie nach Bourdieu (1974) ableiten, der Habitus als »System verinnerlichter Muster« (S. 143) versteht. In diesem Sinne wäre Haltung vereinfacht als Verinnerlichung zu interpretieren. Unklar ist jedoch, wie Habitus und Kompetenz zueinanderstehen und voneinander abgegrenzt werden können, denn Haltung umfasst viele Faktoren, die Lehrkräfte »bezogen auf ihr eigenes berufliches Handeln mental repräsentieren und die in ihrem alltäglichen pädagogischen Handeln zum Ausdruck kommen sollen« (Kuhl, Schwer & Solzbacher, 2014, S. 79). Diesem Verständnis von Haltung ist zu entnehmen, dass sich Haltungen im Handeln zeigen können und von der Performanz oder Kompetenz nicht trennscharf zu unterscheiden sind. Dies kann durch Wildfeuers Ausführungen zu Handlungskompetenz unterstrichen werden:

> Handlungskompetenz lässt sich nicht einfach erlernen und lehren, sie muss eingeübt und an unterschiedlichen Widerständen erprobt werden. Sie wächst dadurch und wird gleichsam zur zweiten Haut, zum Selbstverständlichen, zum Spontanen, zur zweiten Natur (Wildfeuer, 2011, S. 1796).

Auch Helspers (2001) Beschreibungen zum wissenschaftlich-reflexiven Habitus lassen sich als die Umsetzung von Reflexionsprozessen interpretieren. Wyss (2013) hebt in diesem Zusammenhang die Bedeutung der Bereitschaft zu einem Einlassen auf Reflexion hervor.

Ausführungen zur Selbstreflexion können Hinweise zur Annäherung an den Begriff der reflexiven Haltung geben. Selbstreflexion wird als professionelle Kompetenz erachtet, die vor allem durch Irritationen angestoßen wird (Siebert, 2016, S. 15f.). Dabei werden Routinen als mögliche »Barriere für kritische Selbstbeobachtungen und für innovatives Lehrverhalten« gesehen (Siebert, 2016, S. 16; vgl. auch Wyss, 2013). Darüber hinaus kann Selbstreflexion in Verbindung mit Misserfolgserlebnissen als eine »Bedrohung der Identität« wahrgenommen werden (Trager, 2012, S. 32).

Zusammenfassend lässt sich festhalten, dass reflexive Haltung einerseits personenbezogene Voraussetzungen, die motivational-volitionale Aspekte einschließen, beinhalten kann. Andererseits kann vor dem Hintergrund der Habitus-Annahme mit Haltung der Aspekt der Verinnerlichung assoziiert werden, wodurch die Haltung durch Handlungen zum Ausdruck kommen kann. Haltung kann somit mit Performanz in Verbindung stehen, geht aber darüber hinaus. Insofern ist die Frage zu klären, wie Reflexion und reflexive Haltung zueinanderstehen: Wo gibt es Schnittstellen, wo sind Unterschiede in diesen beiden Konstrukten, die sich aufeinander beziehen?

2.3 Das Praxissemester zur Entwicklung einer reflexiven Haltung

Das Bielefelder Praxissemester ist auf einen Theorie-Praxis-Transfer angelegt. Ziel ist die Ausbildung einer reflexiven Haltung als Ausformung der Professionalisierung durch Anleitung zum forschenden Lernen. Dieses beinhaltet in der Ausgestaltung des Bielefelder Praxissemesters verschiedene Bereiche (s. dazu z. B. Weyland & Wittmann, 2017):

1. Zum einen führen die Studierenden unter Anleitung Unterricht selbst durch. Sie werden sowohl von Mentorinnen und Mentoren an den Schulen als auch von Fachleiterinnen und -leitern der Zentren für schulpraktische Lehrerausbildung betreut. Während der Praxisphase finden zwei Unterrichtsbesuche statt. Darüber hinaus findet zum Ende der Praxisphase ein Bilanz- und Perspektivgespräch statt mit dem Ziel, den eigenen Entwicklungsprozess zu reflektieren.
2. Zum anderen haben die Studierenden für den Zeitraum der Praxisphase einen Forschungsauftrag, den sie in Form von Studienprojekten realisieren. Dieses wird durch Begleitseminare in der Universität unterstützt.

Das Praxissemester ist als ein Studienelement angelegt, d. h. es soll einerseits dem Praxisbezug im Rahmen der Lehrerbildung gerecht werden, andererseits der curricularen und strukturell-organisatorischen Einbindung in das Studium Rechnung tragen (Weyland & Wittmann, 2017). Im Sinne einer *praxisbasierten Theorie der Lehrerbildung* (Loewenberg Ball & Cohen, 1999) sollen die Studierenden durch forschendes Lernen dazu befähigt werden, praxisbezogene Fragestellungen reflexiv zu bearbeiten.

> Forschendes Lernen beschreibt einen Lernprozess, der darauf abzielt, den Erwerb von Erfahrungen im Handlungsfeld Schule in einer zunehmend auf Wissenschaftlichkeit ausgerichteten Haltung theoriegeleitet und selbstreflexiv unter gleichzeitiger Beachtung des Respekts vor der nicht zu verdinglichenden Persönlichkeit des Kindes bzw. Jugendlichen sowie der Lehrenden zu ermöglichen (Boelhauve, 2005, S. 105; s. auch Nentwig-Gesemann, 2007).

Mit Bezug auf die in Abschnitt 2.1 und 2.2 dargestellten offenen Fragen zu den Begriffen der Reflexion und reflexiven Haltung ist zu klären, inwiefern Studierende im Praxissemester forschendes Lernen als Lerngelegenheit ansehen und es mit ihrem eigenen Professionalisierungsprozess verbinden. Insbesondere die Frage nach dem Verständnis von Reflexion und reflexiver Haltung stellt eine wesentliche Voraussetzung dar, wenn man Einblicke in die Haltungen und die Zuschreibung von persönlicher Bedeutung erlangen möchte. Diesen Fragen will das Forschungsprojekt, das diesem Beitrag zugrunde liegt, nachgehen. Konkret werden in dem Projekt die folgenden Forschungsfragen thematisiert: Was verstehen Studierende unter Reflexion und reflexiver Haltung? Welche Haltung nehmen sie dazu ein? Welche Bedeutung messen sie dem forschenden Lernen bei? Welche Schlüsse ziehen sie für ihre eigene Professionalisierung? Daraus sollen einerseits Konsequenzen für die Lehrerbildung abgeleitet werden, andererseits mögliche Veränderungen durch die Praxiserfahrungen während des Praxissemesters deutlich werden.

3. Methodisches Vorgehen

Um die genannten Forschungsfragen zu beantworten, ist die vorliegende Untersuchung qualitativ-explorativ angelegt. In drei Gruppendiskussionen (n = 10 Studierende), die in Seminare des Praxissemesters (Praxisphase im 1. und 2. Mastersemester) eingebunden sind, sollen sowohl Haltungen als auch das Verständnis von Studierenden zu Reflexion und reflexiver Haltung ermittelt werden. Die Erhebungszeitpunkte befinden sich sowohl vor (Vorbereitungsseminar) als auch nach der Praxisphase (Reflexionsseminar).

Datenerhebung
Die Gruppendiskussionen haben in Form eines World Cafés zum Thema »forschendes Lernen« stattgefunden. Vorteil dieser Methode ist, dass die Teilnehmerinnen und Teilnehmer mit unterschiedlichen Personen ins Gespräch kommen können. Es handelt sich um eine sehr offene Diskussionsform, bei der gleichzeitig prägnante Diskussionsergebnisse von den Teilnehmerinnen und Teilnehmern in Form von Stichpunkten oder grafischen Darstellungen auf Plakaten festgehalten werden können.

Mit Gruppendiskussionen können sowohl Meinungen und Einstellungen von Gruppenmitgliedern als auch die diesen »zugrunde liegenden Bewusstseinsstrukturen« ermittelt werden (Lamnek, 2010, S. 379). Von Interesse sind vor allem die kollektiven Orientierungen, die sich in der Diskussion zeigen. Gruppendiskussionen bieten im Vergleich zu Einzelinterviews zudem den Vorteil, dass Synergieeffekte, die durch die Auseinandersetzung mit den Gruppenmitgliedern möglich sind, durch die implizite Annahmen offenkundig werden können (Liebig & Nentwig-Gesemann, 2009).

Alle Diskussionen wurden mit einem Tonbandgerät aufgezeichnet, im Anschluss transkribiert und so der Auswertung zugänglich gemacht. Auch die während der Diskussionen entstandenen Plakate können für die Auswertung herangezogen werden und in die Interpretationen einfließen.

Datenauswertung

Die Auswertungen erfolgen anhand der dokumentarischen Methode nach Bohnsack (2014). Diese rekonstruktive Vorgehensweise ermöglicht es, sowohl das explizit formulierte Verständnis von Reflexion und reflexiver Haltung als auch implizite Wissensbestände zu ermitteln. Darüber hinaus bietet die Methode die Möglichkeit, Haltungen herauszuarbeiten.

Ausgehend von Ober- und Unterthemen, die sich in den Gruppendiskussionen finden lassen, werden die beiden Schritte der formulierenden und reflektierenden Interpretation vorgenommen. Dieses beinhaltet die »Rekonstruktion der thematischen Gliederung« sowie die »Rekonstruktion und Explikation des Rahmens, innerhalb dessen das Thema abgehandelt wird« (Bohnsack, 2014, S. 137). Dieser Rahmen lässt sich durch die sogenannten Gegenhorizonte beschreiben. Zur Darstellung des Diskurses werden positive und negative Gegenhorizonte aufgespannt.

Aufgrund der bisher geringen Datengrundlage beziehen sich die Auswertungen auf Fallbeschreibungen. Eine Typenbildung ist vor diesem Hintergrund nicht sinnvoll.

4. Ergebnisse

Anhand der herausgearbeiteten Ober- und Unterthemen *einer* Gruppendiskussion sollen im Folgenden exemplarisch die zentralen Befunde der Studierendenbefragung zum Zeitpunkt *vor* dem Praxissemester aufgezeigt werden.

Verständnis von Reflexion
Reflexion wird von den Studierenden mit Beispielen umschrieben, die auf kognitive und mentale Prozesse abzielen, so z. B. mit »noch einmal quasi Revue passieren lassen« (D1.1_t_1_00:00:39), »Ursachen, Hintergründe kennenlernen oder so, ne?« (D1.1_t_1_00:03:21), »irgendwie auch von außen betrachten und auch in irgendeiner gewissen Weise vielleicht versuchen möglichst neutral zu betrachten« (D1.1_t_1_00:02:25). Diese Äußerungen deuten darauf hin, dass das Verständnis von Reflexion eher unklar umrissen zu sein scheint. Die Häufung von Formulierungen wie »irgendwie« oder »halt« unterstreichen diese Annahme.

Mit Reflexion ist für die Studierenden das *Ziel* der Optimierung und Entwicklung eines Standards verbunden. Anhand von Einschätzungen, was gut oder schlecht gelaufen ist, bietet sich die Möglichkeit, die eigene Arbeit anzupassen, zu optimieren und wieder anwenden zu können. Dabei kann die Veränderung in einem »besser« oder »anders« bestehen. In diesem Kontext wird der Begriff

»best practice« (D1.1_t_1_00:02:14) verwendet. Die Überlegungen der Reflexion sollen als Grundlage dienen, auf die späteres Handeln aufgebaut werden kann. Den Äußerungen kann entnommen werden, dass Reflexion einerseits als eine Voraussetzung für Veränderungen, andererseits als eine Nötigung zur Veränderung gesehen wird. Veränderungen scheinen mit Perfektionierung verbunden zu werden, was eine starke Ergebnisorientierung mit dem Ziel der Erfüllung eines Standards impliziert. Die Verwendung zahlreicher Superlative in diesen Äußerungen kann als Hinweis auf eine hohe Erwartungshaltung an die eigene Person und das eigene Handeln gedeutet werden.

Nach dieser Eröffnung werden *Inhalte, Gegenstände* und *Anlässe* von Reflexion besprochen. Diese Äußerungen betreffen das Systematisieren, Formalisieren und Implementieren von Reflexion. In der Diskussion können sowohl zurückschauende als auch vorausschauende Reflexionsanlässe herausgearbeitet werden. Dabei erscheinen Reflexionsgegenstand und -anlass nicht immer trennscharf. Es werden exemplarische Themengebiete (Reaktion von Schülerinnen und Schülern, Einflussfaktoren auf Unterricht, Passung zwischen Planung und Lerngruppe) genannt, die in der Retrospektive in den Reflexionsprozess einbezogen werden können. Als Anlass werden vor allem misslungene Situationen gesehen, wenngleich stellenweise auch positive Situationen als Reflexionsanlass erwähnt werden. Mit vorausschauender Reflexion ist gemeint, dass bestimmte Inhalte und Reflexionsgegenstände bzw. Ziele für die Reflexion ausgesucht werden, damit nicht der ganze Tag reflektiert werden müsse. Um einen Überblick und eine Eingrenzung zu haben, könne eine »ToDo-Liste« (D1.1_t_1_00:06:14) erstellt werden.

In diesem Kontext werden auch die *Häufigkeit* und die *Intensität* von Reflexion diskutiert. Reflexion sollte regelmäßig stattfinden – »mindestens alle zwei Wochen oder ein Mal im Monat« (D1.1_t_1_00:05:08). Mit der Regelmäßigkeit wird das Ziel verbunden, einen Blick auf seinen Unterricht zu haben, damit nichts eingeschliffen wird oder Schlechtes unbemerkt bleibt. Dabei sei es wichtig, eine Balance zu finden, wie viel Reflexion im konkreten Fall angemessen sei. Hieraus kann geschlossen werden, dass Reflexion in diesem Verständnis nicht als automatisiert betrachtet wird, sondern in regelmäßigen Abständen bewusst vollzogen oder angestoßen werden muss. Darüber hinaus werden die Grenzen von Reflexion stark betont. Wenn man ständig reflektiere, habe man »eine 300 % Stelle« (D1.1_t_1_00:05:37). Im Hinblick auf Enaktierung[1] (vgl. Bohnsack, 2014, S. 138) lassen sich diese Beschreibungen deuten als ein Rahmen der eigenen Möglichkeiten, in dem Reflexion umgesetzt werden kann.

---

1 Bohnsack (2014) bezeichnet Enaktierungen als »Prozesse der Umsetzung der Orientierungen in Alltagshandeln« (S. 138).

Zentral in der Diskussion ist die *Abgrenzung zur Selbstkritik*. Man sollte nicht zu selbstkritisch sein. Es wird die Gefahr gesehen, dass durch eine zu häufige und zu kritische Reflexion das eigene Selbstbewusstsein angegriffen werden könne, sodass sich eine »Angstspirale aufbauen« (D1.1_t_1_00:09:19) könnte: »nicht ständig reflektieren oder nicht ZU sehr, äh, weil irgendwie kratzt das dann ja auch an seiner eigenen Selbstsicherheit« (D1.1_t_1_00:07:18).

Reflexion wird als ständiges Hinterfragen während und nach dem Unterricht beschrieben und infolgedessen die Gefahr gesehen, dass dadurch die eigene Arbeit vergessen oder schlecht geredet werden könne. Diese Äußerung deutet darauf hin, dass der Reflexionsprozess vom professionellen Handeln abgekoppelt wird, da die Reflexion die eigentliche Arbeit vergessen lässt. Reflexion wird überwiegend mit Kritik assoziiert, die gegen sich selbst gerichtet ist und zu der bereits erwähnten Angstspirale führen kann. »Irgendwann muss man also (.) man will ja auch Spaß am Beruf haben. Irgendwann muss man auch zwischendurch finde ich muss man auch einfach genießen. [...] Und das dann auch einfach belassen so« (D1.1_t_1_00:07:39). Dabei wird der explizite Reflexionsprozess mit negativ konnotierten Wörtern wie »abarbeiten« beschrieben, was möglicherweise Monotonie, Widerwillen und Zwang zum Ausdruck bringt.

Verständnis von reflexiver Haltung
Die Beschreibung einer reflexiven Haltung erfolgt vor allem anhand personenbezogener Merkmale und Kompetenzen, die mehr als Voraussetzungen und weniger als Merkmale zu deuten sind. Insgesamt zeigt sich, dass die Beschreibungen zur reflexiven Haltung nicht immer trennscharf zum Verständnis von Reflexion vorgenommen werden.

Eine reflexive Haltung beinhalte eine gewisse Distanz zu sich selbst. Gefühle sollten keine Rolle spielen. Man müsse sich selbst von außen und möglichst neutral betrachten. Subjektivität wird in diesem Prozess als schwierig angesehen. Des Weiteren werden Kritikfähigkeit, die Einstellung, dass man etwas verändern möchte sowie Veränderungsbereitschaft angesprochen (D1.2_t_1_00:05:30). Dies wird im folgenden Verlauf verstanden als Interesse an einer persönlichen Weiterentwicklung. Anders als bei den Einflussfaktoren auf Reflexionsgegenstände wird bei der reflexiven Haltung die eigene Person in den Fokus gerückt. Mit Veränderungsbereitschaft und Interesse an persönlicher Weiterentwicklung werden motivationale Aspekte angesprochen, die ausschlaggebend sein können für Veränderungsprozesse. An dieser Stelle wird somit implizit der Professionalisierungsprozess mitgedacht. Scheinbar wird in dieser Gruppendiskussion reflexive Haltung eher als Einstellung oder Bereitschaft gesehen, weniger als Habitus.

Die Ausführungen zur reflexiven Haltung finden starke Anbindung an die Diskussion zu Reflexion. Das Spannungsfeld zwischen ständiger persönlicher

Weiterentwicklung und dem Bedürfnis nach Alltagstrott wird als »Knackpunkt« (D1.2_t$_1$_00:05:30) gesehen. An dieser Stelle wird eine Antinomie deutlich, in der sich die Studierenden offenbar befinden: Es wird das Bedürfnis nach Routine formuliert, mit dem man jedoch Gefahr läuft, dass sich etwas Negatives einschleift, was im Widerspruch dazu steht, sich ständig professionell weiterzuentwickeln. An dieser Stelle bekommt die Diskussion die Wendung, dass sich die Studierenden offenbar selbst schützen wollen, was sich darin zeigt, dass sie den Fokus der Reflexion von der eigenen Person abwenden. Die reflexive Haltung sollte motivieren, an sich zu arbeiten, nicht zu Einschüchterung führen. Deshalb wird auf den Aspekt bei Reflexion verwiesen, dass man nicht so selbstkritisch sein sollte. Man sollte »wohlwollend« (D1.1_t$_1$_00:09:02) reflektieren. Dies bedeute auch, eine Distanz zur Kritik einzunehmen. Diese Distanz soll erreichen, dass man die Kritik nicht persönlich nimmt. Alles in allem scheint in dieser Diskussion ein Austarieren der Bedeutung der eigenen Person im Reflexionsprozess charakteristisch zu sein. Dies hängt möglicherweise mit der Assoziation mit Selbstkritik zusammen. Auch eine Angst, den eigenen Erwartungshaltungen nicht gerecht werden zu können, ist denkbar.

5. Fazit und Ausblick

Insgesamt zeigt sich in der vorliegenden Studie, dass die Begriffe der Reflexion und reflexiven Haltung nach dem Verständnis von Studierenden im Praxissemester nicht trennscharf sind. Die Definitionen der Begriffe erfolgen über eine Beschreibung beispielhafter kognitiver und mentaler Prozesse. Reflexion wird mit Analyse und kritischem Hinterfragen assoziiert und erhält im Gesprächsverlauf eine negative Konnotation. Dies zeigt sich trotz unterschiedlicher Orientierungsrahmen in allen Diskussionen.

Ebenso ist das Ziel der Objektivierung in allen Diskussionen zentral. Scheinbar soll durch reflexive Prozesse eine Form von Wahrheit gefunden werden, die als Maßstab der Bewertung des eigenen Handels gesehen werden kann. Dabei zeigt sich in allen Diskussionen, dass Reflexion mit einem kritischen Hinterfragen assoziiert wird, was eine überwiegend defizitorientierte Sichtweise auf das eigene Handeln impliziert. Es scheint eine eher negativ geprägte Haltung gegenüber Reflexion und der Entwicklung einer reflexiven Haltung vorherrschend zu sein. Durch den starken Bezug zur eigenen Person scheinen die Studierenden in der hier dargestellten Diskussion eine abwehrend-distanzierte Haltung gegenüber Reflexion einzunehmen. Der Aspekt der »Bedrohung der eigenen Identität« durch Reflexion (Trager, 2012, S. 32; s.o.) scheint in der Diskussion sehr zentral zu sein. Es bleibt abzuwarten, wie die Studierenden die Begriffe nach dem Praxissemester bewerten, denn Irritationen und Anlässe zur Verbindung zwischen Theorie und Praxis werden als Möglichkeit zur Förderung der Selbstreflexionsfähigkeit beschrieben (Siebert, 2016; Schön, 1987) und könnten somit auch zu Veränderungen in den Haltungen führen. Jedoch zeigen Untersuchungen auch, dass die Bewertung von theoretischen Bezügen für das unterrichtspraktische Handeln nach Langzeitpraktika an Relevanz verliert (z. B. Hascher, 2012).

Offen bleibt die Frage, inwiefern diese Ergebnisse mit Selbstwirksamkeit der Studierenden oder allgemeinen Persönlichkeitsmerkmalen zusammenhängen (s. z. B. Cramer & Binder, 2015). Auch die Bedeutung der eigenen Biografie und deren Bedeutung für die Herausbildung einer Haltung zu Reflexion könnte eine Forschungsperspektive bieten, die Einblicke in die Entstehung von berufsbezogenen Haltungen liefern könnte. Denn anzunehmen ist, dass die eigene Biografie Einfluss nehmen kann auf die Entwicklung von Haltungen, welche wiederum die Berufsbiografie bestimmen können.

Für die Lehrerausbildung kann aus diesen ersten Ergebnissen gefolgert werden, dass *konstruktive* Reflexionsanlässe günstig wären, die die Entwicklung einer positiven Haltung gegenüber Reflexion ermöglichen könnten. Auch eine Schärfung von Begrifflichkeiten bzw. ein sensibler Umgang mit den Begriffen könnte diesem Ziel dienlich sein.

Literatur

Abels, S. (2010). *LehrerInnen als Reflective Practitioner. Reflexionskompetenz für einen demokratieförderlichen Naturwissenschaftsunterricht.* Wiesbaden: VS.

Boelhauve, U. (2005). Forschendes Lernen – Perspektiven für erziehungswissenschaftliche Praxisstudien. In: A. H. Hilligus & H.-D. Rinkens (Hrsg.), *Zentren für Lehrerbildung – neue Wege im Bereich der Praxisphasen* (S. 103–126). Münster: Lit.

Bohnsack, R. (2014). *Rekonstruktive Sozialforschung. Einführung in qualitative Methoden.* Opladen, Toronto: Barbara Budrich.

Bourdieu, P. (1974). *Zur Soziologie der symbolischen Formen.* Frankfurt a. M.: Suhrkamp.

Bromme, R. (1992). *Der Lehrer als Experte: zur Psychologie des professionellen Wissens.* Bern: Huber.

Calderhead, J. (1989). Reflective Teaching and Teacher Education. *Teaching and Teacher Education*, 5(1), 43–51.

Cramer, C. & Binder, K. (2015). Zusammenhänge von Persönlichkeitsmerkmalen und Beanspruchungserleben im Lehramt. Ein internationales systematisches Review. *Zeitschrift für Erziehungswissenschaft*, 18(1), 101–123.

Dreyfus, H. I., Dreyfus, S. E. & Athanasiou, T. (1986). *Mind over machine: The power of human intuition and expertise in the era of the computer.* New York, NY: The Free Press.

Fichten, W. (2017). Forschendes Lernen in der Lehrerbildung. In: R. Schüssler, A. Schöning, V. Schwier, S. Schicht, J. M. Gold & U. Weyland (Hrsg.), *Forschendes Lernen im Praxissemester. Zugänge, Konzepte, Erfahrungen* (S. 30–38). Bad Heilbrunn: Julius Klinkhardt.

Hascher, T. (2012). Lernfeld Praktikum – Evidenzbasierte Entwicklungen in der Lehrer/innenbildung. *Zeitschrift für Bildungsforschung*, 2(2), 109–129.

Hatton, N. & Smith, D. (1995). Reflection in teacher education: Towards definition and implementation. *Teaching and Teacher Education*, 11(1), 33–49.

Helsper, W. (2001). Praxis und Reflexion. Die Notwendigkeit einer »doppelten Professionalisierung« eines Lehrers. *Journal für Lehrerinnen- und Lehrerbildung*, 1(3), 7–15.

Herzog, W. (1995). Reflexive Praktika in der Lehrerinnen- und Lehrerbildung. *Beiträge zur Lehrerbildung*, 13(3), 253–273.

Iwers-Stelljes, T. A. & Luca, R. (2008). Ein Ansatz zur Förderung von Reflexionskompetenz: Fallarbeit in 7 Schritten. *Gruppendynamik und Organisationsberatung*, 39(4), 429–442.

Korthagen, F. A. J. (2002). Eine Reflexion über Reflexion. In: Korthagen, Fred A. J. & W. Meyer (Hrsg.), *Schulwirklichkeit und Lehrerbildung. Reflexion der Lehrertätigkeit* (S. 55–73). Hamburg: EB.

Kuhl, J., Schwer, C. & Solzbacher, C. (2014). Professionelle pädagogische Haltung: Persönlichkeitspsychologische Grundlagen. In: C. Schwer & C. Solzbacher (Hrsg.), *Professionelle pädagogische Haltung. Historische, theoretische und empirische Zugänge zu einem viel strapazierten Begriff* (S. 79–106). Bad Heilbrunn: Klinkhardt.

Lamnek, S. (2010). *Qualitative Sozialforschung* (5., überarb. Aufl.). Weinheim [u.a.]: Beltz.

Leonhard, T. & Rihm, T. (2011). Erhöhung der Reflexionskompetenz durch Begleitveranstaltungen zum Schulpraktikum? Konzeption und Ergebnisse eines Pilotprojekts mit Lehramtsstudierenden. In: A. Frey (Hrsg.), *Kompetenzmodelle, Standardmodelle und Professionsstandards in der Lehrerbildung: Stand und Perspektiven* (S. 240–270). Landau, Pfalz: Verlag Empirische Pädagogik.

Liebig, B. & Nentwig-Gesemann, I. (2009). Gruppendiskussion. In: S. Kühl, P. Strodtholz & A. Taffertshofer (Hrsg.), *Handbuch Methoden der Organisationsforschung* (S. 102–123). Wiesbaden: VS.

Loewenberg Ball, D. & Cohen, D. K. (1999). Developing practice, developing practitioners. Towards a Practice-Based Theory of Professional Education. In: L. Darling-Hammond & G. Sykes (Hrsg.), *Teaching as the learning profession: Handbook for policy and practice* (S. 3–32). San Francisco: Jossey-Bass.

Loughran, J. J. (2002). Effective Reflective Practice. *Journal of Teacher Education*, 53(1), 33–43.

Nentwig-Gesemann, I. (2007). Forschende Haltung. *Sozial Extra*, 31(5-6), 20–22.

Roters, B. (2012). *Professionalisierung durch Reflexion in der Lehrerbildung. Eine empirische Studie an einer deutschen und einer US-amerikanischen Universität.* Münster: Waxmann.

Schön, D. A. (1982). *The reflective practitioner. How professionals think in action.* New York: Basic Books.

Schön, D. A. (1987). *Educating the Reflective Practitioner. Toward a New Design for Teaching and Learning in the Professions.* San Francisco: Jossey-Bass.

Schwer, C. & Solzbacher, C. (2014). Einige Konsequenzen aus den theoretischen und empirischen Annäherungen an Haltung für die Professionalisierungsdebatte. In: C. Schwer & C. Solzbacher (Hrsg.), *Professionelle pädagogische Haltung. Historische, theoretische und empirische Zugänge zu einem viel strapazierten Begriff* (S. 215–221). Bad Heilbrunn: Klinkhardt.

Siebert, H. (2016). Selbsteinschließende Reflexion als pädagogische Kompetenz. In: R. Arnold (Hrsg.), *Veränderung durch Selbstveränderung: Impulse für das Selbstmanagement* (S. 9–18). Baltmannsweiler: Schneider Verlag Hohengehren.

Trager, B. (2012). Förderung von Selbstreflexion bei pädagogischen Professionals mit Hilfe von E-Portfolios. https://opus4.kobv.de/opus4-fau/files/2277/BernhardTrager Dissertation.pdf, abgerufen am 15.03.2017.

Weyland, U. & Wittmann, E. (2017). Praxissemester en vogue. In: R. Schüssler, A. Schöning, V. Schwier, S. Schicht, J. M. Gold & U. Weyland (Hrsg.), *Forschendes Lernen im Praxissemester. Zugänge, Konzepte, Erfahrungen* (S. 17–29). Bad Heilbrunn: Julius Klinkhardt.

Wildfeuer, A. G. (2011). Praxis. In: P. Kolmer & A. G. Wildfeuer (Hrsg.), *Neues Handbuch philosophischer Grundbegriffe* (S. 1774–1804). Freiburg i. Br.: Karl Alber.

Wyss, C. (2013). *Unterricht und Reflexion. Eine mehrperspektivische Untersuchung der Unterrichts- und Reflexionskompetenz von Lehrkräften.* Münster: Waxmann.

Martin Auferbauer

Informationsvermittlung im Schulkontext

Ein Vergleich der Themennachfrage von steirischen Schülerinnen und Schülern mit dem Workshop-Angebot der Jugendinformationsarbeit

1. Einführung

Die Anforderungen, denen Jugendliche in ihrer Entwicklung gerecht werden müssen, haben in den letzten Jahrzehnten stetig zugenommen. Um in den sich rasch verändernden Gesellschaften teilzuhaben, wird vor allem der adäquate Umgang mit Informationen für Jugendliche immer wichtiger, um Entwicklungs-aufgaben positiv bearbeiten zu können. Ein diesbezügliches Scheitern kann mas-sive Probleme bis hin zur Schädigung der gesundheitlichen Integrität bedeuten (Quenzel, 2015). Dieser gesellschaftliche Strukturwandel muss demnach auch als »pädagogische Aufforderung« (Böhnisch, 2003, S. 57) erkannt werden. Dadurch gilt es gerade in pädagogischen Handlungsfeldern, auf den Informa-tions- und Unterstützungsbedarf von jungen Menschen adäquat vorbereitet zu sein. Das betrifft insbesondere die Schule als »das am stärksten weichenstellende und universellste institutionelle Gefüge des Jugendalters« (BMFSFJ, 2013, S. 157), wo Kinder und Jugendliche weitestgehend unabhängig von ihrem Hintergrund erreichbar sind. Zudem wird Schule von Jugendlichen überwiegend positiv wahrgenommen (für die Situation in der Steiermark: Scharinger & Ehetreiber, 2014) und bietet sich dementsprechend als Drehscheibe an, um Jugendliche bedarfsgerecht zu informieren.

Kindern und Jugendlichen kommt insbesondere durch die Kinderrechtskon-vention (UNICEF, 1990) das Recht auf Information zu, »die für ihr Leben rele-vant, aktuell und verständlich aufbereitet ist« (Bundesnetzwerk Österreichische Jugendinfos, 2013, S. 26). Dementsprechend gibt es auf allen politischen Ebenen Bezugnahmen auf die Wichtigkeit der Jugendinformationsarbeit: Sowohl das *Weißbuch Jugend* der Europäischen Kommission (2001), zahlreiche Dokumente des jeweils mit den Jugendagenden betrauten Bundesministeriums (etwa BMFJ, 2015) als auch die regionale *Strategische Ausrichtung der Kinder- und Jugend-arbeit 2020* (Land Steiermark, 2012) weisen dem Aufgabenbereich der Jugend-information eine hohe Priorität zu. Spezialisierte Einrichtungen der Jugendinformation sollen als üblicherweise in den Landeshauptstädten basierte *»One-Stop-Shops«* Jugendlichen »helfen, sich in der Informationsflut zurecht zu finden« (Cangelosi, 2011, S. 123). Zudem sollen sich diese Institutionen medialer Kanäle bedienen, um weitere Jugendliche sowie mögliche Multiplikatorinnen und Multiplikatoren zu erreichen (Bundesnetzwerk Österreichische Jugendinfos, 2013). Neben Internetpräsenz und Aktivitäten in sozialen Medien geben Mitarbeiterinnen und Mitarbeiter der Jugendinformation diverse Druckschriften heraus und halten (vornehmlich in Schulen, aber auch in Einrichtungen der Jugendarbeit) Workshops für Jugendliche sowie für Professionistinnen und Professionisten, die mit Jugendlichen arbeiten (Lederer-Hutsteiner, Auferbauer, Polanz & Diwoky, 2014). Die Strategie für die Steiermark betont zudem die Notwendigkeit, dass Jugendinformation insbesondere Kooperationen »mit MultiplikatorInnen im Bereich Elternbildung, Familienberatung, Schule, Hortwesen und Gemeinde« aufbaut (Land Steiermark, 2012, S. 10).

Trotz dieser Verankerung des Angebots der Jugendinformation und der vergleichsweise langjährigen Praxis in Europa, die ab den 1960er-Jahren von Skandinavien und den BeNeLux-Staaten ausgeht (Auferbauer, 2017), gibt es bisher kaum wissenschaftliche Auseinandersetzungen mit diesem Feld der Jugendarbeit und der konkreten Praxis ihrer Einrichtungen. Zwar liegen Jugendstudien wie z. B. die Shell Jugendstudie (2015) oder die Studie der deutschen Bundeszentrale für gesundheitliche Aufklärung (2010) vor, doch finden sich in diesen Publikationen bis dato keine empirischen Befunde zu möglichen Ausprägungen der von Jugendlichen geäußerten Informationsbedürfnisse beziehungsweise zu Themenfeldern, die besonders nachgefragt werden. Diese Forschungslücke ist insofern erstaunlich, als auf Basis rechtlicher Verpflichtungen in nahezu allen EU-Staaten ein Netz an Institutionen der Jugendinformation geschaffen wurde und unterhalten wird (ERYICA, 2015), das den Informationsbedürfnissen Jugendlicher Rechnung tragen soll.

Eine zentrale Herausforderung der Jugendinformationsarbeit besteht darin, die oftmals personengebundenen Wissensbestände bedarfsgerecht möglichst allen Jugendlichen sowie Eltern(teilen) und Personen, die mit Jugendlichen arbeiten (insbesondere Lehrkräfte, Fachkräfte der Schulsozialarbeit und der Freizeitpädagogik etc.) zugänglich zu machen. Lehrkräfte sind daher für Jugendinformationsarbeit nicht nur in der Funktion von Multiplikatorinnen und Multiplikatoren wichtig, sondern fungieren auch als *Gatekeeper*. Über Schulen erreicht man Jugendliche – etwa für Workshops und vergleichbare Angebote – besonders effizient. Gleichzeitig ist zu erwähnen, dass es für Jugendliche mit besonderen Risikolagen auch anderer Zugänge bedarf, da diese oftmals nicht mehr über Schulen und Ausbildungsstätten erreicht werden können.

Hier soll daher folgenden Fragen nachgegangen werden: Zu welchen Themen wünschen sich steirische Jugendliche mehr Information? Welche Inhalte werden bisher über Workshops im Schulkontext angeboten und welche Reichweite haben diese Formate?

2. Rahmenbedingungen und Untersuchungsdesign der Erhebungen

Die nachfolgend dargestellten Daten stammen aus einer Auftragsforschung des Instituts x-sample für das Referat Jugend der Steiermärkischen Landesregierung, die zwischen 2012 und 2014 durchgeführt wurde. Diese Untersuchung hatte zum Ziel, den Status quo, den Bedarf sowie Innovationspotenziale der Jugendinformation in der Steiermark abzubilden (Lederer-Hutsteiner et al., 2014). Aufgrund der Vielschichtigkeit der Fragestellung wurden mehrere Methoden (Dokumentenanalyse, quantitative und qualitative Erhebungen mit diversen Stakeholdern) miteinander kombiniert, um Ergebnisse aus verschiedenen Perspektiven darstellen und zueinander in Bezug setzen zu können. Für die hier relevanten Fragestellungen wurden folgende Untersuchungsmethoden eingesetzt:

— Standardisierte Online-Befragung zu aktuell vorhandenen Informationsbedürfnissen und zur Wahrnehmung des Jugendinformationsangebots unter steirischen Schülerinnen und Schülern in 74 Schulen aus 12 unterschiedlichen Schultypen der Sekundarstufen I und II (inklusive Berufsschulen) der 7. bis 13. Schulstufe (Klumpenstichprobe auf Basis von 101 Schulklassen, geschichtet nach Bezirk, Schultyp und Schulstufe, Ziehung der Schulen und Schulklassen nach Zufallsprinzip; n = 1.811; Alter zwischen 12 und 22 Jahren; Durchführung der Erhebung im Oktober 2013)
— Face-to-Face-Interviews zur Wahrnehmung der Jugendinformationsarbeit und möglicher Perspektiven mit (Bereichs-)Leiterinnen und -leitern von Projekten der steirischen Jugendinformation und Jugendarbeit (n = 15; Auswahl der Personen in Abstimmung mit dem Land Steiermark; Durchführung der Erhebung im ersten Halbjahr 2013)

Den Schülerinnen und Schülern wurden im Rahmen der Onlinebefragung 32 Themen vorgelegt. Dies war mit der Bitte verbunden anzugeben, welche Bedeutung diese Themen derzeit für sie einnehmen sowie ob sie dazu gerne mehr Informationen hätten oder ob das Thema für sie aktuell keine Rolle spielt. Die vorgelegten Themen wurden in Anlehnung an die Konzepte der Entwicklungsaufgaben und Statusübergänge (Hurrelmann & Quenzel, 2013) formuliert. Zudem wurde mittels einer vorgeschalteten offenen Frage kontrolliert, ob es zusätzliche relevante Themen im konjunktiven Erfahrungsraum der Jugendlichen gibt (vgl. Auferbauer, 2017).

3. Darstellung der Ergebnisse

3.1 Ausprägungen der Informationsnachfrage steirischer Jugendlicher

Aufgrund der vorliegenden Studie kann folgende überblicksmäßige Erkenntnis gewonnen werden: Die beiden Themen, zu denen alle steirische Schülerinnen und Schüler (12 bis 22 Jahre; n = 1.811) am häufigsten nachfragen, sind Berufs- und Bildungsorientierung (39 %). Bereits an dritter Stelle befindet sich das Thema Gesundheit (35 %). Neben- oder Ferialjobs sowie Fragen rund um das Thema Geld beschäftigen jeweils ein Drittel der Befragten. Ebenfalls fast dreißig Prozent äußern Interesse an rechtlichen Aspekten. Danach folgen Möglichkeiten zur Freizeitgestaltung in den Ferien sowie für Aufenthalte im Ausland (jeweils 28 %). Themen wie Sexualität, Gewalt und Mobbing sowie Sucht und Substanzkonsum werden hingegen von weniger als jeder sechsten befragten Person in Verbindung mit Informationsbedarf gebracht. Der breit gefasste Themenbereich des Religiösen und Spirituellen bildet das Ende der Rangreihe: Nur knapp mehr als einer von zehn Jugendlichen äußert dazu, sich mehr Informationen zu wünschen (Lederer-Hutsteiner et al., 2014). Die differenzierten Auswertungen zeigen:

> Als gute Prädiktoren für die Bedeutung einzelner jugendrelevanter Themenfelder (diese wurden auf Basis einer Faktorenanalyse gebildet) haben sich das Geschlecht, das Alter, der Besuch eines Jugendzentrums, die wahrgenommene elterliche Unterstützung, der Schultyp sowie die soziale Schicht erwiesen (Lederer-Hutsteiner et al., 2014, S. 14).

Ein allfälliger Migrationshintergrund (operationalisiert anhand des Indikatorensatzes von Schenk et al., 2006) oder die Wohnregion haben hingegen vergleichsweise wenig Potenzial, die Bedeutung einzelner Themenfelder sowie einen konkreten Informationsbedarf vorherzusagen (Auferbauer & Lederer-Hutsteiner, 2015).

Im Zuge eines auf die Auftragsforschung aufsetzenden Dissertationsprojekts wurden zudem die Antworten der 1.811 Schülerinnen und Schüler auf die offen gestellte Frage nach ihren momentanen Informationsbedürfnissen analysiert (Auferbauer, 2017). Durch offenes Kodieren wurden 24 Kategorien gebildet und 2.652 Kodierungen zugeordnet. Dann wurde für jede Kategorie geprüft, welche signifikanten Korrelationen mit den unabhängigen Variablen *Geschlecht*, *Alter*, besuchtem *Schultyp*, *Schichtzugehörigkeit* und *Migrationshintergrund* beobachtet werden können. Bei der Betrachtung signifikanter Korrelationen erwiesen sich das Geschlecht und das Alter am aussagekräftigsten (in dem Sinne, dass es mit diesen Variablen die meisten signifikanten Zusammenhänge gab). Daher sollen die von Jugendlichen geäußerten Themenfelder hier nach Geschlecht und Altersgruppen dargestellt werden. Die Zusammenhänge mit Äußerungen zu den einzelnen Themenfeldern sind entlang des Signifikanzniveaus differenziert formatiert zusammengefasst:

– Signifikanter Zusammenhang (p ≤ 0,05): Nennung
– Sehr signifikanter Zusammenhang (p ≤ 0,01): *Nennung kursiv*
– Hochsignifikanter Zusammenhang (p < 0,001): **Nennung fett**

In der Betrachtung nach dem Geschlecht der Befragten zeigen sich folgende signifikanten Korrelationen:

Tabelle 1: Von Jugendlichen geäußerte Themenfelder nach Geschlecht

Geschlecht	Signifikante Korrelationen (in der Rangreihe der Häufigkeit der Nennung)
Weiblich	**Schule**; **Familie**; *PartnerInnenschaft; Ökonomische Herausforderungen*; Pessimistische Äußerungen, akute Problemlagen; **Natur, Tiere, Umweltschutz**; *Gesundheit, Selfness und psychisches Wohlbefinden*; **Internationale Mobilität**
Männlich	**Sport und Bewegung**; Politik; **Mobilität**; **Medien**; **Kritik an der Umfrage, skurrile und obszöne Antworten**;

Quelle: Auferbauer, 2017, S. 233.

In der Betrachtung nach Altersgruppen der Befragten zeigen sich folgende signifikanten Korrelationen:

Tabelle 2: Von Jugendlichen geäußerte Themenfelder nach Altersgruppen

Altersgruppe	Sign. Korrelationen (in der Rangreihe der Häufigkeit der Nennung)
12–13	Sport und Bewegung; Medien; *Natur, Tiere, Umweltschutz*; Positives Erleben, optimistische Äußerungen
14–15	**Schule**; **Peergruppe**; **FreundInnen**; **Familie**; *Sexualität*
16–17	Beruf, Berufsorientierung; **Politik**; **Ökonomische Herausforderungen**
18+	**Politik**; **Ökonomische Herausforderungen**; Internationale Mobilität

Quelle: Auferbauer, 2017, S. 234.

Die Jugendlichen differenzieren in ihren Aussagen zudem sehr stark, über welche Informationskanäle sie zu bestimmten Themen informiert werden möchten. In der Onlinebefragung wurde zu jedem von den Befragten als relevant erachteten (geschlossen abgefragten) Thema der gewünschte Kommunikationskanal abgefragt und in der Folge zu sieben Kategorien zusammengefasst: *Schulkontext, Erwachsene in der eigenen Familie, Medien, Peergroup/Social Media, Jugend-*

arbeit, *Logo Jugendinfo* und *Anonyme Telefonhotline*. Vielfach ist der Schulkontext (z. B. durch Gespräche mit Lehrerinnen, Workshops oder Vorträge von Jugendarbeiterinnen an den Schulen, Gespräche mit Schulsozialarbeiterinnen, Schulpsychologinnen oder Schulärztinnen sowie deren männlichen Kollegen) die favorisierte Informationsquelle. Besonders wichtig erachtet wird der Schulkontext von den Jugendlichen zu den folgenden Themen (in der Klammer ist jeweils der Anteil der Befragten angegeben, die sich die Information zum Thema über den Schulkontext wünschen):

– Informationen zu Mobbing und Gewalt bekommen (54 %)
– Entstehung psychischer Krankheiten und was man dagegen tun kann (51 %)
– Sucht und Risiken im Umgang mit Zigaretten, Alkohol und Drogen (50 %)
– Politische Bildung (48 %)
– Unterstützung bei Problemen oder Konflikten in der Schule oder am Arbeitsplatz (47 %)

3.2 Reichweite und Inhalte von Workshops als Kooperationsform zwischen Einrichtungen der Jugendinformation und Schule

In der inhaltsanalytischen Auswertung der Face-to-Face-Interviews mit den 15 Professionistinnen und Professionisten der Jugend(informations)arbeit zeigte sich die Vielschichtigkeit der Informationsbedürfnisse und -wege von Jugendlichen. Weitgehender Konsens dieser Fachkräfte besteht hinsichtlich der Dringlichkeit der Themen Sexualität, Berufs- und Bildungsorientierung (gerade auch bei jüngeren Schülerinnen und Schülern) sowie Informations- und Medienkompetenz (Lederer-Hutsteiner et al., 2014). Beim Thema Sexualität wird auf die Notwendigkeit hingewiesen, auch jenen Jugendlichen adäquat zu begegnen, die bereits vom Thema übersättigt sind und glauben, schon alles zu wissen. Die Fachkräfte äußern sich hinsichtlich des generellen Informationsstandes Jugendlicher und der geringen Fundierung der Entscheidungen in puncto Sexualität oftmals negativ überrascht (Leder-Hutsteiner et al., 2014).

Einrichtungen der Jugendinformation und Jugendarbeit setzen häufig Workshops in Schulen ein, um Jugendliche möglichst breit und über alle sozialen Schichten hinweg ansprechen zu können. Workshops stellen eine besonders bewährte Methode für eine partizipative Informationsvermittlung dar, wie ein befragter Jugendarbeiter ausführt:

Workshops gehen immer gut, das muss man schon sagen. Das ist etwas, wo sie [Kinder und Jugendliche, Anm.] teilhaben, mitleben. Das ist ein ganz gutes Zugangsmedium der alten Schule! (Lederer-Hutsteiner et al., 2014, S. 54).

Auch wenn das Workshopformat an sich nicht ganz neu ist, überzeugt den hier zitierten Professionisten die Möglichkeit, die Teilnehmenden mit dem Angebot gut einbinden zu können.

Der Schulkontext allgemein hat für die Multiplikatorinnen und Multiplikatoren eine große Bedeutung, da in diesem Rahmen bis zum Ende der Schulpflicht eine sehr breite Erreichung von Jugendlichen möglich ist. Eine Befragte führt aus:

Um die Schulen kommt man nicht herum: Ich erreiche sie [Kinder und Jugendliche, Anm.] ja mehr oder weniger flächendeckend dort. So negativ diese Anwesenheitspflicht auch ist – ich erreiche sie einfach! Natürlich kann man das außerschulisch gut ergänzen, wenn sie in Vereinen aktiv sind. Aber ich finde, das gehört einfach in die Schule, das hat dort Platz, die Schule hat genug Zeit dafür! (Lederer-Hutsteiner et al., 2014, S. 65).

Trotz dieser pragmatischen Haltung hinsichtlich des Zugangs wird die Kooperation als nicht immer einfach beschrieben. Der Kontext wird oft sehr hierarchisch erlebt, etwa indem man vorab den Landesschulrat oder die Direktion involvieren muss (Lederer-Hutsteiner et al. 2014). Zudem gibt es mitunter Auffassungsunterschiede über den sinnvollen Einsatz von Instrumenten: Angebote wie Workshops werden nach Erfahrung mancher der Befragten fallweise auch anstatt einer adäquaten Maßnahme der Krisenintervention oder in aktionistischer Manier aus einem Anlassfall heraus angefordert (Lederer-Hutsteiner et al., 2014). Für komplexere Inhalte werden mitunter mehrjährige Formen der Kooperation vorgeschlagen. Einige Befragte berichten dahingehend von kontinuierlichen und gut eingespielten Kooperationsformen mit einzelnen Lehrkräften. Diese Zusammenarbeit soll ermöglichen, Themen wie etwa Suchtprävention adäquat zu verfolgen und nicht als bloße Alibihandlung in der letzten Schulwoche vor den Ferien, wie eine Projektverantwortliche erläutert:

Ich glaube mit den mehrjährigen Programmen hätten wir früher gar nicht kommen brauchen, da hätten sie uns gefragt, ob wir komplett wahnsinnig sind! Aber je länger du mit den einzelnen Lehrern zusammenarbeitest, desto offener werden sie auch, sich intensiver hineinzubegeben oder etwas Anderes auszuprobieren (Lederer-Hutsteiner et al., 2014, S. 66).

Um erfahrbar zu machen, welche Themen in derartigen Workshops bearbeitet werden und wie es um die Reichweite solcher Angebote bestellt ist, wurden die Teilnehmerinnen und Teilnehmer der Onlinebefragung zu ihren Workshoperfahrungen befragt. Die Schülerinnen und Schüler sollten aus einer Liste mit 18 Themen angeben, ob sie dazu bereits an einem Workshop/Vortrag teilgenommen

haben. Dabei zeigt sich, dass Workshops zu den Themenkreisen *Drogen &
Sucht*, *Liebe & Sexualität* sowie *Gefahren im Internet* die größte Reichweite
erzielen: Rund jeweils die Hälfte der befragten Schülerinnen und Schüler berichtet, zu diesen Themen bereits einmal einen Workshop oder Vortrag besucht zu
haben (Lederer-Hutsteiner et al., 2014). Diese Themen werden allerdings nur
von etwa jeder/jedem fünften befragten Jugendlichen aktiv als Informationsbedürfnis genannt – was vielleicht auch mit der starken Verbreitung derartiger
Workshopangebote an steirischen Schulen erklärt werden kann.

Mit jeweils rund vierzig Prozent folgen Workshops zu den Themen *Berufs- &
Bildungsorientierung* sowie *Gesundheit (z. B. Sport/Bewegung, Ernährung,
Stress)* (Lederer-Hutsteiner et al., 2014). Diese ebenfalls relativ stark verbreite-
ten Workshops decken die ersten drei Positionen der Rangreihe der von den
Jugendlichen geäußerten Informationsbedürfnisse ab. Es scheint demnach so zu
sein, dass Jugendliche über Workshops auch mit Themen konfrontiert werden,
zu denen sie von sich aus weniger Informationsbedürfnis äußern würden.
Gleichzeitig gibt es auch relativ reichweitenstarke Angebote, die genau an die
geäußerten Bedürfnislagen angepasst sind.

Im Durchschnitt haben steirische Schülerinnen und Schüler an Workshops zu
vier verschiedenen Themen teilgenommen. Weniger als ein Zehntel der Befragten gibt an, noch nie eine solche Veranstaltung besucht zu haben oder kann kein
Thema angeben (Lederer-Hutsteiner et al., 2014). Ausdrücklich zu betonen ist,
dass sich der Fragewortlaut auf »Workshops und Vorträge« und damit nicht auf
den Unterrichtsalltag bezog. Themen, die im Unterricht üblicherweise behandelt
werden (wie Sexualaufklärung, Aspekte politischer Bildung oder auch *Financial
Literacy*), erreichen demnach über das Format von Workshops oder Vorträgen
hinaus weitere Jugendliche.

4. Diskussion und Ausblick

Die verschränkten Analysen der geäußerten Informationsbedürfnisse Jugendlicher sowie der Erfahrungen von Expertinnen und Experten der Jugendinformation ermöglichen die Ableitung von Handlungsansätzen für Professionistinnen und
Professionisten im Praxisfeld Schule (etwa auch Schulsozialarbeit, Freizeitpädagogik etc.).

Wie die Auswertung zeigt, äußern sich Schülerinnen signifikant häufiger zu
pessimistischen und zudem tendenziell häufiger zu optimistischen Einschätzungen. Zudem beziehen sie sich öfters auf PartnerIn und Familienmitglieder oder
hinsichtlich ihres Wohlbefindens auf sich selbst. Damit bestätigt sich das Kli-
schee, dass Mädchen und junge Frauen stärker versuchen, auf Menschen (und

Tiere) in ihrer sozialen Umgebung Bezug zu nehmen. Ihre männlichen Alterskollegen enthalten sich in der Befragung öfters und äußern sich kritisch oder gar obszön-destruktiv. Die Themen Sport, Mobilität, Medien und Politik sind klassisch männlich dominierte Felder, zu denen sich auch hier die männlichen Befragten signifikant öfter äußerten.

Insgesamt zeigt sich, dass mit dem Geschlecht die meisten signifikanten Zusammenhänge unter den kontrollierten abhängigen Variablen bestehen. Für die Jugendinformationsarbeit ist daher eine inhaltliche Ausrichtung anhand des Geschlechts der Jugendlichen zu empfehlen.

Bei den jüngsten Befragten (12- und 13-Jährigen) zeigt sich eine Affinität zu den Themen Sport und Natur; dazu sind sie auffallend positiv in ihren Äußerungen. In den beiden mittleren Alterskategorien zeigt sich erst die Bedeutungszunahme sozialer Beziehungen im persönlichen Umfeld der Jugendlichen. Dies mag mit der durch die Pubertät hervorgerufenen Veränderung dieser Beziehungen zu tun haben. Die Bezugnahme auf Sexualität nimmt mit zunehmendem Alter ab, dafür gewinnen Aspekte des Selbstständig-Werdens (wie berufliche Themen und ökonomische Herausforderungen) an Gewicht. Auch das Politikinteresse nimmt mit steigendem Alter zu. Mit der Aussicht auf Abschluss der Schule oder Berufsausbildung nimmt das Interesse an internationaler Mobilität zu. Entlang der Altersgruppen segmentieren sich einige thematische Zusammenhänge, weil immer wieder neue oder veränderte Anforderungen auf die Jugendlichen zukommen.

Idealerweise können entlang dieser Differenzierungen – trotz der heterogenen Lebenslagen Jugendlicher – bedarfsgerechte Angebote bereitgehalten und Kooperationen mit spezialisierten Institutionen der Jugendinformation geplant werden. Dafür empfiehlt sich eine Orientierung an den geäußerten Bedürfnissen Jugendlicher – ohne dabei den professionellen Überhang zu vernachlässigen.

An der Spitze der Rangreihe der Themen, zu denen Jugendliche Informationsbedarf äußern, finden sich Themen mit Optimierungsbestrebungen der eigenen Zukunft wie Berufs- und Bildungsorientierung, Gesundheitsthemen und finanzielle sowie rechtliche Absicherung. Dies bestätigt andere Befunde der Jugendforschung, die oftmals von der »pragmatischen Haltung« Jugendlicher »gegenüber den Herausforderungen (...), die Alltag, Beruf und Gesellschaft mit sich bringen« spricht (Shell Deutschland Holding, 2015, S. 13). Unter den zehn seitens der Jugendlichen am häufigsten genannten Themen befindet sich mit *Umweltschutz, Naturschutz, Tierschutz* nur ein Anliegen, das man als idealistisch und nicht zwingend auf persönlichen Nutzen ausgerichtet interpretieren kann. Zudem sind in den zehn Themen mit dem meistgenannten Informationsbedarf mit *Möglichkeiten zur Freizeitgestaltung* und *Möglichkeiten, um Sport zu betreiben oder live anzusehen* noch zwei Themen enthalten, die nicht ausschließlich auf Selbstoptimierung ausgerichtet sind, sondern auch eine hedonistische Kom-

ponente enthalten können. Persönlichkeitsentwicklung sowie Mitgestaltungs-
und Beteiligungsmöglichkeiten spielen hingegen eine eher untergeordnete Rolle.

Einige dieser Aspekte finden sich auch in anderen Jugendstudien wieder: So
zeigt die Shell Jugendstudie (2015) ein geringeres Politikinteresse unter formal
weniger gebildeten Jugendlichen, wobei dort allerdings auch beschrieben wird,
dass sich die Interessensschere zwischen den Geschlechtern zunehmend schließt
(Schneekloth, 2015).

Sehr viele Aktivitäten der Jugendinformationsarbeit knüpfen schon jetzt am
schulischen Setting an, meist in Form von Workshops. Dieser Zugang scheint
gut geeignet, um eine Vielzahl an Jugendlichen möglichst effizient erreichen zu
können. Die befragten Schülerinnen und Schüler sehen den Kontext Schule diesbezüglich als vorteilhaft an und äußern für mehrere Themenfelder eine starke
Präferenz für diesen Weg der Informationsvermittlung.

Ein weiterer Vorteil dieser Kooperationen zwischen Schulen und Einrichtungen der Jugendinformationsarbeit und -beratung ist in der möglichen Schwellen-
senkung zu sehen: Durch Kontakte im Schulsetting kann die Schwellenproble-
matik von Informations- und Beratungsstellen reduziert werden und eine spätere
Kontaktaufnahme im Anlassfall wahrscheinlicher gemacht werden. Es spricht
daher einiges für ein möglichst frühes Ansetzen, um Drop-out-Gefährdete
(Early-School-Leaver, NEETs etc.) erreichen zu können. Gerade Personen, die
die Schule früh verlassen oder abbrechen, sind nämlich als besonders gefährdet
hinsichtlich ihres Zugangs zu ausreichender Information zu erachten. Ein weiterer, damit in Zusammenhang stehender Risikofaktor ist Ressourcenarmut des
Elternhauses, wie ein Jugendarbeiter ausführt:

> Je gebildeter, je zentraler [näher an den Ballungszentren wohnend, Anm.], je einkommens-
> stärker, desto besser ist der Informationszugang. In die andere Richtung wird das natürlich
> immer schlechter (Lederer-Hutsteiner et al., 2014, S. 57).

Die Zusammenarbeit mit Lehrerinnen und Lehrern wird von Fachkräften aus der
Jugendinformations- und Beratungsarbeit mitunter als schwierig beschrieben.
Gleichzeitig gibt es Hinweise, dass die Professionistinnen und Professionisten
Schulkooperationen mit ihrer Fortdauer als verbessert und leistungsfähiger erleben. Entlang vorliegender Evaluationsergebnisse (für die Situation in der Steiermark: Heimgartner et al., 2014) ist zudem davon auszugehen, dass sich mit dem
weiteren Ausbau und der Etablierung von Schulsozialarbeit in steirischen Schulen eine zusätzliche Verbesserung der inhaltlichen und organisatorischen Zusammenarbeit ergibt. Für Deutschland wird eine jüngst erfolgte Verbesserung
der Kooperation von Schulen und Angeboten der Jugendarbeit beziehungsweise
Jugendhilfe konstatiert:

Dennoch ist eine gewisse Pragmatik und eine Entspannung des Verhältnisses zu beobachten, was sich auch an der Ausweitung und der Ausdifferenzierung der schulbezogenen Angebote der Kinder- und Jugendhilfe festmachen lässt […]. Unter diesen neuen Bedingungen kann Schule zu einem Ort multiprofessioneller pädagogischer Kompetenz werden (BMFSFJ, 2013, S. 42).

Es ist zu hoffen, dass sich eine solche Entwicklung auch in Österreich fortsetzt. Hinsichtlich der Zunahme von Ganztagsschulen und der Verschränkung von Freizeit und Unterricht ergibt sich nämlich auch die Verpflichtung, Schulen konsequent zu einem lebenswerten Ort mit leistungsfähigen, multiprofessionellen Angeboten weiterzuentwickeln, um den unterschiedlichen Herausforderungen und Bedürfnissen der Kinder und Jugendlichen gerecht werden zu können.

Literatur

Auferbauer, M. (2017). *Informationsbedürfnisse von steirischen Jugendlichen. Ein bildungssoziologischer Beitrag zur Ausrichtung von Jugendinformationsarbeit.* Unveröffentlichte Dissertation an der Karl-Franzens-Universität Graz.

Auferbauer, M. & Lederer-Hutsteiner, T. (2015). Vielfältigkeit als Herausforderung in der Jugendinformation. Ein Einblick in empirische Untersuchungsergebnisse zu Informationsbedürfnissen steirischer Jugendlicher. In: Land Steiermark, Referat Jugend (Hrsg.), *Jugendarbeit: bewusst vielfältig. Versuch einer interdisziplinären Auseinandersetzung* (S. 9–24). Graz: Verlag für Jugendarbeit und Jugendpolitik.

BMFJ (2015). *Jugendinformation Factsheet.* http://www.bmfj.gv.at/dam/jcr: 665deec2-d428-4563-b6f2-be53976d09bc/Factsheet_Jugendinformation_ 08_2015.pdf, abgerufen am 27.02.2017.

BMFSFJ (2013). *14. Kinder- und Jugendbericht.* http://www.bmfsfj.de/Redaktion BMFSFJ/Broschuerenstelle/Pdf-Anlagen/14-Kinder-und-Jugendbericht,property = pdf,bereich = bmfsfj,sprache = de,rwb = true.pdf, abgerufen am 19.05.2017.

Böhnisch, L. (2003). *Pädagogische Soziologie. Eine Einführung.* Weinheim: Juventa.

Bundesnetzwerk Österreichische Jugendinfos (2013). *Qualität in der Jugendinformation.* http://www.jugendinfo.at/fileadmin/user_upload/jugendinfos/Qualitaet_in_der_Jugend information.pdf, abgerufen am 27.02.2017.

Bundeszentrale für gesundheitliche Aufklärung (2010). Jugendsexualität 2010. Repräsentative Wiederholungsbefragung von 14- bis 17-Jährigen und ihren Eltern – aktueller Schwerpunkt Migration. http://www.bzga.de/infomaterialien/studien/ ?uid = 0338 b2d793e248a3d438fbf95da61d4d&idx = 1789, abgerufen am 27.02.2017.

Cangelosi, A. (2011). Was erhöht die Informationskompetenz der Jugend. In: BMWFJ (Hrsg.), *6. Bericht zur Lage der Jugend in Österreich. Auf einen Blick* (S. 123–124).

https://www.bmfj.gv.at/jugend/jugendforschung/jugendbericht/sechster-bericht-zur-la ge-der-jugend-in-oesterreich-2011.html, abgerufen am 15.12.2017.

ERYICA (2015). *ERYICA in Numbers*. http://eryica.org/page/eryica-numbers, abgerufen am 19.05.2017.

Europäische Kommission (2001). *Weißbuch Jugend. Neuer Schwung für die Jugend Europas.* http://eur-lex.europa.eu/legal-content/DE/TXT/?uri = celex:52001 DC0681, abgerufen am 27.02.2017.

Heimgartner, A., Bugram, C., Gspurning, W., Hofschwaiger, V., Pieber, E., Stigler, V. (2014). *Evaluation der Schulsozialarbeit in der Steiermark.* Forschungsbericht. Universität Graz. http://www.sozialeforschung.at/SIM_Evaluation_ Schulsozialarbeit_2014.pdf, abgerufen am 19.05.2017.

Hurrelmann, K. & Quenzel, G. (2013). Lebensphase Jugend. Eine Einführung in die sozialwissenschaftliche Jugendforschung. Weinheim & Basel: Beltz Juventa.

Land Steiermark. (2012). *Kinder- und Jugendarbeit in der Steiermark. Strategische Ausrichtung der Kinder- und Jugendarbeit 2020.* http://www.verwaltung.steier mark.at/cms/dokumente/11685627_74835733/62603279/Fa6a_Jugendstrategie_Strate giedokument_v21 %20 %282 %29.pdf, abgerufen am 27.02.2017.

Lederer-Hutsteiner, T., Auferbauer, M., Polanz, G. & Diwoky, T. (2014). *Jugendinformation in der Steiermark. Status quo, Bedarf und Innovationspotenziale.* http://www. xsample.at/pdf/Bericht_Jugendinformation %20in %20der %20Steiermark_-Druckfas sung.pdf sowie http://tinyurl.com/jugendinfo, abgerufen am 27.02.2017.

Quenzel, G. (2015). *Entwicklungsaufgaben und Gesundheit im Jugendalter.* Weinheim & Basel: Beltz Juventa.

Scharinger, C. & Ehetreiber, C. (2014). *4. Steirische Jugendstudie (Kurzfassung).* http://www.argejugend.at/wp-content/uploads/2014/10/Die-4.-Steirische-Jugendstu die-2014.pdf, abgerufen am 19.05.2015.

Schenk, L., Bau, A., Borde, T., Butler, J., Lampert, T., Neuhauser, H., Razum, O. & Wielandt, C. (2006). Mindestindikatorensatz zur Erfassung des Migrationsstatus – Empfehlungen für die epidemiologische Praxis. *Bundesgesundheitsblatt – Gesundheitsforschung – Gesundheitsschutz 49 (9)*, S. 853–860. Wiesbaden: VS.

Schneekloth, U. (2015). Jugend und Politik: Zwischen positivem Gesellschaftsbild und anhaltender Politikverdrossenheit. In: Shell Deutschland Holding (Hrsg.), *17. Shell Jugendstudie 2015* (S. 153–200). Frankfurt a. M.: Fischer.

Shell Deutschland Holding (Hrsg.) (2015). *17. Shell Jugendstudie. Jugend 2015.* Frankfurt a. M.: Fischer.

UNICEF (1990). *Konvention über die Rechte des Kindes.* https://www. unicef.at/file admin/media/Kinderrechte/crcger.pdf, abgerufen am 27.02.2017.

Markus Schweighart

Learning Analytics zur Qualitätssicherung von Lernsoftware

1. Einführung

Die Integration neuer Medien im Bildungsbereich schreitet voran und das Interesse an E-Learning bleibt groß. Neue Lernarrangements (Blended Learning, flipped classrooms) entstehen, werden evaluiert und an unterschiedliche Bildungssysteme angepasst. Digitale Lernangebote umfassen zum Beispiel Lernsoftware, Lern-Management-Systeme, Massive Open Online Courses (MOOCs), E-Books, aber auch Wikis, Tutorials, Foren, Podcasts oder Videos und werden dem situationsbezogenen und informellen Charakter modernen Lernens eher gerecht als traditionelle Unterrichtssettings. Neben der Ausweitung des E-Learning-Angebots wird in den letzten Jahren die Qualitätssicherung immer wichtiger (Zimmermann, Kopp & Ebner, 2016).

Forschungsergebnisse legen dabei offen, dass »one size fits all«-Systeme unangemessen sind und Landes-, Schul-, Klassen- und Unterrichtsspezifika eine gewichtige Rolle spielen (Gašević, Dawson, Rogers & Gasevic, 2016). Untersuchungen zum E-Learning weisen auf moderate positive Effekte für den Lernerfolg hin (Waxman, Lin & Michko, 2003; Li & Ma, 2010). Zur Begründung dafür wird angeführt, dass multimedial und interaktiv aufbereitete Lerninhalte mehrere Sinneskanäle gleichzeitig ansprechen, motivierende Elemente leicht integriert werden können (Gamification), der aktive und ortsunabhängige Austausch mit anderen Lernenden erleichtert wird und flexible, adaptive Systeme die individuellen Bedürfnisse und Fähigkeiten der Lernenden berücksichtigen können (Issing, 2011).

Eine zusätzliche Dimension eröffnet sich, wenn nunmehr die bei der Nutzung entstehenden Daten herangezogen werden, um die Inhalte, den Aufbau und die Darstellungsformen von E-Learning-Angeboten zu verbessern. Die Menge der gespeicherten Daten im E-Learning-Bereich wächst rasant an und es entsteht ein Bewusstsein für die Potenziale solcher Informationen. In den letzten Jahren haben sich Forschungsgebiete etabliert, die sich mit der Gewinnung und Nutzbarmachung von Daten im E-Learning beschäftigen: aus dem Bereich Educational Data Mining hat sich als mittlerweile eigenständige Subdisziplin Learning Analytics – mit pädagogischem Fokus – heraus entwickelt. Bei Learning Analytics steht weniger ein automatisiertes, sondern ein von Menschen geleitetes Vorgehen im Vordergrund, welches die Lernenden und Lehrenden bewusst informieren und dadurch in ihrer Handlungsfähigkeit stärken soll (Baker & Siemens, 2013). Die anfängliche Euphorie der Big-Data[1]-Pionierzeit weicht langsam einer realistischeren und differenzierteren Perspektive (Merceron, Blikstein & Siemens, 2016).

2. Forschungsstand Learning Analytics

Die Society for Learning Analytics Research (SoLAR)[2] trägt seit 2010 zur Institutionalisierung des Forschungsbereichs bei, der sich aus einem interdisziplinären Zusammenspiel von Computer- und Sozialwissenschaften entwickelt hat. George Siemens (2012) – Gründungsmitglied der SoLAR – betont als übergeordneten Zweck der Analyse die Verbesserung der Lernprozesse. Durch datengestütztes Vorgehen können Lernprozesse offengelegt und Feedback-Möglichkeiten entwickelt werden, wodurch die metakognitiven Erfahrungen der Lernenden verstärkt werden sollen. So können Selbsterkenntnis und -regulierung aktiviert werden und positive Selbstwirksamkeitserfahrungen durch Erfolgsrückmeldungen oder gamifizierte Elemente unterstützt werden (Siemens, 2012; Le, Weber & Ebner, 2013).

In den letzten Jahren konnten über die Analyse der automatisch gespeicherten Logdateien Erkenntnisse in verschiedenen Bereichen gewonnen werden. So zeigten Phillips et al. (2011), wie per Logdateianalysen und qualitative Interviews unterschiedliche Nutzungsweisen von Learning-Management-Systemen identifiziert werden können. Pardos et al. (2013) ergänzten solche Daten mittels Beobachtung um zugeschriebene Affektzustände und konnten so Detektoren für Langeweile oder Frustration generieren.

Eine präzise Charakterisierung von Lerntypen und Lernstilen ist ferner Voraussetzung, um flexible adaptive Systeme entwickeln zu können, die individuelle Lernpfade und personalisierte Inhalte erlauben. Adaptive Lernsysteme können den tatsächlichen Bedürfnissen der Lernenden so besser gerecht werden und gleichzeitig demonstrieren, wie Technologie im Bildungsbereich den Lernprozess selbst verändert (Broich, 2015; Kakoty, Lal & Sarma, 2011).

---

1   Unter *Big Data* sind große, wenig strukturierte und komplexe Datenmengen zu verstehen, die in digitalisierten Bereichen anfallen und zunehmend einer Analyse zugeführt werden.

2   Die SoLAR veranstaltet seit 2011 die *International Learning Analytics Conferences* und veröffentlicht seit 2014 das *Journal of Learning Analytics*.

Logdateienanalysen sind zudem geeignet, Rückmeldesysteme zu entwickeln – etwa in Form von Dashboards[3] – und dadurch die Lernerfahrungen zu bereichern und transparenter zu machen. Die Sichtbarmachung von Lernprozessen und -fortschritten über Visualisierungen kann für Lernende, Lehrpersonen und andere Stakeholder (z. B. Autoren und Autorinnen) Vorteile bringen (Charleer, Klerkx & Duval, 2014). Schließlich werden Logdateianalysen herangezogen, um empirisch validierte Itempools zu generieren, die es ermöglichen, Fragen in einem motivierenden Schwierigkeitsbereich anzubieten (Ivančević, 2014) oder ein Empfehlungssystem zu schaffen (Chen, Lee, Chen, 2005).

Mit den immer elaborierteren Auswertungsverfahren und den sich weiter ausdehnenden Datenspeicherungsmöglichkeiten gehen aber auch erhebliche Risiken im Datenschutzbereich einher. Valide Leistungs- bzw. Drop-Out-Prädiktoren können als rigides Segregationswerkzeug eingesetzt werden oder innerhalb der Peergroup soziale Ausgrenzung begünstigen. Um dies zu verhindern, wurden Standards formuliert, die zu einem ethisch vertretbaren Datenumgang und dazu führen sollen, dass die Interessen der Lernenden im Mittelpunkt bleiben (Greller & Drachsler, 2012; Siemens, 2012).

3. Forschungsansatz

Die vorliegende Untersuchung wurde im Zuge des FFG-finanzierten Forschungsprojektes »QualiLeso« realisiert. In diesem Projekt sollen Prozessabläufe und Wirkungsweisen der untersuchten Software offengelegt werden. Die dadurch gewonnenen Erkenntnisse sollen zur Entwicklung eines Frameworks beitragen, welches eine effiziente Qualitätssicherung mit selbstevaluativen Elementen ermöglicht. Die Projektpartner bestehen aus einem wissenschaftlichen (Institut für Soziologie Graz) und einem wirtschaftlich-technischen (Wohlhart Lernsoftware) Part.

Wohlhart Lernsoftware beschäftigt sich mit der Entwicklung von Lernsoftware und digitalen Lernumgebungen. Das Unternehmen ist für die digitalen Lernangebote des österreichischen Schulbuchverlags Helbling verantwortlich. Der Großteil der Online-Angebote wird in Verbindung mit Schulbüchern bereitgestellt. So liegt etwa zu jedem Kapitel aus den MORE!-Englisch-Schulbüchern (Gerngross, Puchta, Holzmann, Stranks & Lewis-Jones, 2016) ein Aufgabenpaket – eine Cyber Homework – mit mehreren Übungen vor. Die Cyber-Hausübungen gliedern sich ihrerseits in meistens 4–5 Übungen (Exercises), die ein-

---

3 Ein *Dashboard* ist ein Werkzeug zur Visualisierung von Daten. Dabei werden aggregierte Kennwerte übersichtlich dargestellt und sollen so den Nutzern und Nutzerinnen hilfreiche Einsichten ermöglichen.

zeln erledigt werden müssen, um die jeweilige Cyber-Hausübung abzuschließen. Die Übungen werden den vier Sprachbereichen Reading, Listening, Grammar und Vocabulary zugeordnet und weisen im Durchschnitt je nach Kategorie und Eingabeformat zwischen zwei und drei Minuten Bearbeitungszeit auf. Nach der Fertigstellung einer solchen Übung wird das Ergebnis mit dem Klick auf »Abgeben« gespeichert. Eine Übung setzt sich wiederum aus einzelnen Fragen/Lösungsfeldern zusammen, die hier als Einzelitems bezeichnet werden.

Ausgehend von einem Vorgängerprojekt konnten Volk, Kellner und Wohlhart (2015) unter anderem zeigen, welche Einflussfaktoren die Nutzungshäufigkeit der Lernsoftware beeinflussen (z. B. Schultyp und Bundesland) und wie hoch die durchschnittlichen Erfolgsraten bei einzelnen Übungen ausfallen. So konnten sie eine datengestützte Evaluation des Übungsangebots durchführen. Das Projekt QualiLeso baut auf dieser Untersuchung auf und erweitert die Logdatei-Analyse, bringt die Übungsevaluation auf eine feiner aufgelöste Ebene und ergänzt die Analyse der automatisch generierten Daten um eine Fragebogenerhebung.

Im Zuge der ersten Forschungsfrage (I) soll geklärt werden, ob über die Logdatei-Analyse Nutzungsmuster identifiziert werden können, die im Hinblick auf eine mögliche Umgestaltung der Software relevant sind. Die zweite Forschungsfrage (II) soll überprüfen, ob datengestützte Übungsevaluierungen auf Itemebene zusätzliche Erkenntnisse ermöglichen.

4. Methodische Vorgehensweise

Zur Beantwortung der Forschungsfragen wurden deskriptive Analysen der Lernsoftware-Nutzungsdaten (Logdateien) und eine Fragebogenerhebung durchgeführt.

Die Nutzungsdaten der MORE!-Cyber-Hausübungen liegen als Logdateien (Protokolldateien) vor und umfassen etwa Übungsergebnis, Abgabezeitpunkt, Bearbeitungsdauer und Softwareeinstellungen. Um die Anonymität der Kinder zu garantieren und Datenschutzproblemen vorzubeugen, wurde bei der Abfrage der Daten darauf geachtet, keine Informationen zu generieren, die ein Zurückführen auf einzelne Schüler oder Schülerinnen, Klassen oder Schulen ermöglichen. Außerdem wurden die Daten für jede Auswertungsebene aggregiert.

Der Fragebogen wurde einem mehrstufigen Pretest unterzogen: In einem ersten Schritt wurde er an vier Kindern getestet und in persönlichen Interviews mit diesen besprochen. Der adaptierte Fragebogen wurde in einem zweiten Schritt an zwei Schulklassen getestet, woraufhin weitere Anpassungen vorgenommen wurden.

Die ursprünglich geplante Stichprobe sollte sich aus Grazer neuen Mittel-schulen (NMS) und allgemein bildenden höheren Schulen mit Unterstufe (AHS) zusammensetzen, da die untersuchte Software für diese Schulstufen – die Sekun-darstufe 1 – angeboten wird. Da sich die Kontaktaufnahme als schwierig heraus-stellte, wurden schließlich Schulen in der gesamten Steiermark kontaktiert – zehn davon erklärten sich zur Teilnahme bereit. Die realisierte Lösung entspricht einer Ad-hoc-Stichprobe, weshalb deskriptive Auswertungstechniken angewandt wurden. Die Erhebung erfolgte im April 2016 und wurde in circa 45 % der Fälle direkt am PC per LimeSurvey-Umfrage absolviert. War das für Klassen aus organisatorischen Gründen nicht möglich, wurde auf ausgedruckte Fragebögen zurückgegriffen. Schließlich konnten Schulkinder aus über 35 Klassen in der Steiermark befragt werden (N = 857). Etwa 64 % dieser Kinder besuchen eine NMS, die restlichen eine AHS. Die Geschlechterverteilung gestaltete sich ausge-glichen (50,3 % weibliche, 49,7 % männliche Befragte).

5. Differenzierung der Nutzung

Die allgemeine Analyse der Nutzung der Lernsoftware durch die Kinder sowie die Lehrpersonen umfasst verschiedene Aspekte, die von unmittelbarem prakti-schem Interesse für die Softwareentwicklung und Übungsgestaltung sind. So können aus der Analyse der Abgabezeitpunkte und der Übungswiederholungen Nutzungsmuster aufgezeigt werden, die wiederum den Bedarf nach Produkten nahelegen, die diesen Nutzungsformen entgegenkommen.

Darüber hinaus liefern diese Analysen allgemeine Einsichten in die Nut-zungsweisen von Lernsoftware und zeigen, wie aus didaktischer Sicht relevante Nutzungsunterschiede ausgehend von einfachen Nutzungsdaten offengelegt werden können und welche Analysemethoden dabei zum Einsatz kommen.

6. Nutzung in der Klasse

Die Analyse der Fertigstellungszeitpunkte gewährt Einblicke in die Nutzungs-muster auch über die rein zeitliche Perspektive hinaus. Abbildung 1 zeigt die Verteilung der Abgabezeitpunkte der Übungen für die einzelnen Wochentage. Die stärkste Nutzung lässt sich an Schultagen zwischen 15 und 20 Uhr festma-chen – hier treten die meisten Ergebnisse auf. Am Freitag fällt die Nachmittags-nutzung weniger stark aus und ebbt schneller ab. Am Wochenende kommt es zu Vormittagspeaks, wobei am Sonntag auch ein Abend-(Deadline-)Peak vorliegt. Montag bis Freitag zeigt sich am Vormittag das gleiche Muster mit stündlichen

Gipfeln, die in etwa ein Achtel der gesamten Ergebnisse ausmachen und wohl zum Großteil auf die Nutzung im Klassenverband zurückgeführt werden können.

Abbildung 1: Histogramme für MORE!-Übungsergebnisse nach Uhrzeit und Wochentag

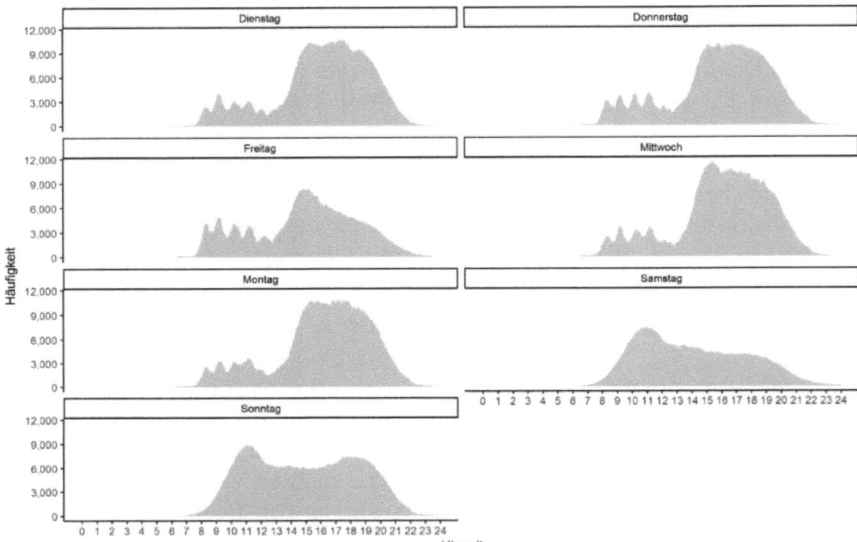

Quelle: Logdateien MORE!-Cyber-Hausübungen 2014/15 (n = 10.231.336).

Um eine Quantifizierung dieser Nutzungsweise zu ermöglichen, wurden Kriterien festgelegt, die erfüllt sein müssen, um die Lerndaten der Klassennutzung zuordnen zu können: Übungsergebnisse, die Montag bis Freitag zwischen 7 und 13 Uhr abgeschlossen wurden und bei denen mindestens 50 % der Klassenkollegen und Klassenkolleginnen innerhalb des Zeitrahmens von +/- 30 Minuten auch eine Übung erledigt haben, wurden als »Nutzung im Klassenkontext« klassifiziert.

Insgesamt treffen diese Kriterien auf 8,7 % aller Ergebnisse zu. Die mittlere Erfolgsrate im Klassenkontext fällt mit 70,1 % (SD = 31,57) deutlich niedriger aus als bei Ergebnissen, die nicht in diese Kategorisierung fallen (M = 75,9 %, SD = 33,30).

Als Validitätskriterium wurde die Fragebogenerhebung herangezogen, konkret die Frage danach, wo die e-zone »am häufigsten« verwendet wird (Antwortkategorien: Schule / Zuhause / Anderer Ort). Ein Großteil der in die Antwortkategorie Schule fallenden Angaben dürfte der Nutzung im Klassenkontext entsprechen. In der Stichprobe zeigt sich, dass etwa jedes zehnte Kind angibt, die e-zone am häufigsten in der Schule zu verwenden. Unterscheidet man das Ergebnis nach Schultyp, wird ersichtlich, dass die Nutzung im Klassenverband in der NMS (12,3 %) weiter verbreitet ist als in der AHS (4,7 %). Diese Unterschiede gestalten sich in der Logdateianalyse analog zur Fragebogenerhebung, was für die Validität des Klassifizierungsprozesses spricht.

Ergänzend dazu zeigen die Fragebogenergebnisse, dass sich die Kinder vielfältigere Verwendungsmuster wünschen. Vergleicht man die Frage nach der derzeitigen Nutzung[4] mit der Frage nach der gewünschten Nutzung,[5] so zeigt sich, dass sich die Kinder in den Bereichen »Übung/Training« und »Vorbereitung auf Schularbeiten/Tests« eine stärkere Nutzung der Lernsoftware wünschen.

7. Nutzung der Cyber-Hausübungen als Trainingstool

Die Grundkonzeption der MORE!-Cyber-Hausübungen orientiert sich an klassischen Hausübungen, die regelmäßig über das Schuljahr hinweg aufgegeben werden. Diese Ausgestaltung der Lernsoftware erklärt sich über die Nähe der MORE!-Cyber-Hausübungen zum MORE!-Schulbuch. Neben der Nutzung im Klassenkontext lässt sich die Nutzung der e-zone als Trainingstool identifizieren.

---

4 Fragetext: »Wozu verwendest du die e-zone?«. In einer Tabelle für die Bereiche »Hausübung«, »Übung / Training« und »Vorbereitung für Schularbeiten / Tests« jeweils die Antwortmöglichkeiten »häufig«, »selten«, »nie«.

5 Fragetext: »Wie würdest du die e-zone gerne verwenden?«. Bereiche und Antwortkategorien wie in Fußnote 4.

Abbildung 2: Mittelwerte der Übungsergebnisse bei wiederholten Übungen nach Art der
Ergebnisanzeige

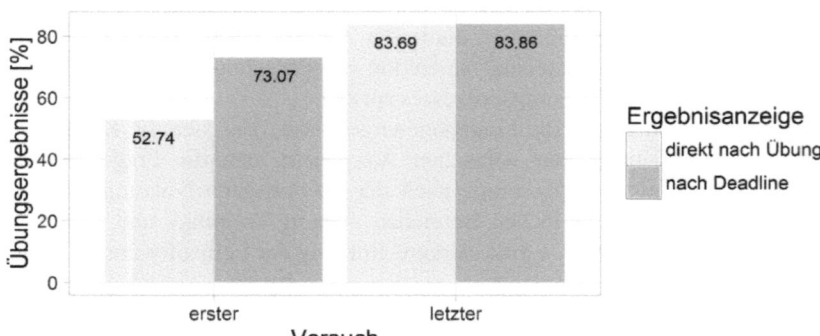

Quelle: Logdateien MORE!-Cyber-Hausübungen 2014/15 (n = 10.231.336).

Dazu wurden Übungswiederholungen in Kombination mit unterschiedlichen
Systemeinstellungen untersucht. Es erfolgt im Durchschnitt bei jeder zehnten
Übung auch mindestens eine Wiederholung. Die Lehrpersonen können auswählen, ob die Ergebnisse der Übung direkt nach dem Abgeben oder erst nach Ablauf einer Abgabefrist angezeigt werden. Die Kinder sehen dabei lediglich den
Prozentsatz der richtig gelösten Einzelfragen, nicht aber, bei welchen Fragen die
falschen Eingaben gemacht wurden oder worin die Fehler bestehen.

Der Hauptgrund für eine Übungswiederholung dürfte in der Unzufriedenheit
mit dem tatsächlich angezeigten oder dem vermuteten Ergebnis zu finden sein.
Dass sich die Nutzungsweise in Bezug auf Wiederholungen je nachdem unterscheidet, ob das Ergebnis direkt angezeigt wird oder nicht, zeigt Abbildung 2.
Diese Grafik bezieht sich nur auf Übungen, die wiederholt wurden. Bei Übungen
mit direkt angezeigten Ergebnissen erfolgt in 20,4 % der Fälle eine Wiederholung, bei nicht direkt angezeigten bei circa 5 %.

Bei Übungen, die wiederholt wurden, fallen die Ergebnisse des ersten Ver-
suchs bei direkt angezeigtem Ergebnis deutlich schlechter aus (M = 52,7,
SD = 35,07) als bei einer späteren Ergebnisanzeige (M = 73,1, SD = 32,70). Die
Ergebnisse des letzten Versuchs unterscheiden sich hingegen kaum.

Man kann festhalten, dass die Untersuchung der Übungswiederholungen darauf schließen lassen, dass zum Teil eine Nutzungsweise vorliegt, die sich durch
mehr Wiederholungen und schwächere Ergebnisse beim ersten Versuch auszeichnet. Solche Nutzungsweisen scheinen sicher eher an einem Übungs- bzw.
Trial-&-Error-Prinzip zu orientieren.

8. Analyse der Lerninhalte

Die Schwierigkeit von Lernsoftware-Inhalten spielt eine wichtige Rolle bei der Motivation und Lernwirksamkeit. Bei der Konzeption von Einzelfragen und von zusammengesetzten Übungssets ist die Einschätzung der Schwierigkeit von großer Bedeutung. Einzelfragen und Übungen sollten nicht zu schwer (Frustration) oder zu leicht sein (Langeweile). Über datengestütztes Vorgehen können nun die implizit von den Übungsautoren und -autorinnen angestellten Schwierigkeitseinschätzungen auf empirischer Basis überprüft werden. Zuerst wurde dazu für jedes Einzelitem die durchschnittliche Erfolgsrate berechnet. Danach wurde ein Item-Response-Theorie-Modell (IRT) angewendet. Im Gegensatz zur klassischen Testtheorie werden bei IRT-Modellen Itemeigenschaften und Personeneigenschaften in einer Gleichung mittels Maximum Likelihood geschätzt (Baker, 2003). Als Ergebnis erhält man Testwerte für Personen – diese entsprechen der Ability, also der geschätzten Fähigkeit bei der Lösung der Items – und Parameter von Items – Schwierigkeit und je nach Modell auch Diskriminationsstärke und Guessing Parameter.[6]

Eine Modellprämisse von IRT-Modellen ist die *Unidimensionalität*: Nur *ein* latentes Merkmal soll die Wahrscheinlichkeit für eine korrekte Antwort bestimmen. Da bei den vorliegenden Items unterschiedliche Sprachfelder (Grammatik, Vokabular usw.) abgedeckt werden, wurden die Items für weitere Analysen nach dem Kriterium Sprachfeld gruppiert und jeweils eigene Modelle berechnet.

Die Diskriminationsstärke gibt darüber Auskunft, inwieweit höhere Fähigkeitswerte bei Personen tatsächlich zu einer erhöhten Wahrscheinlichkeit führen, dieses Item richtig zu lösen. Diskriminiert – also »unterscheidet« – das Item sehr schlecht, dann ist die Wahrscheinlichkeit, das Item richtig zu lösen, unabhängig vom Fähigkeitswert der Person.

Im vorliegenden Fall wurden für die Sprachfelder Reading, Listening, Grammar und Vocabulary für MORE!-1-Items[7] jeweils IRT-Modelle mit zwei Itemparametern berechnet. Da hier in erster Linie die Itemparameter von Interesse sind, wurden nur jene Kinder bei der Modellberechnung berücksichtigt, die mindestens zehn Cyber-Hausübungen (à 4–5 Übungen) absolviert haben. Da für Übungen,

---

6 Der Guessing-*Parameter* stellt den dritten Itemparameter in einem 3-Parameter-Modell dar und gibt Auskunft über die Wahrscheinlichkeit, das Item richtig zu erraten. Da die Berechnungen in diesem Modell komplizierter werden und die Ergebnisse unklarer zu interpretieren, wurde im vorliegenden Fall ein 2-Parameter-Modell gewählt (Partchev, 2004). 3-Parameter-Modelle sind aber für zukünftige Forschungsvorhaben interessant.

7 Entspricht der 5. Schulstufe.

die sich auf spätere Buchkapitel beziehen, deutlich weniger Ergebnisse vorliegen, wurden außerdem nur Items aus den ersten 80 % der Übungen in das Modell aufgenommen. Auf dieser Basis wurden die Modelle berechnet, sodass für jedes dieser MORE!-1-Items Schwierigkeits- und ein Diskriminationswerte vorliegen.

Ein Vergleich des Schwierigkeits-Parameters mit der durchschnittlichen Erfolgsrate zeigt, dass schwache bis mittlere Produkt-Moment-Korrelationen nach Pearson vorliegen ($r = 0,41***$ bis $0,71***$). Bei Items, bei denen der Unterschied zwischen diesen beiden Werten hoch ist, zeigen sich sehr niedrige Diskriminationsstärken. Eine nähere, inhaltliche Einzelbetrachtung dieser Items macht ersichtlich, dass es sich dabei zum größten Teil um problematische Items handelt, bei denen etwa unklare Bilder gedeutet und zugeordnet werden mussten. Im mittleren Schwierigkeitsbereich sind die Diskriminationsstärken meist deutlich höher. Hier sind auch die Potenziale zu sehen, da etwa stark diskriminierende Items in verschiedenen Ability-Bereichen gut für effiziente Einstufungstests genutzt werden können, die mit wenigen Fragen auskommen.

9. Ausblick

Über die Analyse der Logdateien konnten unterschiedliche Nutzungsweisen der Lernsoftware differenziert werden. Das vorliegende Forschungsprojekt zeigt, dass eine Analyse der Nutzungsdaten nicht nur bei Learning-Management-Systemen im tertiären Bildungsbereich gewinnbringend sein kann (Phillips et al., 2011; Valsamidis et al., 2011), sondern dass dies auch für schulische Lernsoftware zutrifft. Konkret konnten Verwendungsweisen aufgezeigt werden, die nicht dem didaktisch intendierten Konzept der Lernsoftware entsprechen und die auf den Bedarf an anders gestalteten Produkten hindeuten. Die visuelle Inspektion der Abgabezeitpunkte zeigte etwa, dass ein Teil der Übungen von den Kindern nicht daheim als klassische Hausübung, sondern vielmehr in der Schule im Klassenverband bearbeitet wird. Das berechnete Klassifikationskriterium ordnete 10 % der bearbeiteten Übungen dieser Nutzung zu. Eine Fragebogenerhebung konnte das bestätigen. Dieser Nutzungsweise im Unterricht, wo die Software eher als Trainingsmöglichkeit eingesetzt wird, entspricht auch der in der Fragebogenauswertung ersichtlich gewordene Wunsch der Schüler und Schülerinnen nach einem vielfältigeren Einsatz der e-zone. Unterschiedliche Einsatzweisen konnten auch je nach Art der eingestellten Ergebnisanzeige über die Wiederholungsanzahl und die Durchschnittserfolgsrate festgemacht werden. In beiden Fällen konnten über die Logdateianalyse Einsichten gewonnen werden, die für die Umgestaltung der Software relevant sind, weshalb Forschungsfrage I als beantwortet gelten kann.

Die Analyse der Einzelitems mittels Item-Response-Theorie-Modellen ermöglicht neben der Schwierigkeitseinstufung von einzelnen Fragen zusätzlich auch die Beurteilungen der Diskriminationsstärke der Items. Wie sich gezeigt hat, konnten über diese Kennwerte sowohl Einzelfragen identifiziert werden, die grobe Designmängel aufweisen, als auch solche, die sehr gut diskriminieren – letztere stellen die Basis für adaptive Lernangebote oder Einstufungstests dar. Somit konnten auf dieser Analyseebene vertiefende Erkenntnisse gewonnen werden (Forschungsfrage II).

Daneben zeigte sich, dass gewisse Voraussetzungen für eine Logdateianalyse jedenfalls erfüllt sein müssen und die Analyse zudem an gewisse Grenzen stößt. Um die vorliegenden Auswertungen durchführen zu können, musste die Logdatei-Datenstruktur erst erweitert werden (z. B. benötigte Zeit pro Übung). Außerdem musste die Speicherung des Bearbeitungszeitraums so umgestellt werden, dass bei einer Änderung die Informationen zum vorherigen Bearbeitungszeitraum nicht überschrieben werden und so nutzbar bleiben. Um verwertbare Hinweise auf die Eignung einzelner Inhalte zu erhalten, mussten schließlich die Rohdaten auf der feiner aufgelösten Ebene von einzelnen Items gespeichert werden. Die zu Beginn vorliegende Datenbasis der Ergebnisse von Übungen – als Prozentsatz richtig beantworteter Fragen pro Übung (Bündel aus Einzelitems) – beschränkte die Analyse zu stark. Die detaillierte Ergebnisspeicherung auf Itemebene erwies sich als Voraussetzung für die Zusammenstellung eines nützlichen, empirisch validierten Itempools.

Bei der Umsetzung automatisierter Analyseskripts stellte sich die Schnittstelle von Datenbankabfragen (z. B. MSSQL) mit Datenanalyseverfahren (z. B. RStudio) als besondere Herausforderung dar. Hier gilt es, effiziente und in einem möglichst breiten Kontext einsetzbare Lösungen zu finden, um Nutzungsdaten schnell analysieren und komprimiert den Nutzern und Nutzerinnen zur Verfügung stellen zu können.

Zukünftige Forschungsvorhaben sollten stärker auf die Akzeptanz und Wirksamkeit der entwickelten Rückmeldesysteme eingehen. Freundlich gestaltete, informative und in Echtzeit aktualisierte Feedback-Features stellen nicht nur für Experten und Expertinnen (Redaktion, Entwicklung) nützliche Tools dar, sondern können vor allem für Schüler und Schülerinnen motivierende und interessante Einblicke in den eigenen Lernprozess bieten und so eine gelungene Lernreflexion unterstützen.

Ohne Zweifel eröffnen sich im Bereich der Learning Analytics auf Datenebene ständig neue Möglichkeiten, wenn man die rasanten Entwicklungen auf dem Gebiet digitaler Lernarrangements verfolgt. Hier gilt es – das zeigt auch die vorliegende Forschung –, erstens die notwendige Datenstruktur zu schaffen und die Daten zweitens derart zu komprimieren und aufzubereiten, dass tiefere Ein-

blicke in den Lernprozess gewonnen werden können und daneben auch wirksame, motivierende und empirisch validierte digitale Lernumgebungen entwickelt
werden können.

Literatur

Baker, F. B. (2003). *The basics of item response theory.* http://echo.edres.
org:8080/irt/baker/final.pdf, abgerufen am 28.10.2016.

Baker, R. & Siemens, G. (2013). *Educational Data Mining and Learning Analytics.*
http://www.columbia.edu/~rsb2162/BakerSiemensHandbook2013.pdf, abgerufen am
28.10.2016.

Broich, A. (2015). Not Like Other Media: Digital Technology and the Transformation of
Educational Publishing. *Publishing Research Quarterly, 31(4),* 237–243.

Charleer, S., Klerkx, J. & Duval, E. (2014). Learning dashboards. *Journal of Learning
Analytics, 1(3),* 199–202.

Chen, C., Lee, H. & Chen, Y. (2005). Personalized e-learning system using Item Response Theory. *Computers & Education, 44 (3),* 237–255.

Gašević, D., Dawson, S., Rogers, T. & Gasevic, D. (2016). Learning analytics should not
promote one size fits all: The effects of instructional conditions in predicting academ-
ic success. *The Internet and Higher Education, 28,* 68–84.

Gerngross, G., Puchta, H., Holzmann, C., Stranks, J. & Lewis-Jones, P. (2016). *MORE! 1
Student's Book.* Cambridge: Helbing.

Greller, W. & Drachsler, H. (2012). Translating Learning into Numbers: A Generic
Framework for Learning Analytics. *Journal of Educational Technology & Society,*
15(3), 42–57.

Issing, L. J. (2011). Psychologische Grundlagen des Online-Lernens. In: Klimsa, P., & Issing, L. J. (Hrsg.), *Online-Lernen. Handbuch für Wissenschaft und Praxis.* München:
Oldenbourg.

Ivančević, V. (2014). Constructing Programming Tests from an Item Pool: Pushing the
Limits of Student Knowledge using Assessment and Learning Analytics. *test, 1(3),*
161–164.

Kakoty, S., Lal, M. & Sarma, S. K. (2011). E-learning as a research area: an analytical
approach. *E-learning, 2(9),* 144–148.

Le, S., Weber, P. & Ebner, M. (2013). *Game-Based Learning. Spielend Lernen?*
http://l3t.tugraz.at/index.php/LehrbuchEbner10/article/view/120/102, abgerufen am
28.10.2016.

Li, Q. & Ma, X. (2010). A meta-analysis of the effects of computer technology on school
students' mathematics learning. *Educational Psychology Review, 22(3),* 215–243.

Merceron, A., Blikstein, P. & Siemens, G. (2016). Learning analytics: From big data to meaningful data. *Journal of Learning* Analytics, 2(3), 4–8.

Pardos, Z. A., Baker, R., San Pedro, M., Gowda, S. & Gowda, S. (2013). Affective states and state tests. In: Suthers D., Verbert K. & Ochoa X. (Hrsg.), *Proceedings of the Third International Conference on Learning Analytics*, ACM, New York, (S. 1–8).

Partchev, I. (2004). *A visual guide to item response theory*. https://www. metheval.uni-jena.de/irt/VisualIRT.pdf, abgerufen am 28.10.2016.

Phillips, R., Maor, D, Cumming-Potvin., Roberts, P., Herrington, J., Preston, G. & Moore, E. (2011). Learning analytics and study behaviour: A pilot study. In: G. Williams, P. Statham, N. Brown & B. Cleland (Hrsg.), *Changing Demands, Changing Directions. Proceedings ascilite*. Hobart: University of Tasmania (S. 997–1007).

Siemens, G. (2012). Learning Analytics: Envisioning a Research Discipline and a Domain of Practice. In: Shum, S., Gašević, D. & Ferguson, R. (Hrsg.), *Proceedings of the 2nd international conference on learning analytics and knowledge,* Vancouver 2012 (S. 4–8).

Valsamidis, S., Kontogiannis, S., Kazanidis, I. & Karakos, A. (2011). E-learning platform usage analysis. *Interdisciplinary Journal of E-Learning and Learning Objects*, 7(1), 185–204.

Volk, H., Kellner, K. & Wohlhart, D. (2015). Learning Analytics for English Language Teaching. *Journal of Universal Computer Science,* 21(1), 156–174.

Waxman, H., Lin, M. & Michko, G. (2003). *A Meta-Analysis of the Effectiveness of Teaching and Learning with Technology on Student Outcomes. Learning Point Associates.* http://treeves.coe.uga.edu/edit6900/metaanalysisNCREL.pdf, abgerufen am 28.10.2016.

Zimmermann, C., Kopp, M. & Ebner, M. (2016). How MOOCs can be used as an instrument of scientific research. In: *Proceedings of the European Stakeholder Summit on experiences and best practices in and around MOOCs (EMOOCS 2016)*, Book on Demand, Norderstedt, (S. 393–400).

Christoph Helm und Lisa Keusch

Objektive Leistungsbeurteilung und Kompetenzorientierung

Eine Zusammenhangsanalyse

1. Einführung

Seit Beginn der 1990er-Jahre und insbesondere nach den hinter den Erwartungen zurückgebliebenen Ergebnissen österreichischer Schülerinnen und Schüler im Rahmen der PISA-Untersuchungen erlebt das österreichische Schulsystem eine Phase der Veränderung der Steuerungslogik, hin zur Outputorientierung. Davon blieb auch der in Österreich stark ausgeprägte berufsbildende Sektor – 53 % aller Schülerinnen und Schüler der 9. Schulstufe besuchen eine berufsbildende Schule (Bruneforth et al., 2016, S. 73) – nicht unberührt. So wurden in den letzten Jahren vermehrt outputorientierte Steuerungsinstrumente im berufsbildenden Schulsystem implementiert. 1994 wurde das Konzept der Übungsfirma in den Lehrplan der Handelsakademie integriert (Neuweg, 2001). 2004 stiegen die berufsbildenden Schulen in die Bildungsstandardentwicklung ein, was 2010 zu Kompetenzmodellen und kompetenzorientierten Lehrplänen führte (Fritz, 2010/2011; Dorninger & Schrack, 2012/2013). Zuletzt wurden 2015 Kompetenzraster für betriebswirtschaftliche Fächer entwickelt (Neuweg & Krauskopf, 2015).

   Durch die Einführung dieser Steuerungsinstrumente soll ein höheres Maß an Transparenz und Vergleichbarkeit von Schulnoten gewonnen werden (Altrichter & Kanape-Willingshofer, 2012; Maag Merki, 2016; Neuweg & Krauskopf, 2015). Den Wirkungshoffnungen folgend soll an den kompetenzorientierten Unterricht die kompetenzorientierte Leistungsfeststellung anknüpfen, welche durch die kompetenzorientierte Leistungsbeurteilung abgeschlossen wird (Fritz, 2010/2011, S. 12). Dies wäre wünschenswert, da die schulische Leistungsbeurteilung aus mehreren Gründen stark verzerrt ist:

– Lehrpersonen erfassen Schülerleistungen unterschiedlich, z. B. weil sie unterschiedlich weit im Unterricht vorankommen oder unterschiedliche inhalts- und handlungsorientierte Schwerpunkte setzen.
– Lehrpersonen bewerten Schülerleistungen unterschiedlich, weil sie (insbesondere bei offenen Aufgabenstellungen wie Deutschaufsätzen) unterschied-

liche Kodierschemata verwenden (siehe bspw. Tab. 1, S. 204). Dies geschieht nicht zuletzt auch deshalb, weil das Wissen über Kompetenzmodelle, kompetenzorientierte Lehrziele und eine kompetenzorientierte Leistungsbeurteilung fehlt (nicht nur bei Lehrpersonen, sondern auch bei jenen, die sie aus- und fortbilden).

– Lehrpersonen interpretieren Schülerleistungen unterschiedlich, weil einerseits die Leistungsbeurteilungsverordnung (LBVO) bei der Auslegung von Schulnoten sehr vage ist, andererseits Lehrerurteile durch diverse Fehlerquellen verzerrt sind (siehe Abschnitt 3.1). Insbesondere die Orientierung an der sozialen Bezugsnorm ist in der Schulpraxis in vielen Fällen Realität (z. B. Bergmüller & Steger, 2009; Schmid, Paasch & Katstaller, 2016), wenngleich dies unzulässig ist (Neuweg, 2009).

Unter anderem durch Bildungsstandards und Kompetenzraster werden nun bereits vor dem Prozess der Leistungsfeststellung und -beurteilung klar definierte Kriterien festgelegt. Dies mag vermuten lassen, dass mit der Umsetzung von Bildungsstandards und der Einführung von kompetenzorientiertem Unterricht die Zahl der an der sozialen Bezugsnorm gemessenen Leistungen sinkt und gleichsam Lehrpersonen Leistungen der Schülerinnen und Schüler stärker kriterienorientiert bewerten. Ziel des vorliegenden Beitrags ist es, diese Vermutung empirisch zu prüfen.

2. Leistungsbeurteilung im Sinne der Kompetenzorientierung

2.1 Das Konzept der Bezugsnormorientierung

Die im Rahmen einer Leistungsfeststellung (z. B. Schularbeit) ermittelten Schülerleistungen müssen für eine Beurteilung mit einem Standard (= Bezugsnorm) verglichen werden. Die Literatur unterscheidet drei Standards, die Lehrpersonen grundsätzlich zur Verfügung stehen (z. B. Neuweg, 2014). Wird die aktuelle Leistung der Schülerinnen und Schüler mit ihrer Leistung am Beginn eines Semesters oder Schuljahres verglichen, so spricht man von der sogenannten *individuellen Bezugsnorm*. Liegt der Maßstab »außerhalb« der eigenen Person, werden zwei weitere Bezugsnormen unterschieden: die *soziale* und die *sachliche Bezugsnorm*. Erstere meint den Vergleich der Leistungen eines/einer Lernenden mit den Leistungen einer Bezugsgruppe, in der Regel der Klasse. Letztere meint dagegen den Vergleich der erbrachten Leistungen bzw. erreichten Lehrziele mit vorab festgelegten inhaltlichen Standards bzw. Lehrzielen, die es zu erreichen gilt.

2.2 Rechtliche Grundlagen

Die rechtlichen Grundlagen der schulischen Leistungsbeurteilung finden sich im Schulunterrichtsgesetz (SchUG, insb. §§ 18 ff.) und in der Verordnung über die Leistungsbeurteilung in Pflichtschulen sowie mittleren und höheren Schulen (LBVO; Neuweg, 2014). Die Notenskala ist in § 14 LBVO definiert. Dieser enthält allerdings Interpretationsspielraum für Lehrpersonen, da er viele unbestimmte Rechtsbegriffe beinhaltet. So ist z. B. im Vergleich zur Durchführung anderer Formen der Leistungsfeststellung die Erfassung der Mitarbeitsnote nicht klar geregelt. Gemäß § 14 LBVO ist in fast allen Situationen der Schulpraxis die *sachliche Bezugsnorm* anzuwenden, da »die nach Maßgabe des Lehrplans gestellten Anforderungen« erfüllt werden müssen. Dies wird auch in § 11 Abs. 1 LBVO deutlich: »Maßstab für die Leistungsbeurteilung sind die Forderungen des Lehrplans unter Bedachtnahme auf den jeweiligen Stand des Unterrichts«. Zudem sind die Leistungen der Schülerinnen und Schüler gemäß § 11 Abs. 2 LBVO sachlich und gerecht zu bewerten. Untersuchungen zur Leistungsbeurteilungspraxis zeigen allerdings, dass die *soziale Bezugsnorm* dominiert (Bergmüller & Steger, 2009; Schmid et al., 2016). Die alleinige Anwendung der sozialen Bezugsnorm ist allerdings höchst problematisch (Rosenbach, 2008), da die/der Schülerin/Schüler nur mit den Klassenkolleginnen und -kollegen verglichen wird und somit jede Auskunft über (a) das Erreichen gesetzter Lehrziele, (b) den persönlichen Leistungszuwachs und (c) das Abschneiden im Vergleich zu Schülerinnen und Schülern *anderer* Klassen fehlt. Aber auch die gesetzlich vorgeschriebene sachliche Bezugsnorm ist nicht friktionsfrei: Oftmals fehlen klare sachliche Beurteilungskriterien bzw. Lehrziele, die als objektiver Maßstab herangezogen werden können. Die Notendefinitionen des § 14 LBVO und die derzeit geltenden Lehrpläne weisen diesbezüglich erhebliche Lücken und rechtsbegriffliche Interpretationsspielräume auf. So ist etwa unklar, welche Leistungsanforderungen zum Erhalt eines »Befriedigend« gestellt werden müssen.

Vor dem Hintergrund dieser Herausforderung wurden nicht zuletzt outputorientierte Steuerungsinstrumente (z. B. Bildungsstandards, Kompetenzmodelle, zentrale Abschlussprüfungen, Kompetenzraster) eingeführt. Wie diese Instrumente zu einer objektiveren Leistungsbeurteilung beitragen sollen, zeigen u. a. die Überlegungen zu Steuerungsmechanismen im Schulsystem (Altrichter & Kanape-Willingshofer, 2012; Altrichter & Gamsjäger, 2017), die im nächsten Kapitel mit Bezug auf die Leistungsbeurteilungspraxis zusammengefasst dargestellt werden.

2.3 Wirkungshoffnungen der Output- und Kompetenzorientierung auf die Leistungsbeurteilungspraxis

Auf Basis von zentralen Gesetzes- und Verordnungstexten haben Altrichter und Kanape-Willingshofer (2012) versucht, die vonseiten der Bildungspolitik erhofften Wirkungen neuer Steuerungsstrategien nachzuzeichnen. Demnach wird u. a. erwartet, dass die Einführung von Bildungsstandards zu verstärkter kompetenzorientierter Unterrichtsplanung (inkl. »bestmöglicher Diagnostik und individueller Förderung«, § 17 Abs. 1a SchUG idF BGBl. I Nr. 36/2012) und zu höherer »Transparenz, Objektivität und Vergleichbarkeit« (Vorblatt und Erläuterungen, 2008) führt. Diese Zielerreichung soll durch fünf Prozesse unterstützt werden, die zwischen den Steuerungselementen und den erhofften Wirkungen vermitteln: (1) Setzen, Kommunizieren und Angleichen von Erwartungen, (2) Stimulierung von Entwicklungsanstrengungen durch Datenfeedback, (3) Standardisierung durch Unterstützungsmaßnahmen, (4) Einbeziehung der Schulpartnerinnen und -partner sowie (5) Standardisierung durch schulinterne Koordinierung. Insbesondere die Prozesse (1) und (3) sind für die Erklärung der Effekte der Output- bzw. Kompetenzorientierung auf die in diesem Beitrag fokussierte Leistungsbeurteilungspraxis zentral.

Prozess 1: Setzen, Kommunizieren und Angleichen von Erwartungen
Nach Klieme et al. (2007, S. 47) stellen Standards ein klares und transparentes Referenzsystem für professionelles Lehrerhandeln dar. Dies spiegelt sich auch in den gesetzlichen Normen wider: Bildungsstandards sollen für Lehrpersonen zu einem orientierenden Prinzip von Unterrichtsplanung und -gestaltung (vgl. § 3 Abs. 2 Verordnung über Bildungsstandards idF BGBl. II Nr 1/2009) sowie der Diagnose von Entwicklungsverläufen mit dem Ziel der bestmöglichen individuellen Förderung (§ 3 Abs. 3 Verordnung über Bildungsstandards idF BGBl. II Nr 1/2009) werden (vgl. Altrichter & Kanape-Willingshofer, 2012). »A central idea of the ›performance standard policy‹ is to communicate the normative aspirations, the goals of educational processes *more clearly than before*« (Altrichter & Gamsjäger, 2017; Herv. d. Autor und d. Autorin). Stärker als bisher (etwa in Lehrplänen) sollen die im Unterricht zu vermittelnden Kompetenzen betont werden, sodass es zu einer Angleichung der Anforderungen kommt und damit die Urteilsgerechtigkeit erhöht wird (Eder et al., 2009, S. 254). Insbesondere regionale und standortbezogene Unterschiede könnten durch zentrale Vorgaben und Überprüfungen behoben werden und so die »Fairness und Chancengleichheit im Bildungssystem deutlich erhöhen« (Eder et al., 2009, S. 265). Die Grundidee liegt also u. a. darin, dass der oft kritisierten mangelnden Vergleichbarkeit der

Lehrerurteile durch eine verstärkte Externalisierung der schulischen Leistungsbeurteilung entgegengewirkt werden kann (ebd.) und damit auch der Chancen-
ungleichheit. Es wird angenommen, dass Unterschiede zwischen den von Lehrpersonen vergebenen Beurteilungen und den in objektiven Tests gemessenen
Leistungen durch die Formulierung von verbindlichen Standards verringert werden können (vgl. Eder, 2009, S. 51).

Prozess 3: Standardisierung durch Unterstützungsmaßnahmen
Die normativen Erwartungen der outputorientierten Steuerung werden durch
Unterstützungsmaßnahmen – wie Musteraufgaben zu Bildungsstandards (http://
bildungsstandards.qibb.at) oder Lehrerfortbildungen über Kompetenzraster
(Neuweg & Krauskopf, 2015) – exemplarisch verdeutlicht und konkretisiert.
Dadurch sollte es Praktikerinnen und Praktikern leichter gelingen, diesen Erwartungen gerecht zu werden (Altrichter & Gamsjäger, 2017). Hinweise darüber,
dass Lehrpersonen vor allem zur Verfügung gestelltes Unterrichtsmaterial (Musteraufgaben) verwenden (Grillitsch, 2010), heben die Bedeutung dieses Prozesses
hervor. Da die Leistungsfeststellung auf den im Unterricht eingesetzten Lernaufgaben basieren muss (§ 2 Abs. 1 LBVO), ist davon auszugehen, dass über diese
Unterstützungsmaßnahmen auch die Leistungsbeurteilungspraxis in bedeutendem
Ausmaß beeinflusst werden kann.

   Es stellt sich die Frage, ob durch die skizzierten intermediären Prozesse dem
Problem der mangelnden Objektivität von Schulnoten entgegengewirkt werden
kann. In der vorliegenden Arbeit untersuchen wir diese Frage empirisch. Dabei
gehen wir von der Annahme aus, dass Lehrpersonen, die angeben, kompetenzorientiert zu unterrichten, in ihrem Handeln stärker durch zumindest Wirkungs-
mechanismus (1) und (3) beeinflusst sind als andere.

3.   Befundlage zur schulischen Leistungsbeurteilung

3.1 Allgemeine Befunde zur mangelnden Objektivität von Schulnoten

Die oft zitierte Untersuchung von Ingenkamp (1977) hält fest, dass Schulnoten
aufgrund ihrer mangelnden Objektivität nicht über die einzelne Klasse hinaus
vergleichbar sind. Dies gilt auch für Vergleiche über verschiedene Schulen,
Schultypen (Schrader & Helmke, 2001) und Regionen (Haider & Schreiner,
2006) hinweg. Neuweg (2014) gibt auf Basis empirischer Untersuchungen zur
Objektivität und Validität von Schulnoten (z. B. Klauer, 1978; Ingenkamp, 1989)
einen Überblick über nicht sachliche Faktoren, die auf die Notengebung Einfluss

nehmen. Neben der erbrachten Leistung fließen demnach auch die angenommene Intelligenz, das Geschlecht, die soziale Herkunft, die sprachlichen Fähigkeiten, das Auftreten, das Aussehen, die Beliebtheit und die Handschrift der Lernenden in die Note ein. Darüber hinaus stellen Auskünfte des Kollegiums über die Lernenden, das Erscheinungsbild der Schülerarbeit (z. B. Länge und Genauigkeit der verfassten Texte) und Reihungseffekte Verzerrungsquellen der Schulnote dar.

Für die vorliegende Untersuchung sind die Befunde zur sozialen Bezugsnormorientierung auf Basis der Analysen österreichischer PIRLS- und PISA-Daten bedeutsam. Bergmüller und Steger (2009, S. 216) zeigen, dass Schülerinnen und Schüler der 4. Klasse mit vergleichbarer Lesekompetenz sehr unterschiedliche Noten in Deutsch bzw. Lesen erhalten. »Insgesamt sprechen die Ergebnisse für die Anwendung einer sozialen (klasseninternen) Bezugsnorm, nicht aber für die gesetzlich geforderte kriteriale (curriculare) Bezugsnormorientierung« (ebd.). Darüber hinaus verweisen Haider und Schreiner bereits 2006 auf regionale und schulstandortspezifische Verzerrungen. In beiden Studien führen die Autorinnen und Autoren ihre Befunde darauf zurück, dass Lehrpersonen (bzw. die Einzelschule) die unklare Vorgabe der LBVO in Kombination mit den unklaren Anforderungen des Lehrplans auf unterschiedliche Weise interpretieren.

In einer aktuellen Studie untersuchten Schmid et al. (2016) die Angemessenheit von Leistungsbeurteilungen in der 4. Schulstufe in Österreich auf Basis von Bildungsstandarddaten (Vollerhebung). Unter Kontrolle der individuellen Leistungsfähigkeit (Bildungsstandardtestleistung) zeigte sich, dass die soziale und ethnische Herkunft der Schülerinnen und Schüler sowie das durchschnittliche Klassenleistungsniveau die Validität der Noten verzerren.

3.2 Befunde im Zusammenhang mit den Maßnahmen der Outputorientierung im Schulsystem

Die Arbeit von Wacker, Rohlfs und Kramer (2013) ist unseren Recherchen zufolge die bisher einzige empirische Studie, die wie wir den Einfluss der Kompetenzorientierung auf die Leistungsbeurteilung untersucht. Die dort referierten Befunde einer Prä-Post-Lehrerbefragung aus Baden-Württemberg belegen, dass Lehrkräfte fünf Jahre nach Einführung der Bildungsstandards die (curricular verankerte) Methoden- und Sozialkompetenz der Schülerinnen und Schüler stärker als zuvor im Rahmen der Leistungsbeurteilung berücksichtigen.

Mit Bezug auf Studien zu Effekten der Einführung zentraler Abschlussprüfungen verweist die Befundlage in Deutschland (Maag Merki, 2016, S. 167) darauf, dass mit zentralen Abschlussprüfungen auch »eine größere Vergleichbarkeit der Beurteilungen […] in den Abschlussprüfungen einhergeht«. Für Österreich liegen keine vergleichbaren Untersuchungen vor, da die Zentralmatura erst im Schuljahr 2014/15 eingeführt wurde. Im Rahmen der Begleituntersuchungen zur Implementierung der österreichischen Bildungsstandards stellte sich allerdings heraus, dass die Rückmeldung der Bildungsstandardüberprüfung aus Schulleitersicht (insbesondere an Hauptschulen) als hilfreich für eine gerechte Leistungsbeurteilung wahrgenommen wird (Grabensberger, Freudenthaler & Specht, 2008, S. 64). Dagegen zeigte sich in derselben Studie, dass deutlich weniger als ein Drittel der 690 befragten Lehrpersonen dadurch besser wisse, wie mit Problemen der Leistungsbeurteilung umgegangen werden soll. Deutlich mehr Lehrpersonen nutzen das Datenfeedback für didaktische Weiterentwicklungen.

Bezüglich des Ziels der Förderung der Chancengleichheit durch Bildungsstandards argumentieren Altrichter und Kanape-Willingshofer (2012, S. 375) mit Bezug auf Studien in den Niederlanden und Finnland, dass die Einführung externer standardisierter Tests immerhin die *neue* Chance biete, die »Nichtübereinstimmung von gemessenen Leistungen und vergebenen Noten« aufzudecken. Gleichzeitig gilt »dass Verbesserungen aber nicht als automatische Folge der Durchsetzung einer evidenzbasierten Steuerung zu erwarten sind« (ebd., S. 380).

4.   Methode

4.1 Hypothesen

Auf Basis der dargestellten theoretischen Wirkannahmen zu outputorientierten Steuerungsmaßnahmen und den berichteten Befunden gehen wir von folgender Hypothese aus: *Je stärker eine Lehrperson angibt, kompetenzorientiert zu unterrichten, desto ausgeprägter ist die sachliche Bezugsnorm im Rahmen der Leistungsbeurteilung.*

4.2 Stichprobenbeschreibung

Für die Prüfung der oben angeführten Hypothese werden die Daten der LOTUS-Studie (Lernen in Offenen und Traditionellen UnterrichtsSettings, Helm, 2016a) herangezogen. Im Rahmen dieser Studie wurden im Zeitraum von 2011 bis 2016 Schülerleistungen in 24 BMHS-Klassen am Ende der 9. und 10. Schulstufe im Fach Rechnungswesen (RW) erfasst ($N = 852$, $M_{Alter\_t1} = 14{,}64$, $SD_{Alter\_t1} = 3{,}25$, 69 % weiblich$_{t1}$). Die Lehrpersonen dieser Klassen ($N = 20$, $M_{Alter} = 43{,}94$, $SD_{Alter} = 7{,}73$, 40 % männlich; $M_{Dienstjahre}$ 13,85, $SD_{Dienstjahre} = 10{,}47$) wurden mit einem Onlineinstrument zu ihrer Kompetenzorientierung im Unterricht befragt.

4.3 Konstruktoperationalisierung

Kompetenzorientierung im Rechnungswesen
Die Lehrpersonen wurden gebeten, folgende vier Items auf einer Skala von 1 = »trifft nicht zu« bis 5 = »trifft voll zu« einzuschätzen:

- Ich arbeite im RW-Unterricht mit Kompetenzrastern.
- Ich orientiere mich bei der Auswahl des Unterrichtsstoffes am Lehrplan.
- Bei der Unterrichtsplanung orientiere ich mich an den Berufsbildungsstandards.
- Bei der Unterrichtsplanung berücksichtige ich Neuerungen im Schulwesen (Lehrplanänderungen, Kompetenzorientierung).

Die Skala verfügt über eine gerade noch akzeptable Reliabilität von Cronbachs Alpha = 0,60, einen Mittelwert von 3,52 und eine Standardabweichung von 0,71. Auch wenn die Reliabilität grenzwertig ist, verweisen mittelstarke Zusammenhänge mit aus Schülersicht wahrgenommenen Unterrichtsmerkmalen (r = 0,518* bzw. 0,446*) auf eine gewisse inhaltliche Validität. Bei den Unterrichtsmerkmalen handelt es sich um das Ausmaß, in dem (a) über eigene Lernprozesse im Unterricht reflektiert wird und (b) die Relevanz von Lernaufgaben im Unterricht verdeutlicht wird.

Fachleistung im Rechnungswesen
Um die RW-Leistung der Schülerinnen und Schüler zu messen, wurden standardisierte Testversionen des WBBs »Wissensüberprüfung von Basiskenntnissen der Buchhaltung« (Helm, 2016b) am Ende der 9. bis 13. Schulstufe eingesetzt. Die 45-minütigen Testungen wurden vom Erstautor in den RW-Unterrichtseinheiten durchgeführt. Die Schülerinnen und Schüler mussten je nach Schulstufe bis zu 53 Leistungsaufgaben bearbeiten, die die Verbuchung von laufenden Geschäftsfällen sowie Um- und Nachbuchungen erfordern. Die Testitems wurden aus dem Kompetenzmodell der Arbeitsgruppe für die österreichischen Berufsbildungsstandards (http://www.bildungsstandards. berufsbildendeschulen.at) sowie dem kompetenzorientierten Lehrplan der kaufmännischen BMHS abgeleitet. Da für die Vorhersage der Schülerantworten ein zugrundeliegender Faktor angenommen wurde, wurden die richtig-falsch-kodierten Schülerantworten Rasch-skaliert (Mair, Hatzinger & Maier, 2011). Die Modellberechnungen weisen sowohl auf Item- als auch Testebene zufriedenstellende EAP- und WLE-Reliabilitätswerte zwischen 0,75 und 0,89 auf (s. Helm, 2016b für weitere Modellgeltungskontrollen).

Modellbasierte und empirische Schulnoten
Um die angeführte Hypothese zu prüfen, muss bestimmt werden, inwiefern die von den Lehrpersonen *subjektiv* durchgeführte Beurteilung von Schülerleistun-

gen einer *objektiven* Leistungsbeurteilung entspricht. Mit »objektiv« ist eine Notenvergabe gemeint, die sich ausschließlich an den Kompetenzen der Schülerinnen und Schüler orientiert. Zu diesem Zweck wurden die Ergebnisse des WBBs nach dem in Tabelle 1 (Spalte Modus) dargestellten Schema in objektive, *modellbasierte* Schulnoten transformiert. Dieses Schema wurde auf Basis von Auskünften von 6 Lehrpersonen konstruiert, indem die am häufigsten verwendete Kodierung identifiziert wurde. Die Lehrpersonen wurden gebeten, auf Basis vorgelegter WBB-Testhefte bekanntzugeben, wie ihr Beurteilungsschema aussehe, wenn sie dieses Testheft im Unterricht als Schularbeit einsetzen würden.

Tabelle 1: Lehrerbeurteilungsschemata zum WBB

Aufgaben	L_1	L_2	L_3	L_4	L_5	L_6	Modus
MC	0,50	0,50	1,00	0,50	0,25	2,00	0,50
GA	1,00	0,50	1,00	0,50	0,25	0,50	0,50
BS	1,00	1,00	2,00	1,00	0,25	1,00	1,00
USt	1,00	-0,50	1,00	-0,50	0,50	1,00	1,00
Note	%	%	%	%	%	%	
1	87,5-100,0	90,0-100,0	90,0-100,0	87,5-100,0	–	90,0-100,0	90,0–100,0
2	75,0-87,5	80,0-90,0	80,0-90,0	75,0-87,5	–	80,0-90,0	80,0–90,0
3	62,5-75,0	65,0-80,0	65,0-80,0	62,5-75,0	–	65,0-80,0	65,0–80,0
4	50,0-62,5	50,0-65,0	50,0-65,0	50,0-62,5	–	50,0-65,0	50,0–65,0
5	0,0-50,0	0,0-50,0	0,0-50,0	0,0-50,0	–	0,0-50,0	0,0–50,0

Anmerkungen. L = Lehrperson. MC = Multiple Choice-Aufgaben. GA = Gewinnauswirkungsaufgaben. BS = Buchungssätze. USt = Berechnung der Steuer. % = % der erreichbaren Punkte in der fiktiven Schularbeit.
Quelle: Eigene Darstellung.

Jene Items, die sich im Fachleistungstest als Rasch-skalierbar erwiesen, wurden entlang des in Tabelle 1 (Spalte Modus) dargestellten Beurteilungsschemas korrigiert, um so für jede/n Schülerin/Schüler eine objektive, kompetenzorientierte Schulnote zu errechnen. Die so ermittelten modellbasierten Schulnoten wurden in den folgenden Analysen den tatsächlichen Schulnoten gegenübergestellt. Die tatsächlichen *(empirischen)* Schulnoten wurden aus Schülersicht erfasst. Es wurde nach der letzten Zeugnis- sowie Schularbeitsnote im Fach RW gefragt.

4.4 Auswertungsmethoden

Alle Auswertungen, die die hierarchische Struktur der Daten berücksichtigen, erfolgen in Mplus (Version 7; Muthén & Muthén, 1998–2014). Die Analysen werden getrennt (a) für Schulstufen und (b) nach Zeugnis- bzw. Schularbeitsnote berechnet. Zur Prüfung der Hypothese wird neben deskriptiven Statistiken die Abweichung der empirischen von der modellbasierten Schulnote berechnet. Der auf Klassenebene liegende Anteil dieser Abweichung wird in einer Mehrebenenanalyse mit der Kompetenzorientierung der Lehrpersonen korreliert (vgl. Tab. 3, S. 206).

5. Ergebnisse

Die Intraklassenkorrelationen (ICC) geben an, wie stark ein Merkmal auf unterschiedlichen Ebenen, hier die Schüler- und Klassenebene, variiert. Die Analysen zeigen, dass der ICC der Testleistungen in allen fünf Schulstufen (0,289–0,483) deutlich höher als jener der Schulnoten (0,061–0,156) liegt. Das heißt, die Schulnoten sind zwischen den Klassen ähnlicher, als die objektive Testleistung vermuten lassen würde. Dies ist ein erster Hinweis auf eine verstärkte soziale Bezugsnormorientierung der untersuchten Lehrpersonen.

Korrelationen zwischen den Testleistungen und den Schulnoten geben einen weiteren Hinweis darauf, wie stark die Verwendung der sozialen Bezugsnorm ausgeprägt ist. In der vorliegenden Untersuchung zeigen sich schwache bis moderate Zusammenhänge.

Tabelle 2: Korrelation zwischen Testleistung und Noten (gesamte Stichprobe)

	Zeugnisnote	Schularbeitsnote
Testleistung 9. Schulstufe	-0,339**	-0,370**
Testleistung 10. Schulstufe	-0,353**	-0,297**
Testleistung 11. Schulstufe	-0,202**	-0,164**
Testleistung 12. Schulstufe	-0,205**	-0,215**
Testleistung 13. Schulstufe	-0,152*	-0,086

Anmerkung. ** $= p < 0,01$, * $= p < 0,05$.

Quelle: Eigene Darstellung.

Nach Schmid et al. (2016, S. 273) sind starke Zusammenhänge zwischen den kompetenzmodell-basierten Testleistungen und den Schulnoten Hinweise auf eine kriteriumsorientierte Leistungsbeurteilung. Schmid et al. (ebd.) berichten auf Basis der Bildungsstanddarddaten der 4. Schulstufe in Mathematik einen Zusammenhang in Höhe von $\beta = 0,659$. Tabelle 2 zeigt, dass die Zusammenhänge in der vorliegenden Untersuchung deutlich niedriger ausfallen und somit auf eine weniger stark ausgeprägte Verwendung der sachlichen Bezugsnorm im Rahmen der Leistungsbeurteilung im Fach Rechnungswesen hinweisen.

Es fragt sich nun, ob Kompetenzorientierung von Lehrpersonen im Zusammenhang mit einer stärkeren Verwendung der sachlichen Bezugsnorm steht. In Tabelle 3 sind die Zusammenhänge zwischen (a) der auf Klassenebene aggregierten Abweichung der tatsächlichen Schulnoten von den kompetenzmodellbasierten Schulnoten und (b) der Kompetenzorientierung der Lehrperson dargestellt. Die bivariaten Analysen zeigen inkonsistente Befunde über die 9. bis 13. Schulstufe hinweg. Lediglich in der 9. und 11. Schulstufe weisen die Korrelationskoeffizienten die angenommene Richtung auf, sind jedoch statistisch nicht signifikant und verweisen auf eine geringe Effektstärke. Damit kann die Hypothese nicht bestätigt werden. Dieser Befund ändert sich auch nicht, wenn man für die mittlere Testmotivation einer Klasse kontrolliert.

Tabelle 3: Korrelationen zwischen der klassendurchschnittlichen Abweichung der Schulnoten von den kompetenzmodellbasierten Noten und der Kompetenzorientierung der Lehrperson

klassendurchschnittliche Abweichung der tatsächlichen …	r	p
… RW-Zeugnisnote von der kompetenzmodellbasierten Note (9. Schulstufe)	-0,281*	0,354
… RW-Zeugnisnote von der kompetenzmodellbasierten Note (10. Schulstufe)	0,207*	0,288
… RW-Zeugnisnote von der kompetenzmodellbasierten Note (11. Schulstufe)	-0,306*	0,314
… RW-Zeugnisnote von der kompetenzmodellbasierten Note (12. Schulstufe)	0,061*	0,834
… RW-Zeugnisnote von der kompetenzmodellbasierten Note (13. Schulstufe)	0,332*	0,302
… RW-Schularbeitsnote von der kompetenzmodellbasierten Note (9. Schulstufe)	-0,277*	0,147
… RW-Schularbeitsnote von der kompetenzmodellbasierten Note (10. Schulstufe)	0,456*	0,041
… RW-Schularbeitsnote von der kompetenzmodellbasierten Note (11. Schulstufe)	-0,308*	0,249
… RW-Schularbeitsnote von der kompetenzmodellbasierten Note (12. Schulstufe)	0,136*	0,744
… RW-Schularbeitsnote von der kompetenzmodellbasierten Note (13. Schulstufe)	0,195*	0,524

Anmerkung: ** = $p < 0{,}01$, * = $p < 0{,}05$.
Quelle: Eigene Darstellung.

6. Diskussion der Ergebnisse und der Studie

Die Vergleichbarkeit von Schulnoten stellt unter dem Aspekt der Wahrung der Chancengleichheit ein zentrales Ziel aktueller bildungspolitischer Reformbemühungen dar. Unter anderem soll eine höhere Vergleichbarkeit durch Output- und Kompetenzorientierung im Rahmen der Leistungsbeurteilung, etwa durch den Einsatz von Kompetenzrastern erreicht werden (z. B. Neuweg & Krauskopf, 2015). Der vorliegende Beitrag ist einer der ersten, der die Realisierung dieses Ziels (im Bereich der Berufsbildung) empirisch analysiert. Konkret haben wir auf Basis von 5-jährigen Längsschnittdaten geprüft, inwiefern Lehrpersonen, die angeben, stärker kompetenzorientiert zu unterrichten, im Rahmen der Leistungsbeurteilung sich auch stärker an der sachlichen Bezugsnorm orientieren. Die Befunde sind in Summe inkonsistent und meist nicht signifikant, sodass die Hypothese nicht bestätigt werden konnte. Studien, die den Einfluss der Kompetenzorientierung von Lehrpersonen auf die Leistungsbeurteilung untersuchen, liegen mit Ausnahme von Wacker et al. (2013) bisher kaum vor. Wacker et al. (2013) vergleichen die Leistungsbeurteilungspraxis vor und nach der Einführung von Bildungsstandards in Baden-Württemberg. Die Befunde liefern Indizien dafür, dass (aufgrund der Einführung der Bildungsstandards) Lehrpersonen stärker solche Teile des Curriculums in ihre Leistungsbeurteilungen einbeziehen, die bisher eher vernachlässigt wurden. Die vorliegende Studie konnte dagegen keine Effekte der Kompetenzorientierung zutage fördern. Dennoch stellt sie – aufgrund des skizzierten Forschungsdesiderates – einen wichtigen Beitrag zur Erforschung der Effekte von neuen Steuerungsinstrumenten im Bildungswesen dar.

Bei Durchführung der Studie wurde deutlich, welche Herausforderungen zu lösen sind, wenn die Leistungsbeurteilungspraxis von Lehrpersonen wie im vorliegenden Fall analysiert werden soll. Zum einen ist es notwendig, standardisiert erfasste Kompetenzen in Schulnoten zu transformieren, um diese modellbasierten Noten mit jenen von den Lehrpersonen vergebenen Noten vergleichen zu können. Inwiefern dieser Vergleich aussagekräftig ist, hängt letztlich von der Qualität des zugrunde gelegten Kompetenzmodells ab. Daher muss besonderes Augenmerk darauf gelegt werden. Die vorliegende Studie kann in diesem Sinne auch nur einen ersten Versuch darstellen, der sicherlich einer Weiterentwicklung bedarf. Das Berichten von Testwert-Schulnoten-Korrelationen alleine reicht unserer Einsicht nach nicht aus, um eine sachlich orientierte Leistungsbeurteilungspraxis zu belegen (siehe auch Bergmüller & Steger, 2009, S. 216), denn hohe Korrelationen sind auch bei Testleistungen im unteren Bereich – fernab von höheren Kompetenzstufen – denkbar. So zeigen sich auch in BMS-Klassen hohe Zusammenhänge (bis zu $r = -0{,}533**$), obwohl deren Schülerinnen und Schüler im Durchschnitt deutlich niedrigere Kompetenzstufen erreichen. Allerdings können sowohl Testleistungen als auch modellbasierte Noten aufgrund mangelnder Testmotivation von Lernenden stark verzerrt sein. In der vorliegenden Studie wurde versucht, diese Verzerrung durch Kontrolle der Testmotivation zu beheben. Darüber hinaus sind folgende Punkte als Grenzen der Studie zu sehen: (a) Es wurden selbstberichtete Schulnoten herangezogen, die von den tatsächlichen Schulnoten abweichen können. Nicht selten wurde von den Schülerinnen und Schülern angemerkt, dass sie sich ihrer Noten nicht sicher seien. (b) Die kleine Anzahl an analysierten Klassen führt dazu, dass die Teststärke der Analysen niedrig ist und lediglich sehr hohe Effekte statistisch signifikant werden. Künftige Untersuchungen sollten diese Mängel berücksichtigen. Gleichzeitig ist zu hinterfragen, inwiefern Schulnoten ausschließlich an fachlichen Kriterien orientiert sein sollen und nicht auch anderen Zielen (z. B. motivationalen Zielen) gerecht werden müssen und daher bspw. auch Engagement und lernförderliches Verhalten im Unterricht belohnen sollten.

Literatur

Altrichter, H. & Gamsjäger, M. (2017). A conceptual model for research in performance standard policies. *Nordic Journal of Studies in Educational Policy, 3*(1), 6–20.

Altrichter, H. & Kanape-Willingshofer, A. (2012). Bildungsstandards und externe Überprüfung von Schülerkompetenzen: Mögliche Beiträge externer Messungen zur Erreichung der Qualitätsziele der Schule. In: B. Herzog-Punzenberger (Hrsg.), *Nationaler Bildungsbericht Österreich 2012, Band 2: Fokussierte Analysen bildungspolitischer Schwerpunktthemen* (S. 355–394). Graz: Leykam.

Bergmüller, S. & Steger, E. (2009). Gerechte Beurteilung? Leistungs- und Eignungsdiagnostik durch die Lehrkräfte. In: B. Suchań, C. Wallner-Paschon & C. Schreiner (Hrsg.), *PIRLS 2006. Lesekompetenz am Ende der Volksschule. Österreichischer Expertenbericht* (S. 202–218). Graz: Leykam.

Bruneforth, M., Vogtenhuber, S., Lassnigg, L., Oberwimmer, K., Gumpoldsberger, H., Feyerer, E., Siegle, T. & Toferer, B. et al. (2016). Indikatoren C: Prozessfaktoren. In: M. Bruneforth, L. Lassnigg, S. Vogtenhuber, C. Schreiner & S. Breit (Hrsg.), *Nationaler Bildungsbericht Österreich 2015, Band 1: Das Schulsystem im Spiegel von Daten und Indikatoren* (S. 72–85). Graz: Leykam.

Dorninger, C. & Schrack, C. (2012/2013). Neue Leistungsbeurteilung. *wissenplus, 4*, 10–17.

Eder, F. (2009). Die Schule der 10- bis 14-Jährigen als Angelpunkt der Diskussion um Struktur und Qualität des Schulsystems. In: W. Specht (Hrsg.), *Nationaler Bildungsbericht Österreich 2009. Band 2: Fokussierte Analysen bildungspolitischer Schwerpunktthemen* (S. 33–53). Graz: Leykam.

Eder, F., Neuweg, G. H. & Thonhauser, J. (2009). Leistungsfeststellung und Leistungsbeurteilung. In: W. Specht (Hrsg.), *Nationaler Bildungsbericht Österreich 2009, Band. 2: Fokussierte Analysen bildungspolitischer Schwerpunktthemen* (S. 247–269). Graz: Leykam.

Fritz, U. (2010/2011). Kompetenzorientierte Bildungsstandards in der Praxis. *wissenplus, 2*, 11–12.

Grabensberger, E., Freudenthaler, H. H. & Specht, W. (2008). *Bildungsstandards: Testungen und Ergebnisrückmeldungen auf der achten Schulstufe aus der Sicht der Praxis*. Graz: BIFIE.

Grillitsch, M. (2010). *Bildungsstandards auf dem Weg in die Praxis. Ergebnisse einer Befragung von Lehrkräften und Schulleiter/innen der Sekundarstufe I zur Rezeption der Bildungsstandards und deren Implementation. BIFIE-Report*. https://www.bifie.at/system/files/Report_Bist_2010-10-13.pdf, abgerufen am 27.02.2017.

Haider, G. & Schreiner, C. (2006). PISA-Leistung und Schulnoten. In: G. Haider & C. Schreiner (Hrsg.), *Die PISA-Studie. Österreichs Schulsystem im internationalen Wettbewerb* (S. 229–236). Wien: Böhlau.

Helm, C. (2016a). *Lernen in Offenen und Traditionellen UnterrichtsSettings (LOTUS)*. Münster: Waxmann.

Helm, C. (2016b). Berufsbildungsstandards und Kompetenzmodellierung im Fach Rechnungswesen. In: A. Dietzen, R. Nickolaus, B. Rammstedt & R. Weiß (Hrsg.), *Bildungsstandards und Kompetenzorientierung. Herausforderungen und Perspektiven der Bildungs- und Berufsbildungsforschung* (S. 149–168). Bonn: BIBB.

Ingenkamp, K. (1977). *Die Fragwürdigkeit der Zensurengebung*. Weinheim: Beltz.

Ingenkamp, K. (1989). *Diagnostik in der Schule. Beiträge zu Schlüsselfragen der Schülerbeurteilung*. Weinheim: Beltz.

Klauer, K. J. (Hrsg.) (1978). *Handbuch der pädagogischen Diagnostik*. Düsseldorf: Schwann.

Klieme, E., Avenarius, H., Blum, W., Döbrich, P., Gruber, H., Prenzel, M., Reiss, K., Riquarts, K. et al. (2007). *Expertise: Zur Entwicklung nationaler Bildungsstandards*. Bonn: BMBF.

Maag Merki, K. (2016). Empirische Studien zur Überprüfung der Wirksamkeit von Bildungsstandards, standardbezogenen Lernstandserhebungen und zentralen Abschlussprüfungen. In: H. Altrichter & K. Maag Merki (Hrsg.), *Handbuch neue Steuerung im Schulsystem* (S. 161–181). Wiesbaden: Springer VS.

Mair, P., Hatzinger, R. & Maier, M. (2011). *eRm: Extended Rasch Modeling. R package version 0.14-0*. http://CRAN.R-project.org/package = eRm, abgerufen am 02.11.2015.

Muthén, L. K. & Muthén, B. O. (1998–2014). *Mplus User's Guide*. Los Angeles: Muthén & Muthén.

Neuweg, G. H. (2001). Die Übungsfirma im kaufmännischen Vollzeitschulwesen Österreichs – ein Lernort eigener Prägung? *Wirtschaft und Erziehung*, 53(7/8), 238–243.

Neuweg, G. H. (2009). Rechtsgrundlagen schulischer Leistungsbeurteilung. Problemzonen und Ansatzpunkte für Reformen. *Schule & Recht, 1*, 52–58.

Neuweg, G. H. (2014). *Schulische Leistungsbeurteilung. Rechtliche Grundlagen und pädagogische Hilfestellungen für die Schulpraxis*. Linz: Trauner.

Neuweg, G. H. & Krauskopf, P. (2015). Kompetenzraster für den betriebswirtschaftlichen Unterricht: Chancen und Herausforderungen. *wissenplus, 5*, 68–73.

Rosenbach, M. (2008). *Die Bezugsnormen der Leistungsbeurteilung*. http://ods3. schule.de/aseminar/beurteilung/bezugsnormen.htm, abgerufen am 26.03.2016.

Schmid, C., Paasch, D. & Katstaller, M. (2016). Kompositionseffekte bei der Notenvergabe in Mathematik auf der 4. Schulstufe der österreichischen Volksschule. *Zeitschrift für Bildungsforschung, 6*, 265–283.

Schrader, F. W. & Helmke, A. (2001). Alltägliche Leistungsbeurteilung durch Lehrer. In: F. E. Weinert (Hrsg.), *Leistungsmessungen in Schulen* (S. 45–58). Weinheim: Beltz.

Vorblatt und Erläuterungen zum BGBl. I Nr. 117/2008 (2008). http://www.bmukk.gv.at/medienpool/16327/ris_schugmaterialien_2.pdf, abgerufen am 23.10.2017.

Wacker, A., Rohlfs, C. & Kramer, J. (2013). Sind Bildungsstandards Innovationsimpulse für Unterricht und Leistungsbeurteilung? Ein Querschnittvergleich der Einschätzungen von Lehrerinnen und Lehrern zu zwei Messzeitpunkten. *Zeitschrift für Bildungsforschung,* 3, 119–136.

Tomáš Janík, Karolína Pešková und Tomáš Janko[1]

Zur Implementierung der Curriculumreform in der Tschechischen Republik

Zusammenfassung zweier Akzeptanzstudien unter Lehrpersonen

1. Einführung

Von einer Bildungsreform erwartet man im Allgemeinen, dass sie einen Beitrag zur Erhöhung der Bildungsqualität leistet. Die Frage der Qualität im Bereich der Bildung stellt jedoch ein normatives Problem dar, das oft kontroverse Diskussionen auslöst und verschiedene Lösungsansätze zulässt. Gleichzeitig wird (häufig irrtümlich) angenommen, dass Veränderungen (Innovationen), die zur Erhöhung der Bildungsqualität eingeführt werden, eine rasche und positive Wirkung entfalten.

In Fachkreisen hat sich inzwischen die Einsicht durchgesetzt, dass Innovationen keine einmaligen, isolierten Ereignisse sind, sondern Teil eines komplexen Prozesses, der auf das Zusammenspiel verschiedener Akteure auf unterschiedlichen Ebenen des Bildungsgeschehens angewiesen ist. Dies wird bedauerlicherweise in Verwaltung und Politik im Kontext der Bildungspolitik nicht ausreichend wahrgenommen. Eine Schlüsselbedeutung für den Erfolg der eingeführten Neuerungen kommt der Wahrnehmung der entsprechenden Innovationen durch die betroffenen Akteure zu, nämlich den Lehrpersonen, die die Innovationen in ihrer Praxis umsetzen sollen. Damit die Implementierung der Neuerungen gelingen kann, müssen die Lehrpersonen verstehen, um was es geht, was von ihnen erwartet wird und wie sich die Innovationen konkret in ihrem Unterricht auswirken werden. Bisher liegen allerdings nur wenige gesicherte Erkenntnisse darüber vor, wie Lehrpersonen neu erlassene Richtlinien tatsächlich interpretieren und anschließend implementieren (vgl. Terhart, 2013; Vollstädt et al., 1999; Tůmová, 2012).[2]

---

1 Dieser Beitrag wurde im Rahmen des Projekts GA15-05122S »Between acceptance and resistance: Teachers' perceptions of curricular changes 10 years into the reform implementation« erstellt.

2 Allgemeine Fragen und Probleme der Curriculumreform werden z. B. in Greger & Walterová (2007), Janík (2016) u. a. erörtert.

Durch die Curriculumreform, die das Bildungsministerium der Tschechi-schen Republik 2004 initiiert hat, wurde in Tschechien ein Zwei-Ebenen-System für Bildungsprogramme (curriculare Dokumente) eingeführt (Abb. 1). Die neue Bildungsphilosophie zielt darauf, das Prinzip der Anwendbarkeit der erworbenen Kenntnisse und die Strategie des lebenslangen Lernens in der Schulpraxis zu verankern (Janík, 2016). Leitmotive der Curriculumreform sind die Schlüssel-kompetenzen, die jeweils eine Zielkategorie repräsentieren und neue Möglich-keiten zur Strukturierung der Inhalte bieten. Die Rahmenbildungsprogramme (RBP) und Schulbildungsprogramme (SBP) sollen die pädagogische Autonomie der Schulen stärken und die Verantwortung der Lehrpersonen für den Verlauf der Bildung unterstützen. Die RBP repräsentieren die staatliche Ebene und geben Bildungsinhalte und -ergebnisse vor, die die Lernenden zum Schluss einer be-stimmten Bildungsetappe erwerben/erreichen sollen. In Abstimmung mit den RBP (in Bezug auf die definierten Bildungsinhalte und erwarteten Bildungser-gebnisse) werden dann die SBP von den Lehrpersonen erstellt (auf der schuli-schen Ebene des Systems). Dementsprechend ermöglichen die SBP den Schulen, sich selbst zu definieren und ihre eigenen Ideen bezüglich des Unterrichtens umzusetzen (s. Janík, 2016).

Abbildung 1: Das System der curricularen Dokumente in der Tschechischen Republik

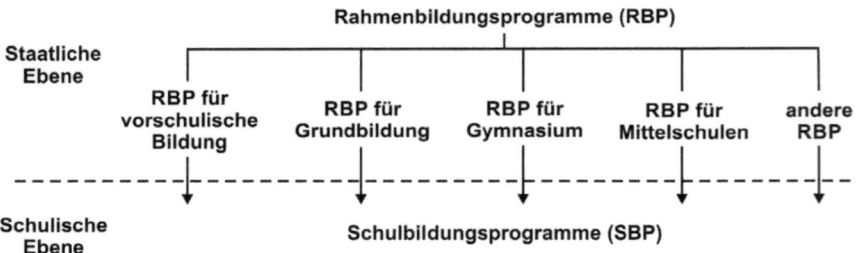

Quelle: Nach Research Institute of Education, 2007, S. 5; Janík, 2016, S. 31.

Insgesamt ist die Curriculumreform zwar einerseits Ausdruck des Bemühens um Dezentralisierung, verbunden mit dem Versprechen von größerer Autonomie für die Schulen, andererseits setzt sich in den letzten Jahren aber auch immer stärker der Trend zu zentral organisierten Prüfungen und weiteren zentralen Maßnahmen durch, der auf eine stärkere (Re-)Zentralisierung und Standardisierung abzielt. Dabei erwies sich die (mangelnde) Akzeptanz der Curriculumreform auf der Seite der Betroffenen (einschließlich der damit verbundenen Engpässe bei der Umsetzung) als das grundlegende Problem des gesamten Prozesses. Der proble-matische Mangel an Akzeptanz spiegelt sich nicht nur in der Diskussion darüber wider, inwieweit die Reform zu Verbesserungen führen wird; er führt auch zu Zweifeln hinsichtlich einiger Kernstücke der Reform (z. B. im Zusammenhang mit der neuen Rolle der Lehrpersonen als »Curriculumentwickler« auf Schulebene). Da es also offenbar ein Akzeptanzproblem gibt, ist es angebracht zu fragen, in welcher Hinsicht und aus welchen Gründen die Akzeptanz hinter den Erwartungen zurückbleibt.

Das Ziel des vorliegenden Beitrags ist es, zwei Akzeptanzstudien zur Implementierung der Curriculumreform in der Sekundarstufe I und II zusammenzufassen. Im Rahmen der beiden Studien sind wir der Frage nachgegangen, wie die Curriculumreform von Lehrpersonen akzeptiert wird und welche Faktoren die Akzeptanz beeinflussen. Die erste Studie wurde an verschiedenen Gymnasien (Sekundarstufe II) im Jahr 2010, d. h. nach dem Ende der Pilotphase der Implementierung der Reform,[3] durchgeführt, die zweite Studie fand 2016 an Schulen der Sekundarstufe I (in Tschechien Grundschulen) statt. In der zweiten Studie wollten wir uns den zeitlichen und emotionalen Abstand der Akteure zum Reformprozess zunutze machen und die realen Auswirkungen auf die schulische Praxis – zehn Jahre nach Einführung der Reform – feststellen.

Obwohl Curriculumreform die Bildung insgesamt verbessern soll, nimmt sie meist nur kleine Änderungen in bestimmen, spezifischen Teilbereichen des Bildungssystems vor. Die Effektivität von Curriculumreform muss daher aus Sicht der Rolle der jeweiligen Reform im breiteren Kontext der Transformation des Bildungssystems und unter Berücksichtigung der zeitlichen Dynamik betrachtet werden. Dabei ist gewöhnlich das Hauptproblem, Anfang und Ende der Transformations- und Reformprozesse zu bestimmen. Man kann vier Transformationsphasen abgrenzen, die für die Tschechische Republik charakteristisch sind: (1) eine Phase der Dekonstruktion, in der sich das System von den vorangegangenen Verhältnissen distanziert, (2) eine Phase der partiellen Stabilisierung, in der *Ad-hoc*-Maßnahmen ergriffen sowie der Ist-Zustand und die Entwicklung des Schulwesens analysiert werden, (3) eine Phase der Rekonstruktion des Systems, in der die Konzeption der geplanten Reform vorbereitet wird, und (4) eine Phase der Implementierung der Reform, in der ein neues Curriculum angenommen und in die Unterrichtspraxis an den Schulen eingeführt wird (vgl. Greger & Walterová, 2007). Unsere Studien beziehen sich auf diese letzte Phase, die zurzeit im Ausklingen begriffen ist.

---

3   Die Pilotphase bestand im Testen der ersten Versionen der Rahmenbildungsprogramme an ausgewählten Schulen, was zur Optimierung der Dokumente führen sollte.

2. Theoretischer Hintergrund

2.1 Studie 1: Modell der »Akzeptanz-Ablehnung« von Curriculumreform

Der theoretische Rahmen, in den unsere erste Studie eingebettet ist, ist das Modell der »Akzeptanz-Ablehnung« von Curriculumreform (Vollstädt et al., 1999, S. 125f.). Dieses Modell gestattet es, auf allgemeiner Ebene die Prozesse zu beschreiben, die bei der Akzeptanz (bzw. Nicht-Akzeptanz) von Reform und der entsprechenden curricularen Dokumente ablaufen. Nach Vollstädt et al. (1999) hängt die Ablehnung von Lehrplänen (einschließlich verschiedener Zwischenformen) mit den pädagogischen Überzeugungen und Ansichten der betroffenen Pädagogen zusammen. Die darin zum Ausdruck kommende Grundorientierung (in Abb. 2 durch die Dimensionen »Fachorientierung«, »Systemorientierung« und »Schülerorientierung« erfasst) beeinflusst die Grundeinstellung zu Lehrplänen.

Abbildung 2: Modell der »Akzeptanz-Ablehnung« von Curriculumreform

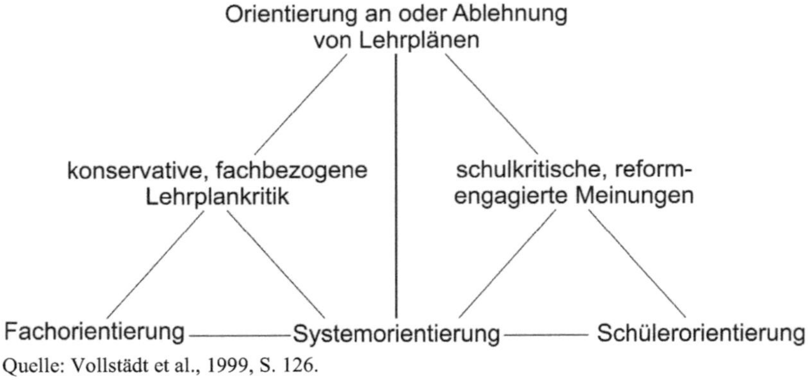

Quelle: Vollstädt et al., 1999, S. 126.

Als Vermittlungsinstanz zwischen der Grundorientierung und dem konkreten Output (den Einstellungen gegenüber Lehrplänen) unterscheidet man zwei »Moderatorvariablen«, die jeweils lehrplankritische Einstellungsdimensionen erfassen: (1) »konservativ-fachbezogene Lehrplankritik« und (2) »schulkritisch, reformengagierte Meinungen«. Beide Einstellungstypen können zur Ablehnung von bestimmten Lehrplänen oder Lehrplaninhalten beitragen. Wer zum Beispiel eine ausgeprägte Fachorientierung besitzt, wird Lehrpläne vor allem unter fachsystematischer Perspektive kritisieren (im Rahmen der ersten Einstellungsdimension). Wer für die eigene Arbeit die Schülerorientierung besonders hoch veranschlagt, wird

Lehrpläne als Behinderung seiner pädagogischen Arbeit ansehen und kritisieren (im Rahmen der zweiten Einstellungsdimension; Vollstädt et al., 1999, S. 126).

2.2 Studie 2: Concens-Based Adoption Model

Zur theoretischen Verankerung unserer zweiten Studie diente das CBAM-Modell (George, Hall & Stiegelbauer, 2006), das bei der Erfassung der Einstellungen von Akteuren gegenüber einer Bildungsinnovation die Ebene des Individuums betont. Mit diesem Modell wurde die Akzeptanz der curricularen Veränderungen durch die Lehrpersonen gemessen. Das Modell geht davon aus, dass sich jede Innovation im Bildungsbereich gleichzeitig auf mehreren miteinander verbundenen Ebenen der schulischen Realität abspielt und daher als System, nicht als isolierte Erscheinung analysiert und interpretiert werden muss. Das Modell stellt die von der Innovation betroffenen Personen ins Zentrum der Analyse. Es wird untersucht, wie die Einzelpersonen die Veränderung aufnehmen und den Übergang bewältigen (Keller et al., 2006).

Das Modell besteht aus drei Komponenten: (1) *Innovation Configurations* (die Charakteristik der Innovation), (2) *Stages of Concern* (die Dimension der Einstellungen), (3) *Levels of Use* (die Dimension der Verwendung von Dokumenten), die es ermöglichen zu unterscheiden, wer was und in welchem Umfang implementiert. Dadurch können auch die kognitive (Überzeugungen, innere Anteilnahme), affektive (Befürchtungen) und behaviorale (Verwendung von Innovationen) Ebene der zu implementierenden Innovationen berücksichtigt werden.

Die zweite Komponente des Modells (Stages of Concern), die im Zentrum unserer Aufmerksamkeit steht, ist auf die Haltungen der Akteure gerichtet. Mittels sieben Dimensionen kann erfasst werden, welche Überzeugungen und welche affektiven Einstellungen Lehrpersonen hinsichtlich der eingeführten curricularen Innovationen haben. Die dritte Komponente des Modells (Levels of Use) ermöglicht dann zu erfassen, in welchem Maß die Lehrpersonen die vorgesehene Innovation in der Praxis tatsächlich nutzen. Die Dimensionen des CBAM-Modells sind jedoch nicht hierarchisch miteinander verbunden. Die Lehrpersonen müssen bei ihrer Arbeit mit den Innovationen nicht alle Ebenen durchlaufen.

Da die Implementierung einer Reform einen komplexen Prozess darstellt, der sehr verschiedenen Einflussfaktoren unterliegt, die nicht alle gleichzeitig untersucht werden können, war eine Auswahl unter den möglichen Faktoren notwendig. In unserer Untersuchung konzentrieren wir uns speziell auf die Ebene des Individuums. Dabei war es u. a. unser Ziel festzustellen, welche Faktoren (z. B. der demografische oder kontextuelle Faktoren) die Einstellungen der Akteure (d. h. der Lehrpersonen) gegenüber der Reform beeinflussen.

3. Ziel und Fragestellungen von Studie 1 und 2

Das allgemeine Hauptziel beider Studien war festzustellen, wie die Curriculumreform in der Tschechischen Republik von Lehrpersonen akzeptiert wird und welche Faktoren die Akzeptanz beeinflussen. Dieses Ziel wurde mittels zweier Fragestellungen konkretisiert:

1. Welche Einstellungen gegenüber der aktuellen Curriculumreform haben die Lehrpersonen an der Sekundarstufe I und II?
2. Welche Faktoren beeinflussen die Einstellungen gegenüber der Curriculumreform?

4. Methodologie

Um Antworten auf diese Forschungsfragen zu erhalten, wurde ein komplexes Forschungsdesign entwickelt. Die Untersuchung setzte sich aus zwei Fragebogenerhebungen zusammen. In die Stichprobe der ersten Studie wurden Lehrpersonen (n = 1.098) an Gymnasien (Sekundarstufe II) einbezogen. In der zweiten Studie wurde eine Fragebogenerhebung mit Lehrpersonen (n = 701) an Grundschulen (Primarstufe, Sekundarstufe I) durchgeführt.

4.1 Forschungsinstrumente

Im Rahmen der beiden Fragebogenerhebungen wurden Forschungsinstrumente (Fragebögen) entwickelt, zwischen denen ein thematischer Bezug von Curriculumreform (Einstellungen der Lehrpersonen zur Reform) besteht. Die Unterschiede in der Konzeption der beiden Instrumente lassen sich mit dem zeitlichen Abstand zwischen den beiden Untersuchungen (6 Jahre – um unterschiedliche Phasen der Implementierung der Reform zu erfassen) begründen, der Anpassungen hinsichtlich der gewandelten Zeitumstände und des untersuchten Kontexts (unterschiedliche Schultypen – Gymnasien und Grundschulen) erforderlich machte.[4] Beide Fragebögen stimmen im demografischen und kontextuellen Teil überein. Konkret handelt es sich dabei um folgende Fragebatterien:

---

4 Im vorliegenden Beitrag stellen wir nur die Endversion der beiden Forschungsinstrumente vor. Man muss allerdings hinzufügen, dass beide Instrumente in Pilotstudien getestet wurden, um die Reliabilität der Instrumente sicherzustellen.

(1) demografische Angaben (z. B. Geschlecht, Dauer der Berufspraxis als Lehrer, Schulstufe, unterrichtete Fächer, aktuelle Stellung an der Schule und Stellung bei Einführung der Reform),
(2) mit der Reform (zumindest subjektiv) verbundene Änderungen (z. B. auf der Ebene der Bildungsziele, Bildungsinhalte Unterrichtsformen und -methoden sowie die Kooperation im Lehrerkollegium).

Daneben wurden in beiden Studien auch die Einstellungen der ProbandInnen gegenüber dem Curriculum (die pädagogische Grundorientierung) erfragt. Dabei waren die Möglichkeiten »Schülerorientierung«, »Fachorientierung« und »Systemorientierung« (vgl. Vollstädt et al., 1999) vorgegeben. Im Unterschied zur ersten Studie, in der dieses Konstrukt detailliert mithilfe einer Likert-Skala untersucht wurde, wurden in der zweiten Studie nur drei Vignetten[5] zur Auswahl gestellt, die die drei genannten Typen repräsentierten.

4.1.1   Forschungsinstrument von Studie 1

Das Ziel der ersten Studie war es, die Initiationsphase der Curriculumreform auszuwerten (bezüglich des Unterrichts nach SBP). Der verwendete Fragebogen ging von allgemein bekannten Schlüsselkonzepten bezüglich der curricularen Prozesse und

Tabelle 1: Struktur des Forschungsinstruments von Studie 1

	Batterie (Konstrukt)	Skala	Anz. d. Items	Beispielitem
Haupt-dimensionen des Fragebogens	Einstellungen zur Curriculumreform	Zustimmung (Likert-Skala)	50	Geben Sie an, inwieweit Sie den folgenden Aussagen zustimmen: RBP stellt im Vergleich zum vorigen Dokument deutliche Verbesserungen dar.
	Pädagogische Grundorientierung	Zustimmung (Likert-Skala)	12	Geben Sie an, inwieweit Sie den folgenden Aussagen zustimmen: Am wichtigsten für mich sind die Schüler – ich finde es sehr wichtig, sie auf die Zukunft vorzubereiten.

5   Unter »Vignette« versteht man hier eine Personenbeschreibung, mit der sich die ProbandInnen entweder identifizieren können oder von der sie sich (zugunsten einer alternativen Beschreibung) distanzieren können. Die Vignetten sollten nur die nötigen Kontextinformationen liefern. Die ProbandInnen wählten aus drei vorgegebenen kurzen Texten denjenigen aus, der am genauesten ihrer eigenen Einstellung gegenüber dem Curriculum entsprach.

Tabelle 1: Struktur des Forschungsinstruments von Studie 1 (Forts.)

	Batterie (Konstrukt)	Skala	Anz. d. Items	Beispielitem
	Umgang mit dem neuen Curriculum	Zustimmung (Likert-Skala)	5	Geben Sie an, zu welchen Zwecken das SBP an Ihrer Schule verwendet wird: als Instrument zur Planung/ Steuerung der Arbeit der Schule …
Erweiternde Dimensionen des Frage- bogens	Bewertung der Curriculum- aktivitäten	Auswahl unter verschiedenen Antwort- möglichkeiten	7	Beurteilen Sie die Sinnhaf- tigkeit, Mühseligkeit und Problemhaftigkeit der Akti- vitäten: Entwicklung der Schlüssel- kompetenzen
	Zufriedenheit mit dem Bildungssystem	Zustimmung (Likert-Skala)	4	Geben Sie an, wie Sie zu- frieden sind: mit dem ganzen Zustand des tschechischen Schulwesens
	Merkmale der Re- form	Zustimmung (Likert-Skala)	6	Geben Sie an, womit Sie die Curriculumreform verbin- den: mit Veränderungen im Bereich der Bildungsziele
	Informiertheit und Unterstützung von der Curriculum- reform	Auswahl unter verschiedenen Antwort- möglichkeiten	9	Geben Sie an, inwieweit Sie informiert sind: mit dem Teil des RBPs, der Ihr Fach betrifft
Demografi- sche und ergänzende Angaben	Demografische Daten	Auswahl unter verschiedenen Antwort- möglichkeiten	5	Geschlecht, Dienstjahre, Stellung an der Schule, Stellung bei Einführung der Reform, …
	Ergänzender Teil	Offene Antwor- ten	2	Was für Probleme lösen Sie im Zusammenhang mit dem SBP in der letzten Zeit?

Formen des Curriculums aus (Janík et al., 2010). Auf konzeptioneller Ebene diente das Modell »Akzeptanz-Ablehnung« von Curriculumreform (Vollstädt et al., 1999) als Grundlage. Daneben wurden bei der Entwicklung der Items auch ähnlich konzipierte Untersuchungen aus dem nichttschechischen Ausland be- rücksichtigt (Vollstädt et al., 1999). Der Fragebogen setzte sich aus einem Hauptteil, der verschiedene Likert-Skalen zur Messung der Wahrnehmung der Curriculumreform enthielt, und weiteren Skalen zusammen, die der Kontextuali- sierung der im Hauptteil eruierten Einstellungen dienten (s. Tab. 1). Insgesamt enthielt der Fragebogen 100 Items.

4.1.2   Forschungsinstrument von Studie 2

In der zweiten Studie wurde ein gemäß dem CBAM-Modell aufgebauter Fragebogen verwendet.[6] Um die Bedingungen der Reform in der Spätphase der Implementierung besser zu berücksichtigen, wurden weitere Konzepte ergänzt. Das

Tabelle 2: Struktur des Forschungsinstruments von Studie 2

	Batterie (Konstrukt)	Skala	Anz. d. Items	Beispielitem
Dimensionen des angepass-ten Modells	Einstellungen zur Curricu-lumreform	Zustimmung (Likert-Skala)	29	Geben Sie an, inwieweit Sie den folgenden Aussagen zustimmen: Bis jetzt habe ich den Sinn der Reform nicht begriffen.
	Umgang mit dem Curricu-lum	Frequenz	25	Geben Sie an, wie oft für Sie die folgenden Aussagen gelten: Die Schüler bewerte ich in Überein-stimmung mit den erwarteten Bil-dungsergebnissen im SBP.
Erweiterung des Modells	Merkmale der Reform	Zustimmung (Likert-Skala)	15	Geben Sie an, inwieweit Sie den folgenden Aussagen zustimmen: Die Reform sollte vor allem eine Veränderung im Bereich der Bil-dungsziele sein.
	Pädagogische Grundorientie-rung	Vignetten	3	Wählen Sie eine Einstellung, mit der Sie sich am meisten identifizie-ren: z. B. Vignette für schülerorientierte Lehrer/innen
	Self-efficacy	Zustimmung (Likert-Skala)	12	Geben Sie an, inwieweit Sie den folgenden Aussagen zustimmen: Ich bin fähig verschiedene Unter-richtsmethoden in der Klasse zu verwenden.
Demografi-sche und ergänzende Angaben	Demografi-scher Teil	Auswahl unter verschiedenen Antwort-möglichkeiten	6	Geschlecht, Dienstjahre, Stellung an der Schule, Stellung bei Einführung der Reform.
	Ergänzender Teil	Offene Ant-worten	1	Wenn Sie noch etwas zum Thema »Curriculumreform im Bereich der Grundbildung« ergänzen möchten, geben Sie es bitte hier an.

6   Die Dimensionen der »Einstellungen« (Stages of Concern) und »Verwendung« (Levels of Use) dienten als Ausgangspunkt für die Konstruktion der einzelnen Skalen im
   Forschungsinstrument. Die Items der einzelnen Dimensionen wurden auf Grundlage
   (durch Modifikation bzw. freie Adaption) der Items im Fragebogen nach George, Hall
   & Stiegelbauer (2006) formuliert oder selbstständig konstruiert.

Modell wurde auf der Ebene der Dimensionen und Items verändert (d. h. gekürzt, übersetzt und umformuliert), um den aktuellen Rahmenbedingungen der curricularen Reform besser gerecht zu werden. Im Vergleich zu Studie 1 wurden einige Item-Batterien als Frequenzskalen konzipiert, was eine genauere Erfassung des Ausmaßes der Nutzung der curricularen Dokumente (RBP und SBP) ermöglicht.[7] Auch eine Reihe von Items, die die subjektive Wahrnehmung der eigenen Effizienz der ProbandInnen (Tschechische Schulinspektion, 2013) abbilden, wurde ergänzt; den entsprechenden Bereich besprechen wir allerdings nicht in diesem Beitrag. Insgesamt enthielt der Fragebogen 91 Items. Die genaue Struktur des Fragebogens ist Tabelle 2 zu entnehmen.

4.2 Stichprobe

Wie bereits weiter oben gesagt, waren beide Studien als Fragebogenerhebungen konzipiert. Auf Ebene der Schulen wurde durch Zufallsstichprobe ein Sample an ProbandInnen festgelegt. Die Fragebögen wurden an die ProbandInnen in elektronischer und gedruckter Form verschickt.

4.2.1 Stichprobe Studie 1

Die erste Studie wurde an Gymnasien (Sekundarstufe II) durchgeführt. Insgesamt nahmen daran 58 (12 davon waren Pilotgymnasien) von ursprünglich 91 angesprochenen teil. Wir erhielten 1.098 korrekt ausgefüllte Fragebögen zurück. Die Rücklaufquote auf Schulebene betrug 64 %. Den größten Anteil nahmen bei den ProbandInnen Lehrer und Lehrerinnen ein (94 %), 4 % entfielen auf Schulleiter/innen und deren Vertreter/innen, je 1 % auf Vorsitzende der jeweiligen Fachkommissionen an den Schulen und auf Schulkoordinator/innen.[8] Insgesamt nahmen 69 % Frauen und 31 % Männer teil. Die meisten Lehrpersonen (30 %) hatten zum Zeitpunkt der Erhebung bereits 21–30 Jahre Lehrpraxis hinter sich. Bei der Auswertung der Antworten konnten wir feststellen, dass 72,5 % der ProbandInnen dem Typus »schülerorientiert« zuzuordnen waren, 9,7 % dem Typus »fachorientiert« und 17,8 % dem Typus »systemorientiert«.

---

7   Die Analyse dieser Items und ihre Ergebnisse werden in diesem Beitrag aus Platzgründen nicht thematisiert.

8   Mit »Schulkoordinator/innen« sind Mitarbeiter an den jeweiligen Schulen gemeint, die speziell mit der Koordination der Curriculumreform an ihrer Schule betraut waren.

4.2.2   Stichprobe Studie 2

Die zweite Studie wurde an Schulen der Primarstufe und Sekundarstufe I durchgeführt. Die Rücklaufquote auf Schulebene betrug 28 % (200 Schulen waren angesprochen worden, 56 nahmen an der Studie teil). Insgesamt füllten 701 ProbandInnen den Fragebogen korrekt aus, davon 107 Männer (15 %) und 594 Frauen (85 %). Die ProbandInnen unterrichteten auf der Primar- (34 %) oder Sekundarstufe (38 %), teilweise auch auf beiden Stufen gleichzeitig (29 %). Es überwogen ProbandInnen mit einer Lehrpraxis von über 10 Jahren (83 %). Den größten Teil des Samples bildeten Lehrer und Lehrerinnen (76 %). Der Rest entfiel auf Schulleiter/innen und deren Stellvertreter/innen (13 %) und Vorsitzende der jeweiligen Fachkommissionen (11 %). Gemäß den gewählten Vignetten ließen sich 80 % der Befragten der Kategorie »schülerorientiert« zuordnen, 7 % der Kategorie »fachorientiert« und 12 % der Kategorie »systemorientiert«.

4.3 Datenanalyse

Beide Forschungsinstrumente wurden auf Konstruktvalidität und Reliabilität getestet. Die interne Konsistenz der einzelnen Skalen der Forschungsinstrumente wurde anschließend durch Bestimmung von Cronbachs Alpha überprüft. Beide Instrumente durchliefen zudem eine Expertenbewertung. Außerdem wurden die Konstrukte einer explorativen Faktorenanalyse unterzogen, um die interne Validität sicherzustellen (Extraktion der Hauptkomponente, Varimax-Rotation, Belastung 0,40).[9] Auch weitere inferenzstatistische Analysen wie die Varianzanalyse (ANOVA) wurden angewendet, um statistisch signifikante Unterschiede in den Einstellungen der ProbandInnengruppen aufzudecken. Daneben wurden die Daten auch deskriptiven statistischen Analysen unterzogen (z. B. Bestimmung des Mittelwerts und der Standardabweichung), mit denen u. a. die Intensität der festgestellten Einstellungen ermittelt werden konnte.

4.3.1   Datenanalyse Studie 1

Durch die explorative Faktorenanalyse wurde bei den die Einstellungen messenden Items eine Drei-Faktoren-Struktur festgestellt (insgesamt 39 Items mit einer ungefähren Streuung von 38,84 %):[10] (a) allgemeine Einstellungen zur Curricu-

---

9   Die Vorgehensweise der Analysen wurde in weiteren Texten ausführlich beschrieben (Janík, Janko, Pešková, Knecht, & Spurná, 2018; Pešková, Spurná, & Knecht, im Druck).

10 Der Wert von Cronbachs Alpha bewegte sich bei den einzelnen Einstellungs-Faktoren im Bereich von $\alpha = 0,87–0,94$.

lumreform (14 Items), (b) Einstellungen zum schulischen Curriculum (12 Items) und (c) Nutzen der Curriculumreform (10 Items). Die detaillierten Ergebnisse der Faktorenanalyse sind andernorts nachzulesen (s. Janík, Janko, Pešková, Knecht & Spurná, eingereicht).

Die verbleibenden Teile des Fragebogens (z. B. die Dimensionen »Zufriedenheit mit der Bildung«, »Merkmale der Reform«, »Pädagogische Grundorientierung«), die der Kontextualisierung der Einstellungen dienten, wurden mithilfe von deskriptivstatistischen Verfahren analysiert.

4.3.2 Datenanalyse Studie 2

Die explorative Faktorenanalyse deutete darauf hin, dass dem Konstrukt »Einstellungen« eine Vier-Faktoren-Struktur zugrunde lag (insgesamt 21 Items mit einer ungefähren Streuung von 46,74 %):[11] (a) Verbesserungen durch die Reform (10 Items), (b) Anforderungen, die die Reform an die Lehrpersonen stellt (5 Items), (c) Zweifel an der Reform (4 Items) und (d) Notwendigkeit einer Bilanzierung (2 Items). Die genauen Ergebnisse der Faktorenanalyse sind publiziert (s. Pešková, Spurná, Knecht & Janko, eingereicht).

Neben den Hauptdimensionen des Fragebogens, die auf die Feststellung der Einstellungen der Lehrpersonen gegenüber der Curriculumreform zielten, wurden auch die übrigen Teile des Fragebogens mithilfe von deskriptivstatistischen Verfahren analysiert.

Im folgenden Kapitel vertiefen wir den Blick auf die Ergebnisse der beiden Erhebungen und ziehen, wo möglich, Vergleiche.

5. Ergebnisse

5.1 Welche Einstellungen zu der aktuellen Curriculumreform haben die Lehrpersonen an der Sekundarstufe I und II?

Zuerst haben wir in beiden Studien untersucht, welche Assoziationen die ProbandInnen konkret mit der damals gerade in Gang befindlichen Reform verbinden. Auf der theoretischen Ebene sehen die Befragten beider Studien die Curriculumreform größtenteils im Zusammenhang mit Veränderungen im Bereich der Formen und Methoden des Unterrichts, weniger mit Veränderungen im Bereich der Ziele oder der Inhalte. In beiden Erhebungen überwiegen diejenigen Proban-

---

11 Der Wert von Cronbachs Alpha bewegte sich bei den einzelnen Einstellungs-Faktoren im Bereich von $\alpha = 0{,}59\text{--}0{,}88$.

dInnen, die der Reform neutral gegenüberstehen; vorbehaltlose Akzeptanz stellt die am wenigsten verbreitete Einstellung dar.

Studie 1
Die ProbandInnen geben (auf einer fünfstufigen Likert-Skala: 5 = trifft völlig zu bis 1 = trifft überhaupt nicht zu) an, die Reform sollte vor allem eine Veränderung auf Ebene der Unterrichtsformen und -methoden (M = 3,60, SD = 0,99), der Bildungsziele (M = 3,40, SD = 0,99), der Bildungsinhalte (M = 3,27, SD = 1,00) oder der Zusammenarbeit im Lehrerkollegium (M = 3,35, SD = 0,99) bewirken. Wie aus Tabelle 3 ersichtlich, überwiegen die ProbandInnen mit einer neutralen Einstellung gegenüber der Reform. Am schwächsten ist die Gruppe der »akzeptierenden ProbandInnen« vertreten. Was die allgemeine Haltung gegenüber der Curriculumreform betrifft, überwiegen die ProbandInnen mit negativen Einstellungen (M = 2,65, SD = 0,62), d. h. solche, die die Reform z. B. mit Sorge verfolgen. In Bezug auf das Schulcurriculum (z. B. in Bezug auf die neue Möglichkeit, das Profil der jeweiligen Schule zu schärfen) nehmen ProbandInnen (M = 3,24, SD = 0,80) eine eher neutrale Haltung ein. Eher negativ (M = 2,74, SD = 0,91) sehen sie die Nützlichkeit der Reform in der konkreten Umsetzung, z. B. auf Ebene der Unterrichtsmethoden, die Festlegung eines Kerncurriculums etc.

Tabelle 3: Studie 1: Verteilung der ProbandInnen nach Akzeptanz der Reform

Haltung zur Reform	%	n
akzeptieren die Reform	15	149
stehen der Reform neutral gegenüber	55	585
lehnen die Reform ab	30	321

Quelle: Eigene Darstellung.

Studie 2
Ähnlich wie in Studie 1 geben die ProbandInnen an, dass eine gelungene Reform eine Veränderung auf Ebene der Unterrichtsformen und -methoden beinhalten sollte (3,57, SD = 1), daneben nannten sie die Ebenen der Bildungsziele (M = 3,51, SD = 0,94), der Bildungsinhalte (M = 3,47, SD = 1,04) und der Zusammenarbeit im Lehrerkollegium (3,35, SD = 1,12). Ähnlich wie in Studie 1 überwiegen auch in der zweiten Studie die ProbandInnen, die gegenüber der Reform eine neutrale Haltung einnehmen (s. Tab. 4). Auch nach dem Mittelwert gilt, dass die Einstellungen der ProbandInnen gegenüber der Reform überwiegend neutral sind (M = 2,89, SD = 0,43).

In Studie 2 fallen allerdings auch kleinere Unterschiede in den Haltungen der Lehrpersonen in folgenden Bereichen auf: Hinsichtlich möglicher Verbesserungen, die die Reform bewirkt haben könnte, waren die Lehrpersonen (M = 2,72;

SD = 0,66) davon überzeugt, dass es durch die Reform z. B. auf Ebene der Arbeit der Schüler oder der Zusammenarbeit mit den Kollegen oder mit anderen Schulen zu keinen positiven Veränderungen gekommen sei. Eine negative Einstellung (M = 2,74; SD = 0,71) zeigen die ProbandInnen auch im Bereich der zusätzlichen Belastungen, verbunden v. a. mit vermehrten Pflichten und erhöhtem Arbeitsaufwand, die die Reform mit sich gebracht habe. Leichte Zweifel (M = 3,02; SD = 0,70) hegen die Lehrpersonen, was ihre eigene Rolle im Rahmen der Reform oder die Integration der neuen Bildungsinhalte in den Unterricht betrifft. Eine große Übereinstimmung (M = 3,93; SD = 0,86) lässt sich dagegen bei der Aussage verzeichnen, dass es notwendig sei, eine Bilanz der Reform zu ziehen: Die Frage, wozu die Reform gut gewesen sei, ist offenbar eine Frage, die die Lehrpersonen bewegt.

Tabelle 4: Studie 2: Verteilung der ProbandInnen nach Akzeptanz der Reform

Haltung zur Reform	%	n
akzeptieren die Reform	17	117
stehen der Reform neutral gegenüber	49	343
lehnen die Reform ab	34	241

Quelle: Eigene Darstellung.

5.2 Welche Faktoren beeinflussen die Einstellungen gegenüber der Curriculumreform?

In beiden Studien haben wir mittels der Varianzanalyse geprüft, ob es statistisch signifikante Unterschiede zwischen den verschiedenen Gruppen von ProbandInnen hinsichtlich ihrer Einstellungen zur Curriculumreform gibt. Solche Unterschiede konnten in beiden Studien in den Einstellungen von ProbandInnen mit unterschiedlichen pädagogischen Grundorientierungen festgestellt werden.[12] Was die weiteren demografischen Variablen wie die Dauer der Berufspraxis als Lehrer, das Geschlecht oder die Position innerhalb der Schule betrifft, konnten in keiner der beiden Studien statistisch signifikante Unterschiede in den Einstellungen festgestellt werden.

Studie 1
Wie bereits weiter bemerkt, konnte hinsichtlich der Einstellungen zur Curriculumreform ein statistisch signifikanter Unterschied (F = 1.278,10; p < 0,001) in Abhängigkeit von der pädagogischen Grundorientierung festgestellt werden. Diejenige Gruppe, die sich am Curriculum orientiert (fachlich orientiert; insgesamt 10 %), steht der Reform am kritischsten gegenüber. Am stärksten besorgt zeigen sich die ProbandInnen über den Rückgang des Wissensniveaus der Schülerinnen

---

12 Die größte Gruppe der Befragten (über 70 %) war in beiden Studien schülerorientiert.

und Schüler sowie über die sonstigen Konsequenzen der Reform. Solche Proband-
dInnen geben den traditionellen Lehrplänen gegenüber dem neuen Curriculum den
Vorzug. Diejenigen Lehrpersonen, die sich am System orientieren (systemorientiert; insgesamt 2 %), stehen der Reform am wohlwollendsten gegenüber. Sie betrachten die Reform als Realisierung ihres eigenen Unterrichtskonzepts.

Als statistisch signifikant (F = 3.438,88, p < 0,001) erwies sich außerdem der
Unterschied zwischen Lehrpersonen, die an Pilotschulen unterrichten, und Lehrpersonen, die an anderen Schulen unterrichten:[13] Die ProbandInnen der Pilotschulen stehen der Reform aufgeschlossener gegenüber. Was die Position an der
jeweiligen Schule betrifft, konnten zwischen ProbandInnen mit unterschiedlicher
Position keine statistisch signifikanten Unterschiede festgestellt werden. Allerdings lassen sich gewisse Unterschiede bei den Durchschnittswerten beobachten:
Schulleiter/innen (M = 2,88, SD = 0,25) akzeptieren die Reform eher als Lehrpersonen (M = 3,18, SD = 0,19). Insgesamt zeigt die Schulleitung in den meisten
untersuchten Bereichen (außer bei der subjektiv empfundenen höheren Arbeits-
belastung in Zusammenhang mit den curricularen Dokumenten) positivere Einstellungen der Reform gegenüber als die Lehrpersonen.

Studie 2
In den Einstellungen von ProbandInnen mit unterschiedlicher Grundorientierung
wurden auch in Studie 2 statistisch signifikante Unterschiede (F = 15,63; p < 0,001)
mit ähnlicher Tendenz wie in Studie 1 festgestellt. Am kritischsten stehen der Reform
diejenigen ProbandInnen (insgesamt 80 %) gegenüber, die schülerorientiert sind. Am
aufgeschlossensten sind die systemorientierten ProbandInnen (insgesamt 12 %).

Genau wie in Studie 1 konnten auch in Studie 2 keine statistisch signifikanten
Unterschiede in den Haltungen von ProbandInnen mit unterschiedlicher Position
an den Schulen festgestellt werden. Aber auch hier weisen die Schulleitungen die
höchsten Durchschnittswerte bei ihren Einstellungen auf (M = 2,96, SD = 0,40
im Vergleich zu M = 2,88, SD = 0,43 bei den Lehrpersonen).

6. Diskussion und Ausblick

Die Ergebnisse deuten darauf hin, dass die Curriculumreform in der Tschechischen Republik – hinsichtlich ihrer Akzeptanz im Lehrkörper – auf gewisse
Probleme stößt. In beiden Studien wurde die Reform ambivalent wahrgenommen. Zwar stehen die ProbandInnen der Reform zwar eher neutral gegenüber,

---

13 In der zweiten Studie wurde im Hinblick auf die fortgeschrittene Phase der Implementierung der Reform nicht mehr nach der Teilnahme an der Pilotphase gefragt.

sobald aber das Augenmerk auf konkrete, von der Reform beabsichtigte Verbesserungen gerichtet wird, überwiegen die negativen Einstellungen.

Trotz des zeitlichen Abstandes zwischen den beiden Studien finden sich in beiden zahlreiche übereinstimmende Beobachtungen. Sowohl an den Gymnasien als auch an den Grundschulen (in Tschechien Primarstufe, Sekundarstufe I) sind die positiven Einstellungen am schwächsten vertreten und wo sie belegt sind, sind sie vorwiegend in der Schulleitung und bei systemorientierten Lehrpersonen anzutreffen. Die pädagogische Grundorientierung der ProbandInnen war auch derjenige Faktor mit dem größten Einfluss auf die Einstellung gegenüber der Reform.

Insgesamt gesehen scheint eines der Hauptprobleme der Reform darin zu bestehen, dass ihre Ziele in der Sicht der Betroffenen nicht zureichend klar formuliert sind. Dadurch kommt es in der gegenwärtigen Phase der Implementierung zu einer Spannung zwischen dem Versuch, die Autonomie der Schulen zu stärken (Ziel der Reform) und bestimmten Schritten, die zu einer stärkeren Standardisierung führen (z. B. auch die zentral durchgeführten Tests zur Feststellung der Auswirkungen der Reform). Es mangelt an einem von allen interessierten Akteuren geteilten Verständnis für die Grundideen und Grundbegriffe der Reform, was zu Unklarheiten über die zu erreichenden Ziele führt. Problematisch erscheinen auch die Rahmenbedingungen (im Bereich Organisation, materielle Absicherung, Finanzierung), die eigentlich hätten dazu beitragen sollen, dass die von oben geleitete Reform auf ein innovatives Bemühen durch die Schulen von unten trifft. Sie müssen als unzureichend bezeichnet werden. Interessanterweise entsprechen diese Ergebnisse denen ähnlicher Studien, die in anderen Ländern durchgeführt wurden (z. B. Vollstädt et al., 1999), was auf eine allgemeine Problematisierung von Curriculumreform hinweist (vgl. Terhart, 2013). Deswegen scheint es (nicht nur) für den Kontext der Implementierung der tschechischen Reform notwendig, Bedingungen für die Koordination zwischen den Ebenen der Unterrichts-, Curriculum- und Schulentwicklung zu schaffen. Die einzelnen Ebenen sollen in einem engen Zusammenhang stehen, um effektiv gegebene Bildungsziele zu erfüllen (cf. Janík, 2016).

Aufgrund der Ergebnisse lässt sich zudem vermuten, dass die Einstellungen der betroffenen Lehrpersonen in einem engen Verhältnis zur Umsetzung der curricularen Dokumente stehen. Man kann sich die Frage stellen, inwieweit die reale Schulpraxis von der Reform betroffen ist. Insofern stehen noch Untersuchungen darüber an, wie mit den curricularen Dokumenten gearbeitet wird, denn erst das, was in der Praxis geschieht, ist ein Zeichen einer erfolgreichen Implementierung.

Literatur

George, A. A., Hall, G. E. & Stiegelbauer, S. M. (2006). *Measuring implementation in schools: The stages of concern questionnaire.* Austin: SEDL.

Greger, D., Walterová, E. (2007). In: pursuit of educational change: The transformation of education in the Czech Republic. *Orbis Scholae, 1* (2), S. 11–44.

Janík, T. (2016). *Aktuelle Entwicklungen im Bildungsbereich in der Tschechischen Republik. Curriculum – Unterricht – Lehrerbildung.* Münster: Waxmann.

Janík, T., Janko, T., Knecht, P., Kubiatko, M., Najvar, P., Pavlas, T., Slavík, J., Solnička, D. & Vlčková, K. (2010). *Kurikulární reforma na gymnáziích: výsledky dotazníkového šetření.* [Curriculumreform an Gymnasien: Forschungsergebnisse der Fragebogenerhebung] Praha: VÚP.

Janík, T., Janko, T., Pešková, K., Knecht, P., & Spurná, M. (2018). Czech teachers' attitudes towards curriculum reform implementation. *Human Affairs, 28*(1), 54–70

Keller, M., Gomez, J., Euler, D. & Walzik, S. (2006). *Entwicklung und Implementierung von Konzepten zur Förderung und Prüfung von Sozialkompetenz an einer Berufsschule.* St. Gallen: Institut für Wirtschaftspädagogik.

Pešková, K., Spurná, M., & Knecht, P. (im Druck). Teoretický model pro výzkum vnímání kurikulárních změn učiteli ZŠ [Theoretisches Modell zur Erforschung der Wahrnehmung der Curriculumreform bei den Lehrkräften an Sekundarstufe I]. *Orbis scholae,* 11(2).

Research Institute of Education (2007). *Framework Educational Programme for Basic Education.* Praha: Research Institute of Education.

Terhart, E. (2013). Teacher resistance against school reform: reflecting an inconvenient truth. *School Leadership & Management, 33* (5), 486–500.

Tschechische Schulinspektion (2013). *Dotazník pro učitele. 2. stupeň ZŠ a nižší ročníky víceletých gymnázií.* [Der Fragebogen für Lehrkräfte an Sekundarstufe I] OECD, TALIS 2013.

Tůmová, A. (2012). Effects of age and length of professional experience on teachers' attitudes to curricular reform. *Central European Journal of Public Policy, 6* (2), 84–99.

Vollstädt, W., Tillmann, K. J., Rauin, U., Höhmann, K. & Tebrügge, A. (1999). Lehrpläne im Schulalltag. *Eine empirische Studie zur Akzeptanz und Wirkung von Lehrplänen in der Sekundarstufe I.* Opladen: Leske + Budrich.

Danksagung

Die Autoren danken Roland Anton Wagner, M.A., Ph.D. für die Mitarbeit an der Übersetzung und für die sprachlichen Korrekturen dieses Textes.

Autorinnen und Autoren

Martin Auferbauer ist Professor für Bildungssoziologie und Inklusion an der Pädagogischen Hochschule Steiermark sowie Lehrbeauftragter und Projektmitarbeiter am Institut für Erziehungs- und Bildungswissenschaft der Karl-Franzens-Universität Graz. *Arbeitsschwerpunkte und Forschungsinteressen:* Bildungssoziologie, Inklusive Pädagogik und Strukturen, multiprofessionelle Kooperationen im Bildungswesen.
E-Mail: martin.auferbauer@phst.at.

Simone Breit ist an der Pädagogischen Hochschule Niederösterreich als Leiterin des Departments Elementarpädagogik sowie am BIFIE als Leiterin des Departments Nationale Bildungsberichterstattung und Sonderprojekte tätig. An der Entwicklung des österr. Konzepts der Überprüfung der Bildungsstandards sowie der Durchführung des 1. Überprüfungszyklus (2012 bis 2016) inkl. der Ausgangsmessungen (2009/2010) war sie maßgeblich beteiligt. *Arbeitsschwerpunkte und Forschungsinteressen:* nationale und internationale Schülerleistungsstudien, Bildungsstandards, Schul- und Unterrichtsentwicklung, Systemmonitoring, Sprachstandsfeststellung, Elementarpädagogik.
E-Mail: simone.breit@ph-noe.ac.at.

Boris Eckstein ist wissenschaftlicher Mitarbeiter am Institut für Erziehungswissenschaft der Universität Zürich. Seine *Arbeitsschwerpunkte* sind Unterrichtsforschung, quantitative Methoden der Sozialforschung, soziale Wahrnehmungsprozesse, Labeling Approach. Gegenwärtig leitet er die quantitative Teilstudie des vom Schweizerischen Nationalfonds geförderten Forschungsprojekts »Studie zur Untersuchung gestörten Unterrichts – SUGUS«: www.ife.uzh.ch/SUGUS (Gesamtleitung des Projekts: Prof. em. Dr. Kurt Reusser).
E-Mail: beckstein@ife.uzh.ch.

Ann Cathrice George ist wissenschaftliche Mitarbeiterin in der Begleitforschung und Kontextbefragung am Bundesinstitut für Bildungsforschung, Innovation und Entwicklung des österreichischen Schulwesens (BIFIE). Als Lektorin hält sie Lehrveranstaltungen an den Universitäten Innsbruck und Salzburg ab. *Arbeitsschwerpunkte und Forschungsinteressen:* Kompetenzmodelle, kognitive Diagnosemodelle, quantitative Bildungsforschung, Bildungsstandards und Standardüberprüfungen, Evaluationsforschung.
E-Mail: a.george@bifie.at.

Christina Haberfellner ist Professorin für Fachdidaktik des Sachunterrichts mit Schwerpunkt im naturwissenschaftlichen Bereich am Institut für Didaktik, Unterrichts- und Schulentwicklung der Pädagogischen Hochschule Salzburg Stefan Zweig. Sie ist Mitglied der Österreichischen Gesellschaft für Forschung und Entwicklung im Bildungswesen (ÖFEB) und der Gesellschaft für Didaktik des Sachunterrichts (GDSU). *Arbeitsschwerpunkte:* Wissenschaftsverständnis, forschendes Lernen, Lehrerprofessionalisierung.
E-Mail: christina.haberfellner@phsalzburg.at.

Stefan Hahn ist akademischer Oberrat in an der Fakultät für Erziehungswissenschaft der Universität Bielefeld im Bereich Schulentwicklung und Schulforschung tätig. *Arbeitsschwerpunkte:* gymnasiale Oberstufe, Schulentwicklung, Selbstständiges Lernen, Wissenschaftspropädeutik, Identitätsentwicklung in der Schule, fächerübergreifender Unterricht, Demokratiepädagogik.
E-Mail: stefan.hahn@uni-bielefeld.de.

Maria Hallitzky ist Professorin für Allgemeine Didaktik und Schulpädagogik des Sekundarbereichs an der Universität Leipzig. *Arbeitsschwerpunkte:* Theorie des Unterrichts, rekonstruktive Unterrichtsforschung, Prozesse der Öffnung und Schließung im Unterricht, Umgang mit Fremdheit im Kontext einer Bildung für nachhaltige Entwicklung.
E-Mail: maria.hallitzky@uni-leipzig.de.

Christoph Helm ist Assistenzprofessor für Unterrichtsforschung an der Abteilung für Bildungsforschung der School of Education der Johannes Kepler Universität Linz. *Arbeitsschwerpunkte:* Unterrichtsforschung und Kompetenzmodellierung in kaufmännischen Fächern.
E-Mail: christoph.helm@jku.at.

Christopher Hempel ist wissenschaftlicher Mitarbeiter am Arbeitsbereich ›Allgemeine Didaktik und Schulpädagogik des Sekundarbereichs‹ an der Universität Leipzig. *Arbeitsschwerpunkte:* fächerübergreifender Unterricht; rekonstruktive Schul- und Unterrichtsforschung.
E-Mail: christopher.hempel@uni-leipzig.de.

Tomáš Janík ist assoziierter Professor für Erziehungswissenschaft und Leiter des Forschungsinstituts für Schulbildung an der Pädagogischen Fakultät der Masaryk-Universität in Brno. Er war Vorsitzender der Arbeitsgruppe für Fachdidaktik der Akkreditierungskommission. Seit 2015 ist er als Berater der Ministe-

rin für Schulwesen, Jugend und Sport tätig. *Arbeitsschwerpunkte:* Curriculum-
und Unterrichtsforschung, Lehrerprofessionalisierung.
E-Mail: tjanik@ped.muni.cz.

Tomáš Janko ist wissenschaftlicher Mitarbeiter am Forschungsinstitut für
Schulbildung an der Pädagogischen Fakultät der Masaryk-Universität in Brno.
Arbeitsschwerpunkte: Curriculumforschung, Geographiedidaktik, Schulbuchana-
lyse.
E-Mail: janko@ped.muni.cz.

David Kemethofer ist Professor an der Pädagogischen Hochschule Ober-
österreich. Als Lektor hält er Lehrveranstaltungen an den Universitäten Innsbruck, Linz und Salzburg ab. *Arbeitsschwerpunkte und Forschungsinteressen:*
Qualitätsmanagement im Schulsystem, Bildungsstandards und Standardüberprüfungen, Evaluationsforschung, Schulinspektion, Schulleitungsforschung, international vergleichende Bildungsforschung.
E-Mail: david.kemethofer@ph-ooe.at.

Lisa Keusch ist Studierende der Wirtschaftspädagogik an der Johannes Kepler
Universität Linz. *Arbeitsschwerpunkte:* Leistungsbeurteilung.
E-Mail: lisa.keusch@gmx.net.

Hannelore Knauder ist Hochschulprofessorin an der Kirchlichen Pädagogischen Hochschule in Graz (KPH Graz). Sie ist Mitglied der Österreichischen
Gesellschaft für Forschung und Entwicklung im Bildungswesen (ÖFEB). *Arbeitsschwerpunkte:* Lehrerinnen- und Lehrergesundheit, Inklusions- und Förder-
pädagogik.
E-Mail: hannelore.knauder@kphgraz.at.

Corinna Koschmieder ist Psychologin an der Universität Graz im Projekt »Ös-
terreichweites gemeinsames Aufnahme- und Auswahlverfahren für Lehramts-
studien«. *Forschungsschwerpunkte:* emotionale Kompetenzen/Persönlichkeit,
Testentwicklung, Studien- und Berufserfolg von Lehrerinnen und Lehrern.
E-Mail: corinna.koschmieder@uni-graz.at.

Christine Künzli David ist Professorin für Bildungstheorien und interdisziplinären Unterricht am Institut Kindergarten-/Unterstufe der Pädagogischen
Hochschule der Fachhochschule Nordwestschweiz. *Arbeitsschwerpunkte:* Bildung im Kontext nachhaltiger Entwicklung, fächerübergreifendes, inter- und

transdisziplinäres Lehren und Lernen, Bildung an ausserschulischen Lernorten, Philosophieren mit Kindern.
E-Mail: christine.kuenzli@fhnw.ch.

Svenja Lesemann arbeitet als wissenschaftliche Mitarbeiterin in der Arbeitsgruppe Schultheorie mit dem Schwerpunkt Grund- und Förderschulen in der Fakultät für Erziehungswissenschaft an der Universität Bielefeld. Ihre *Arbeitsschwerpunkte* sind Professionalisierung in Lehreraus- und -fortbildung sowie professionelles Lehrerhandeln im Kontext des Umgangs mit Heterogenität. Ein Fokus sind Reflexion und reflexive Haltung als Ansprüche der Professionalisierung im Praxissemester.
E-Mail: svenja.lesemann@uni-bielefeld.de.

Silke Luttenberger ist stellvertretende Leiterin des Bundeszentrums für Professionalisierung in der Bildungsforschung (BZBF), Hochschulprofessorin für Pädagogische Psychologie in der Primarstufe an der Pädagogischen Hochschule Steiermark und Lehrbeauftragte an der Karl-Franzens-Universität Graz. *Arbeitsschwerpunkte:* Entwicklung von fachlichen und beruflichen Interessen mit Fokus Berufsorientierung und Gender, Summer Learning Loss, Pädagogische Diagnostik, Professionalisierung von Lehrpersonen.
E-Mail: silke.luttenberger@phst.at.

Nikolas Meyer arbeitet als Lehrer im Hochschuldienst in der Arbeitsgruppe Schultheorie mit dem Schwerpunkt Grund- und Förderschulen in der Fakultät für Erziehungswissenschaft an der Universität Bielefeld. Seine *Arbeitsschwerpunkte* liegen im Bereich der Lehrerausbildung in der Vorbereitung und Begleitung des Praxissemesters sowie in der Konzeptentwicklung zur Betreuung von Studierenden in Praxisphasen.
E-Mail: nikolas.meyer@uni-bielefeld.de.

Maria Neubacher ist derzeit tätig als Researcherin im Department Bildungsstandards & Internationale Assessments am Bundesinstitut für Bildungsforschung, Innovation & Entwicklung des österreichischen Schulwesens (bifie) in Salzburg und Leiterin des Teams »Rückmeldung & Kontextbefragung«. Zudem Lehrtätigkeit an der Universität Salzburg am Fachbereich Soziologie. *Arbeitsschwerpunkte:* Ergebnisrückmeldung der österr. Bildungsstandardüberprüfungen, Schulung von Rückmeldemoderatorinnen und -moderatoren, Kontextfragebögen, Forschungsschwerpunkt Chancengleichheit.
E-Mail: m.neubacher@bifie.at.

Sylvia Opriessnig ist derzeit tätig als Researcherin im Department Bildungsstandards & Internationale Assessments am Bundesinstitut für Bildungsforschung, Innovation & Entwicklung des österreichischen Schulwesens (bifie) in Salzburg. *Arbeitsschwerpunkte:* Schulung von Rückmeldemoderatorinnen und -moderatoren für die Ergebnisrückmeldung der österr. Bildungsstandardüberprüfungen. Vorher Lehrtätigkeit an der Universität Graz am Fachbereich Differenzielle Psychologie. Testkonstruktion von Begabungstests an der NÖ Landesakademie, St. Pölten.
E-Mail: s.opriessnig@bifie.at.

Daniel Paasch ist derzeit tätig als Researcher im Department Bildungsstandards & Internationale Assessments am Bundesinstitut für Bildungsforschung, Innovation & Entwicklung des österreichischen Schulwesens (bifie) in Salzburg. Zudem Lehrtätigkeit an der Universität Salzburg am Fachbereich Erziehungswissenschaft. *Arbeitsschwerpunkte:* Ergebnisrückmeldung der österr. Bildungsstandardüberprüfungen, Mitarbeit an Kontextfragebögen, Forschungsschwerpunkt: Familiäre Lebensbedingen und Schulerfolg. Vorher akademischer Rat an der Universität Augsburg.
E-Mail: d.paasch@bifie.at.

Jean-Luc Patry ist emeritierter Professor im Fachbereich Erziehungswissenschaft der Universität Salzburg. Arbeitsschwerpunkte: Pädagogische Interaktion, insbesondere Situationsspezifität und Handlungstheorie; Moral- und Werterziehung; Konstruktivistische Lehr-Lern-Theorien; Theorie-Praxis-Transfer, insbesondere pädagogischer Takt und subjektive Theorien; Forschungsmethoden, insbesondere Theorien- und Methodenvielfalt, Untersuchungsplanung und systematische Fehler.
E-Mail: jean-luc.patry@sbg.ac.at.

Karolína Pešková ist wissenschaftliche Mitarbeiterin am Forschungsinstitut für Schulbildung an der Pädagogischen Fakultät der Masaryk-Universität in Brno. *Arbeitsschwerpunkte:* Curriculumforschung, Fremdsprachendidaktik, Schulbuchanalyse.
E-Mail: peskova@ped.muni.cz.

Christa-Monika Reisinger ist Privatdozentin an der Universität Potsdam und in einem Kooperationsprojekt an der PH NÖ. Sie ist stellvertretende Vorsitzende der Sektion Empirische pädagogische Forschung der Österreichischen Gesellschaft für Forschung und Entwicklung im Bildungswesen (ÖFEB). *Arbeits-*

schwerpunkte: Methodenlehre, Statistik, Empirische Bildungsforschung sowie Persönlichkeitsforschung.
E-Mail: creising@uni-potsdam.de.

Susanne Roßnagl ist Leiterin des Masterlehrgangs »Mentoring: Berufseinstieg professionell begleiten«, der in Kooperation zwischen der PH NÖ und der Alpen Adria Universität Klagenfurt abgehalten wird. Ihre *Forschungsschwerpunkte* sind der Berufseinstieg von Lehrpersonen, Mentoring, Lesson Studies, Learning Studies, Unterrichtsentwicklung und soziale Unterstützung sowohl mit qualitativen (Grounded Theory) als auch mit quantitativen Forschungsmethoden (Strukturgleichungsmodelle). Sie ist auch Beratungslehrerin, Mediatorin und EBIS-Beraterin.
E-Mail: susanne.rossnagl@ph-noe.ac.at.

Claudia Schreiner ist Direktorin des Bundesinstituts für Bildungsforschung, Innovation und Entwicklung des österreichischen Schulwesens (BIFIE). *Arbeitsschwerpunkte und Forschungsinteressen:* International vergleichende Bildungsforschung, Bildungsstandards, Chancengerechtigkeit, Schulentwicklung, Leistungsmessung und -beurteilung.
E-Mail: c.schreiner@bifie.at.

Susanne Schwab ist Professorin für Methodik und Didaktik in den Förderschwerpunkten Lernen sowie emotionale und soziale Entwicklung in der School of Education am Institut für Bildungsforschung an der Bergischen Universität Wuppertal und Extraordinary Professor in der Research Focus Area Optentia an der North-West University, Vanderbijlpark, Südafrika. Sie ist Vorsitzende der Sektion Empirische pädagogische Forschung der Österreichischen Gesellschaft für Forschung und Entwicklung im Bildungswesen (ÖFEB). *Arbeitsschwerpunkte:* Inklusionspädagogik, Lehrerprofessionalisierung, Soziale Partizipation.
E-Mail: schwab@uni-wuppertal.de.

Markus Schweighart ist Universitätsassistent am Institut für Soziologie der Karl-Franzens-Universität Graz für den Fachbereich empirische Sozialforschung und internationaler Gesellschaftsvergleich. *Arbeitsschwerpunkte:* Evaluation von Bildungsprojekten, Umweltforschung.
E-Mail: markus.schweighart@uni-graz.at.

Christine Streit ist Professorin für Mathematikdidaktik und mathematisches Denken im Kindesalter am Institut Kindergarten-/Unterstufe der Pädagogischen Hochschule der Fachhochschule Nordwestschweiz. *Arbeitsschwerpunkte:* Frühes

Lernen von Mathematik, Lernbegleitung in materialbasierten Settings, Diagnose und Förderung.
E-Mail: christine.streit@fhnw.ch.

Tanja Sturm ist Professorin für Erziehungswissenschaft mit dem Schwerpunkt Schulpädagogik an der Universität Münster: Inklusive Bildung. *Forschungsschwerpunkte:* Inklusion/Exklusion im Kontext von Schule und Unterricht; Differenzkonstruktionen in unterrichtlichen Praktiken, Dokumentarische Methode (Gruppendiskussion, Videografie), Praxeologische Wissenssoziologie.
E-Mail: tanja.sturm@wwu.de.

Georg Tafner ist Privatdozent der Humboldt-Universität zu Berlin mit der Lehrbefugnis für »Erziehungswissenschaften mit dem Schwerpunkt Wirtschaftspädagogik«, Hochschulprofessor für Bildungsforschung und sozioökonomische Bildung an der Pädagogischen Hochschule Steiermark und Leiter des Bundeszentrums für Professionalisierung in der Bildungsforschung (BZBF). Studienabschlüsse in Wirtschaftspädagogik, Europäische Studien und Religionswissenschaften sowie Doktorat in Sozial- und Wirtschaftswissenschaften. Kardinal-Innitzer-Förderpreis für die Habilitationsschrift. *Forschungsschwerpunkte:* berufliche und sozioökonomische Bildung; Kultur, Ethik und europäische Integration.
E-Mail: georg.tafner@bzbf.at.

Kathrin te Poel, Dipl. Berufspäd., ist wissenschaftliche Mitarbeiterin an der Universität Bielefeld und in einem BMBF-Projekt an der Universität Kassel. Ihre Arbeits- und Forschungsschwerpunkte sind: Bildungsgerechtigkeit, Bildungsphilosophie, Lehrerprofessionalisierung im Praxissemester und multiprofessionelle Kooperation in inklusiven Schulen.
E-Mail: kathrin.te_poel@uni-bielefeld.de.

Susanne Thurn ist Honorarprofessorin der Martin Luther-Universität Halle-Wittenberg; Leiterin der Laborschule in Bielefeld von 1990 bis 2013; Mitglied der Redaktion von PÄDAGOGIK; Veröffentlichungen, Vorträge, Gastprofessuren, Lehraufträge und Fortbildungen im Bereich Schulpädagogik *(Schwerpunkte:* Reformpädagogik, neue Lern- und Leistungskulturen, Jahrgangsmischung, Schulentwicklung, Inklusion), Geschichtsdidaktik, Fremdsprachendidaktik.
E-Mail: susanne.thurn@uni-bielefeld.de.

Renate Weber ist Professorin an der Pädagogischen Hochschule Steiermark für Bildungswissenschaften und Deutschdidaktik; Lektorin für Gesundheitsförde-

rung und -pädagogik an der Karl-Franzens-Universität Graz. *Arbeitsschwerpunkte*: Förderung literaler Kompetenzen mit dem Schwerpunkt auf Lesen; Pädagogische Diagnostik; Vernetzung von Theorie und Praxis.
E-Mail: renate.weber@phst.at.

Alfred Weinberger ist Hochschulprofessor am Institut für Forschung und Entwicklung an der Privaten Pädagogischen Hochschule der Diözese Linz. Seine *Arbeits- und Forschungsschwerpunkte* sind Moral- und Werterziehung, Evaluation von Bildungsprozessen und konstruktivistisches Lehren und Lernen.
E-Mail: alfred.weinberger@ph-linz.at.

Sieglinde Weyringer ist Senior Lecturer im Fachbereich Erziehungswissenschaft der Universität Salzburg. *Arbeitsschwerpunkte:* Moral- und Werterziehung, Begabungs- und Hochbegabtenforschung.
E-Mail: sieglinde.weyringer@sbg.ac.at.

Christian Wiesner ist Leiter der Koordinationsstelle Netzwerke und Kooperationen am Bundesinstitut für Bildungsforschung, Innovation und Entwicklung des österreichischen Schulwesens (BIFIE). *Arbeitsschwerpunkte und Forschungsinteressen:* Führungskultur, Lehr-Lernforschung, Coaching und Schulentwicklung, Kompetenzorientierung und Bildungsstandards, Beratungs- und Therapietheorien in der Professionalisierung, Transfer- und Innovationsforschung.
E-Mail: c.wiesner@bifie.at.